普通高等教育"十三五"规划教材

车辆人机工程学
Automotive Ergonomics

李惠彬　孙振莲　◎　编著

北京理工大学出版社
BEIJING INSTITUTE OF TECHNOLOGY PRESS

内 容 简 介

本书是一本最新的车辆人机工程学方面的教材，覆盖了车辆人机工程学与设计的全部关键内容，其中包括：人体测量与生物力学、作业空间与乘坐空间设计、驾驶员信息采集与处理、控制显示装置设计和内部布置、视野、汽车灯光、汽车上下车设计、汽车外部界面、汽车方向盘设计技巧、乘坐舒适性与NVH设计、汽车驾驶室和车厢内小环境气候调节、人机工程师在汽车设计过程中的角色、汽车评价方法、人机工程学发展趋势和新技术、军用车辆设计中的人机工程学问题，以及人机工程学的工程应用案例讲解与剖析。

本书可以满足真心致力于提高车辆与机械产品使用性能的学生和专业人士的需要，还可以作为大专院校车辆工程、工业工程、工业设计、交通与运输工程、机械工程专业课程教材或参考书，也适合车辆工程、装甲车辆工程、机械工程设计与制造专业人员参考阅读。

版权专有　侵权必究

图书在版编目（CIP）数据

车辆人机工程学／李惠彬，孙振莲编著 . —北京：北京理工大学出版社，2017.12
ISBN 978-7-5682-5031-3

Ⅰ.①车… Ⅱ.①李…②孙… Ⅲ.①汽车工程—人-机系统 Ⅳ.①U461

中国版本图书馆CIP数据核字（2017）第304136号

出版发行 /	北京理工大学出版社有限责任公司
社　　址 /	北京市海淀区中关村南大街5号
邮　　编 /	100081
电　　话 /	（010）68914775（总编室）
	（010）82562903（教材售后服务热线）
	（010）68948351（其他图书服务热线）
网　　址 /	http：//www.bitpress.com.cn
经　　销 /	全国各地新华书店
印　　刷 /	三河市华骏印务包装有限公司
开　　本 /	787毫米×1092毫米　1/16
印　　张 /	22.25
彩　　插 /	6
字　　数 /	518千字
版　　次 /	2017年12月第1版　2017年12月第1次印刷
定　　价 /	56.00元

责任编辑／封　雪
李秀梅
文案编辑／封　雪
责任校对／周瑞红
责任印制／王美丽

图书出现印装质量问题，请拨打售后服务热线，本社负责调换

前言

车辆人机工程学是涉及驾乘人员心理学、人体测量学、生物力学、解剖学、生理学、心理物理学、普通物理学、振动与噪声等多领域的科学。它涉及研究驾驶员与乘客的特性、能力和局限性,并应用这些信息来设计和评估人们使用的车辆产品。

研究车辆人机工程学的基本目标就是设计出尽可能满足驾乘者和车辆之间匹配性的产品,从而改进驾乘者的安全性(提供不受伤害和损失的自由空间)、舒适性、方便性等。此外,人机工程学设计要求"为大多数人设计",即设计出的产品需确保在预计的大多数人中都可以适应使用。另外,还要把美学的理念融入产品中,使得人、车辆和环境能够浑然一体,并发挥最大的生产和社会效益。需要提醒人机工程师的事情是:在产品的设计过程中,工程师不但要通过关注产品的所有属性(例如:尺寸、材料、硬度、颜色、表面及与其他组件如何装配/工作)来设计产品的每个部分,此外工程师还要对该产品的目标用户群和操作环境(包括道路、交通、天气和操作条件,如雾霾、湿度、温度等)都有透彻的了解。

本书是作者在总结了13年车辆人机工程学方面的教学经验,以及多年与车企在人机工程学方面的产、学、研合作成果基础上撰写而成的,是一本最新的车辆人机工程学原理与设计教材。本书最显著的特色就是对汽车座椅设计与评价、车辆生产作业空间与车辆乘坐空间布置设计、汽车视野与灯光设计、汽车上下车设计、汽车方向盘设计、汽车生产线工人作业人机问题分析、军用车辆设计中的人机工程学问题、基于人机工程学的汽车评估方法进行了全面细致的阐述。本书覆盖了车辆人机工程学与设计的全部关键内容,其中基本内容包括:人体测量与生物力学、作业空间与乘坐空间设计、断面剖析与设计、驾驶员信息采集与处理、控制显示装置和内部布置、视野设计与校核、汽车前照灯与信号灯设计、汽车上下车界面设计、汽车方向盘设计与布置、乘坐舒适性与NVH设计、汽车驾驶室和车厢内小环境气候调节、人机工程师在汽车设计过程中的角色、汽车评价方法、国际上主流人机工程辅助设计软件介绍、人机工程学发展趋势和新技术、军用车辆人机工程学设计,以及人机工程学的工程应用案例讲解与剖析。

本书意在使读者对车辆人机工程学原理与设计问题有一个全面理解,

同时系统介绍设计和评估车辆的背景、法则、工具和方法。本书可以同时满足真心致力于提高车辆使用性能的学生和专业人士的需要，并且注重理论联系实际，在每一章内容中都介绍了分析或设计案例。

本书的出版得到了北京理工大学"十三五"规划教材出版基金的资助，并得到了北京理工大学教务处和北京理工大学出版社领导和有关编辑的热忱支持。作者在此对他们表示诚挚的敬意和衷心的感谢。

本书可供车辆工程、装甲车辆工程、交通运输、工业工程、工业设计、机械工程等专业的本科生使用，也可供从事车辆工程与装甲车辆工程设计开发的专业人员参考阅读和使用。

本书中，孙振莲撰写了第4~6章以及第14章和第15章等共计15万字内容，书稿中其余各章内容由李惠彬撰写。李惠彬对全书进行了统稿和审定，研究生侯兴和绘制了第8章部分插图。本书在撰写过程中，参阅了国内外同行专家许多宝贵的研究成果与资料，在此谨向他们致以衷心的感谢！

由于作者水平所限，本书的错误和不妥之处在所难免，恳请各位同行，使用本书的教师、学生以及广大读者提出宝贵意见！

作者 E-mail 地址：huibinli@163.com。

作　者
2017年6月于北京理工大学

目 录
CONTENTS

第1章 车辆人机工程学概论 ·········· 001
1.1 概述 ·········· 001
1.2 人机工程学的基本概念 ·········· 003
1.3 人机工程学的研究对象 ·········· 004
1.4 人机工程学的研究内容 ·········· 004
1.5 人机工程学的发展简史 ·········· 007
1.6 汽车设计和使用中的人机工程问题 ·········· 010
1.7 未来车辆人机工程设计面临的新课题 ·········· 011
1.8 车辆设计开发中人机工程学工程师的职责 ·········· 011
【案例分析】在车辆造型室职能范围内,应如何针对人机工程开展工作? ·········· 012
思考题 ·········· 016

第2章 人体测量和生物力学 ·········· 017
2.1 人体测量的基本知识 ·········· 018
2.2 人体测量尺寸中的主要统计参数 ·········· 024
2.3 常用的人体测量数据 ·········· 025
2.4 人体测量数据的应用 ·········· 042
2.5 人体模型 ·········· 051
2.6 汽车用三维人体模型 ·········· 054
2.7 生物力学在汽车设计中的应用 ·········· 057
2.8 座椅设计 ·········· 059
思考题 ·········· 071

第3章 汽车生产作业空间与汽车乘坐空间设计 ·········· 072
3.1 作业空间设计 ·········· 072
3.2 坐姿静态舒适性设计 ·········· 094
3.3 商用车辆与工程车辆驾驶室的作业空间设计 ·········· 096

3.4 乘坐空间布置 ··· 098
3.5 设计案例分析 ··· 121
思考题 ·· 123

第4章 人体感知与运动特征——驾驶员信息采集与处理 124
4.1 人在人机系统中的功能 ·· 124
4.2 视觉机能及其特征 ··· 130
4.3 听觉机能及其特征 ··· 140
4.4 其他感官机能及其特征 ·· 142
4.5 神经系统机能及其特征 ·· 145
4.6 人的信息处理系统 ··· 147
4.7 运动系统的机能及其特征 ··· 152
4.8 人的运动输出 ··· 158
思考题 ·· 160

第5章 人机信息界面设计（显示装置设计、操纵装置设计） 161
5.1 概述 ·· 161
5.2 人机控制显示信息界面的形成 ··· 162
5.3 车载视觉信息显示设计 ·· 163
5.4 车辆驾驶员的眼椭圆 ·· 174
5.5 汽车后视镜设计 ·· 179
5.6 改善车辆视认性的途径 ·· 183
5.7 听觉信息传示装置 ··· 186
5.8 操纵装置设计 ··· 187
5.9 控制和显示设计的主观评价 ·· 201
5.10 小结 ··· 206
思考题 ·· 207

第6章 汽车视野 208
6.1 概述 ·· 208
6.2 视野类型 ··· 211
6.3 前视野评估 ·· 212
6.4 后视野校核 ·· 215
6.5 盲障角度 ··· 217
6.6 视野测量 ··· 219
6.7 小结 ·· 221
思考题 ·· 221

第7章 灯光与照明 222
7.1 概述 ·· 222
7.2 前大灯及设计 ··· 227
7.3 信号灯及设计 ··· 229
7.4 照明灯设备与信号灯光输出 ·· 232

7.5 信号照明评估方法 238
7.6 改善夜间和雨雾天气视认性的新技术 240
思考题 242

第8章 汽车上下车设计 243
8.1 概述 243
8.2 与汽车上下车有关的汽车特征与尺寸 245
8.3 上下车设计校核与上下车布置优化 251
思考题 257

第9章 汽车维护和装卸物品的外部界面设计 258
9.1 概述 258
9.2 研究的方法和问题 262
9.3 小结 265
思考题 265

第10章 汽车方向盘（设计）技巧 266
10.1 方向盘（设计）技巧 267
10.2 方向盘功能 270
10.3 方向盘结构 271
10.4 基于乘员保护的转向管柱布置角度 271
【案例分析】基于人机工程学的商用车方向盘布置 272
10.5 小结 273
思考题 274

第11章 乘坐舒适性与NVH设计 275
11.1 乘坐舒适性 275
11.2 人与振动环境 275
11.3 人与声环境 280
11.4 车内噪声分析与控制 283
【案例分析】SUV汽车高速行驶摆振现象分析及处理 286
11.5 小结 287
思考题 288

第12章 汽车驾驶室和车厢内小环境气候调节 289
12.1 概述 289
12.2 人体对环境的适应程度 290
12.3 人与热环境 291
12.4 人与光环境 294
12.5 汽车驾驶室和车内小环境气候参数 297
12.6 汽车空调风道设计 298
12.7 小结 301
思考题 302

第13章　人机工程发展新趋势 ··· 303
13.1　虚拟人与虚拟设计 ··· 303
13.2　计算机辅助人机工程设计系统 ··· 308
13.3　基于人性化的方向盘设计发展趋势 ··· 314
13.4　小结 ··· 317
思考题 ··· 317

第14章　人机工程学的工程应用 ··· 318
14.1　汽车生产线中的人机工程学研究 ··· 318
14.2　汽车装配车间的环境优化 ··· 321
14.3　汽车装配生产线与职业病的关系研究 ··· 323
14.4　小结 ··· 331
思考题 ··· 331

第15章　军用车辆设计中的人机工程学问题 ··· 332
15.1　一般用途装甲车辆座椅设计 ··· 332
15.2　装甲车辆座椅的防爆炸冲击设计 ··· 333
15.3　装甲车辆车内作业空间设计 ··· 335
15.4　装甲车辆总布置流程 ··· 337
15.5　装甲车辆控制器设计 ··· 339
15.6　装甲车辆视觉信息显示装置设计 ··· 341
15.7　装甲车辆仪表照明设计 ··· 343
15.8　小结 ··· 343
思考题 ··· 343

参考文献 ··· 344

第 1 章
车辆人机工程学概论

车辆是一种供人使用的载运工具，在设计开发车辆过程中，如何让车辆相关技术发展围绕人的需求来展开，并使车辆和环境的设计如何更好地适应和满足驾驶员和乘员的生理和心理特点，等等，这些问题的答案都需要车辆人机工程学来回答。

在机器时代的早期阶段，机器设计师一般要优先考虑机器设计需要，然后才考虑操作者的要求。例如，早期飞机只为身材矮小的操作者设计了有限空间。当矮小操作者逐渐稀少，就要考虑能够容纳更多不同身材尺度操控者的空间场所，也正是从那个时候人机工程学的概念便应运而生。人机工程学最初是研究人和机器之间的联系，或者说是通过研究他们之间的关系，来实现后者对前者功能的延伸，从而也使机器的使用人群得到一定的普及。

1.1 概述

人机工程学是一门交叉学科，其研究的核心问题是不同作业中人、机器及环境三者间的协调，其研究方法和评价手段涉及心理学、生理学、医学、人体测量学（anthropometry）、美学和机械工程、车辆工程、建筑工程等多个工程技术领域。人机工程学研究的目的是通过各学科知识的综合应用，来指导工作器具（如汽车）、工作方式和工作环境的设计和改造，使得人的各种作业在效率、安全、健康、舒适等几个方面得以提高。

1.1.1 人机工程学的名称与定义

1. 名称

人机工程学是在 20 世纪 50 年代迅速发展起来的一门新兴边缘学科，它从不同学科、不同领域发源，又面向更广泛领域得到研究和应用。由于其发源学科和地域不同，因而引起了人机工程学学科名称长期的多样并存。

（1）在美国，人机工程学称作 human engineering；在西欧，人机工程学称作 ergonomics；在日本，人机工程学称作人间工学。

（2）在中国，人机工程学的名称有：人类工效学、人类工程学、人体工学、人机工程学和人因工程学等。

2. 定义

（1）美国学者 C. C. Wood 对人机工程学的定义：设备的设计必须适合人的各方面因素，以便在操作上付出最少能耗而求得最高效率。

（2）W. B. Woodson 对人机工程学的定义：人机工程学研究人与机器相互关系的合理方案，即对人的知觉显示、操纵控制、人机系统设计和布置、作业系统的组合等进行有效的研究，目的在于获得最高效率及人在作业时感到安全和舒适。

（3）A. Chapanis 对人机工程学的定义：人机工程学是在机器设计中考虑如何使人操作简便而又准确的一门学科。

（4）钱学森对人机工程学的定义：人机工程是一门非常重要的应用人体科学技术，它专门研究人和机器的配合，考虑到人的功能能力，如何设计机器，求得人在使用机器时整个人和机器的效果达到最佳状态。

（5）封根泉对人机工程学的定义：为了研究解决机器系统设计与人体有关的种种问题，使整个人机系统的工作效能达到最优而建立起来的一门科学——人体工程学。

（6）国际人机工程学会对人机工程学的定义：人机工程学是研究人在某种工作环境中的解剖学、生理学和心理学等方面的各种因素，研究人和机器及环境的相互作用，以及在工作中、家庭生活中和休假时怎样统一考虑工作效率，人的健康、安全和舒适等问题的学科。

（7）美国学者 Bhise 认为：人机工程学的基本目标就是设计出尽可能满足用户（驾驶员）和设备（车辆）之间的匹配，从而改进用户的安全性（提供不受伤害和损失的自由空间）、舒适性、方便性，改善设备性能和效率（工作效率或不断增加的输出/输入之比）。

综上所述，人机工程学是从人的生理和心理特点出发，研究人、机、环境相互关系和相互作用的规律，以优化人－机－环境系统的一门学科。图 1.1 反映了在汽车设计开发过程中人机工程学的角色。

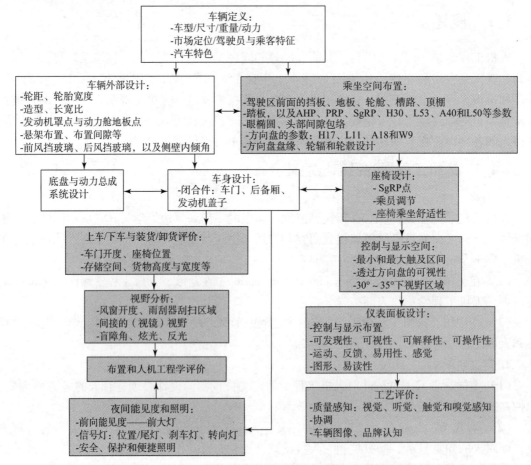

图 1.1 车辆人机工程学研究的领域（图中的灰色框图）

1.2 人机工程学的基本概念

1.2.1 人机系统（man-machine system）

（1）将人与机器联系起来，并作为一个整体或系统来使用，称为人机系统。人机系统就是指"人"与他所对应的"物"共处于同一时空时所构成的系统。

（2）"人"指的是在所研究的系统中参与系统过程的人；"机"泛指一切与人处于同一系统中，与人交换信息、物质和能量，并供人使用的物；"机"可以是机器，也可以是物品；"环境"是指与"人""机"共处的、对"人"和"机"有直接影响的几何与物理环境或间接影响的周围外部大气条件等。

（3）如图 1.2 所示，乘员-汽车这样的人机系统就处于车厢环境之中，并与道路、大气环境的周围环境发生相互作用。汽车不仅直接排放 PM2.5，而且排放包括有机物和元素碳等一次颗粒物，还排放挥发性有机物、氮氧化物等气态污染物，这些都是 PM2.5 中二次有机物和硝酸盐的"原材料"，同时也是造成大气氧化性增强的重要"催化剂"。据统计，2014 年北京市全年 PM2.5 来源中机动车的贡献占 31.1%。

图 1.2　车辆人机系统

1.2.2 人机界面（man-machine interface）

在人机系统中，"人"与"机"之间能够相互施加影响、实现相互作用的区域称为人机界面。人通过感觉器官（眼、耳、鼻、舌、身体）接收外界的信息、物质和能量，又通过人的执行器官（手、脚、口、身等）向外界传递人发出的信息、物质和能量。比如驾驶员通过手和脚分别操纵方向盘和踏板，实现驾驶汽车。

一般来说，人机系统界面可以分为以下三类：

1. 控制系统人机界面

如车辆驾驶系统、飞机驾驶系统和交通调度系统等。人机界面是机器通过显示器（主要是视觉、听觉显示器、传感器）将机器运转信息传递给人，人再通过机器操纵装置对机器传达指令，从而使机器按人所规定的状态运行。

2. 直接作用型人机界面

此类界面属于"人"与"机"直接相互作用，要求"机"适合人体形态、尺寸及操作能力，使人在使用过程中用力适当、感觉舒适、操作方便和安全可靠。例如，汽车手刹、各种座椅、家用与办公家具、服装和手用工具等。

3. 间接作用型人机界面

在这类人机系统界面中，"机"的输出通过对环境影响，间接作用于人的生理、心理过程，从而影响人的舒适、健康和生命安全。例如，照明、振动、噪声、小环境气候及生命保障条件等都属于此类人机界面。

1.2.3 人机关系（man-machine relationship）

在产品设计过程中，为了建立良好的人机关系，需要遵守以下三条基本原则：

1. 机宜人（fitting the equipment to the users）

要求设计的产品尽量满足使用者的体质、生理、心理、智力、审美以及社会价值观念等素质条件的要求，具体内容包括以下几点：

（1）信息显示既便于接受又易于做出判断。
（2）控制系统的尺寸、力度、位置、结构和形式等均适合操作者或使用者的需要。
（3）产品如工具、用品和器具等的使用得心应手，并能充分发挥使用效率。
（4）人所处的作业环境舒适安全，有利于身心健康，并能充分发挥人的功能等。

2. 人适机

在产品使用过程中，操作环境或生活环境在空间和时间上往往受到经济上可行性、技术上可能性的限制，还有机器本身性能要求条件（如坦克驾驶室、起重机驾驶室等对作业空间限制）以及使用机器时外界环境条件（如高温作业）等，所以要求对人因素予以限制和训练，并利用人有可塑性，让人适应机器要求。

此外，在当今社会，产品系统变得愈加庞大、自动化程度高、控制系统智能化和无人化，所以人与机器关系由人直接与机器共同参与生产过程逐渐转变为人远离生产过程，与此同时，人由直接控制机器，变为人只与监控系统对话，人机界面逐渐由体力型（感知型）转变为心理型（认知型），对操纵者文化素质、诊断与决策能力要求越来越高。

3. 为大多数使用者设计

此原则要求设计出的产品需确保在预计的大多数人中都可以适应使用，而不能为"平均值"设计，或为"极端值"设计。另外，"为大多数人设计"要求设计师知道用户群都是谁，且知道用户群的特征分布、能力和局限性。比如，设计师在进行重卡驾驶室内设计及人机布置时就要事先知道驾驶员的年龄分布、生理与心理特征等。

1.3 人机工程学的研究对象

人机工程学的研究对象包括：人-机-环境系统的各个组成部分的属性以及系统的总体属性，并研究它们之间的相互关系的规律。根据人机工程学研究对象不同，目前有关人机工程学的专著及教材名称有：人机工程学、人因工程学、车辆（或汽车）人机工程学、工业设计人机工程学、环境设计人机工程学、安全人机工程学、控制室设计人机工程学、信息产品设计人机工程学等。

1.4 人机工程学的研究内容

1.4.1 人的特性的研究

人在各种人机系统中是最重要、最活跃的环节，也是最难控制的环节。但人是人机工学研究的基础。人的特性研究内容包括以下几个方面的内容：

（1）人体（静态和动态）尺寸及人体测量技术。

（2）人体的力学性能：其包括人在各种状况下，其质量特性、质心位置、肢体运动速度、人的体力和耐力等参数变化规律。

（3）人的劳动生理功能：包括人的体力负荷、脑力负荷、人体反应与疲劳机制等。

（4）劳动中人的心理过程：研究劳动中心理调节的特点、心理反射的机制、心理负荷及疲劳的心理机制等内容。

（5）人的信息传递能力：研究人对信息的接收、传递、储存、加工和人的信息输出能力及其机制，为系统信息编码、信息显示及控制装置设计提供依据。

（6）人的可靠性：研究人在正常情况下产生失误的可能性，为系统的可靠性与安全设计提供依据。

（7）人员选拔和训练：研究人的基本素质的测试与评价、人员选拔和训练等。

（8）人的动作时间研究：研究人的操纵动作，寻求改善作业的途径，进行人的作业设计，比如汽车生产线各工序符合人体工学的作业时间。

（9）人体模型：研究人的数学模型、物理仿真模型（即假人）、二维人体模板和三维虚拟人体模型等。

（10）基于人体模型的产品虚拟设计及人机工程校核。目前市场上推出的诸如 Ramsis 软件等就可以用于汽车产品的虚拟样机的人机工程学设计。

1.4.2　机的特性的研究

人们设计制造的各种机器和产品是人生活和工作的载体，它们是要实现一定功能的。为了更好地实现各种功能，机的特性研究需要包括以下几个内容：

（1）信息传达特性：包括仪表显示、语言与音响信息传达、触觉信息传达、图形符号、编码方法等特性。

（2）操纵控制特性：包括操纵装置、控制装置、控制系统等特性。

（3）安全保障技术：包括冗余性系统、机器保险装置、防止人的操作失误及失职的设施、事故预警预防方法、救援方法、安全保护措施、机器的防错设计等。

（4）动力学仿真技术：包括受控对象的动力学建模、数学仿真、虚拟与物理仿真技术等。

（5）宜人化技术：研究改善人的舒适性及使用方便性的技术，如振动及噪声的控制、隔离和防护、座椅及操纵手柄等用具的宜人化布置与设计等。

1.4.3　环境特性的研究

人机系统的存在离不开各种各样的环境，这些环境包括：生产环境、生活环境、室内环境、室外环境、自然环境、人造环境等。其中，车辆的行车环境包括：道路、交通和天气；行车时间条件包括：黎明、白天、黄昏和夜晚。

环境特性研究包括以下几个内容：

（1）作业空间：如各种车辆驾驶室、客车车厢、工厂场地、厂房、机器布局、生产线布置、道路及交通、紧急脱险与避难场所等。

（2）物理环境：包括噪声、照明、空气、温度、湿度、气压、粉尘、激光、辐射、重力、磁场等各种物理因素。

（3）化学环境：包括有毒物质、化学性有害气体及水质污染等。

（4）生物环境：包括细菌污染及病原微生物污染等。

（5）美学环境：如造型、色彩、背景音乐等。

1.4.4　人－机关系的研究

在人－机－环境系统中，人与机之间是相互作用、相互影响的，他们之间的关系是否和谐直接影响到人机系统功能的正常发挥，并影响到人机系统的可靠性与安全性。人机关系的研究包括以下内容：

（1）人机系统功能分配。

（2）人机界面优化匹配。

（3）人机系统特性协调：比如研究车辆的工作特性对操作者的身体、心理、文化素质以及专业技术的要求，并研究驾驶员的职业适宜性、事故倾向性等。

（4）人机系统可靠性。

（5）人机系统安全性等。

1.4.5　人－环境关系的研究

人与环境的影响与作用既有直接的，也有间接的。人与环境关系研究主要关注以下几个内容：

（1）环境因素对人的影响。

（2）环境质量标准、环境控制及生命保障系统的设计方法。

（3）人体保护技术等问题，比如汽车碰撞事故中乘员的保护技术等。

1.4.6　机－环境关系的研究

机－环境关系主要是研究环境因素对车辆性能的影响、车辆对环境的影响、环境保护技术等问题，比如不同道路路面对车辆平顺性、舒适性的影响，车辆排放污染物如 PM2.5 等对环境的影响。

1.4.7　人－机－环境系统总体性能的研究

研究的人机环境系统总体上要达到"安全、健康、舒适、高效"这一目标。为了实现这一目标，需要进行的研究内容有：系统总体性能分析、评价、数学模型、仿真技术和优化设计方法等。

1.4.8　人机工程学主要研究内容

人机工程学主要研究内容可以归纳为以下三点：

（1）研究设计机器系统中人操纵或使用的部件，应使它们便于操作员有效地使用，以保证人机系统的工作效能达到最优。

（2）研究从保证人的安全、健康、舒适和高工效出发，提出环境控制和安全保护装置的设计要求与数据。

（3）研究人机系统总体设计的最优化。

1.4.9 研究方法

人机工程学的研究方法主要有以下七种：

（1）观察法。可借助摄影或录像来完成观察任务，比如车辆行驶记录仪。

（2）实测法。一般需要借助仪器进行实际测量。图 1.3 所示为车辆在标准道路路面上进行的加速通过噪声试验，测试信号主要包括车外道路两侧噪声和车内噪声。

图1.3　汽车车外加速通过噪声测试（见彩插）

（3）实验法。此方法需要在实验室或作业现场进行反复观测。

（4）模拟和模型试验法。此方法需要建立各种模型进行仿真或试验。

（5）计算机数值仿真法。此方法正广泛地用于人机工程学分析与设计。

（6）调查研究法。各种调查研究的方法（抽样/询问/问卷）注重测试方法的可靠性和有效性，其中，可靠性（一致性）是指重复实验时，结果应一致；有效性是指测试结果能真实反映所评价的内容。

（7）分析法。这种方法是由美国人机工程学专家 Honey Well（亨利威尔）提出，它是在上述各种方法中获得一定资料和数据后，将人－机－环境系统作为一个整体，对系统进行系统性的分析、评价的一种方法。

1.5 人机工程学的发展简史

世界人机工程学的发展经历了经验人机工程学、科学人机工程学和现代人机工程学三个阶段。

1.5.1 经验人机工程学（20 世纪初～第二次世界大战）

此阶段人机工程学的特点：机械产品设计的主要着眼点在于力学、电学、热力学等工程技术的原理设计上，在人机关系上是以选择和培训操作者为主，使人适应于机器。

人机工程学的重要奠基者与创始人是美国学者 Taylor，他从 1898 年开始在钢铁厂从事技术和管理工作，他从人机工程学的角度找出铁锹的最优设计及铲运松散颗粒材料时每一铲最适宜的重量。他的研究成果为科学人机工程学的建立奠定了基础。

人机工程学的另一位重要奠基者与创始人是亨利·德雷夫斯（Henry Dreyfess，1903—1972），如图 1.4 所示。亨利·德雷夫斯起初是做舞台设计工作的，1929 年他建立了自己的工业设计事务所，1930 年他开始与贝尔公司合作。德雷夫斯坚持设计工业产品应该考虑的是高度舒适的功能性，提出了"从内到外（from the inside out）"的设计原则，贝尔公司开始认为这种方式会使电话看来过于机械化，但经过他的反复论证，公司同意按照他的方式设计电话机。这以后德雷夫斯的一生都与贝尔电话公司结缘，他是影响现代电话形式的最重要设计师。1937 年德雷夫斯提出了从功能出发，听筒与话筒合一的设计。德雷夫斯当时设计的 300 型电话机，今天看起来虽然老式，但这一设计首次把过去分为两部分、体积很大的电话机缩小为一个整体，如图 1.5 所示。由于这个设计的成功，贝尔公司与德雷夫斯签订了长期的设计咨询合约。

图 1.4 亨利·德雷夫斯
（Henry Dreyfess，1903—1972）

图 1.5 德雷夫斯设计的
电话机（1937 年）

1.5.2 科学人机工程学（第二次世界大战～20 世纪 50 年代末）

随着第二次世界大战的爆发，战争中复杂武器的人机协调问题突然激化。特别是空战中歼击机对飞行员体能和智能要求的提高，使人员选拔和培训难度不断增大，促使飞机仪表显示、操纵工具和飞行员座椅等部件的设计，需要加大对人的因素的考虑，进而带动了有关人机工程技术和方法的发展。

此阶段以电子技术的广泛应用为主要标志的第三次产业革命开始（1945 年），人机工程学的研究和应用得到更广泛而迅速发展。亨利·德雷夫斯根据多年潜心研究有关人体的数据以及人体的比例及功能，于 1955 年出版了《为人的设计》一书，书中收集了大量的人体工程学资料。亨利·德雷夫斯的人体工程学研究成果体现在 1955 年以来他为约翰·迪尔公司开发的一系列农用机械中，这些机械产品设计围绕建立舒适的、以人机学计算为基础的驾驶工作条件这一中心，此外，外型简练、与人相关的部件设计合乎人体的基本适应要求，这是工业设计的一个非常重要的进步与发展。

这一阶段的发展特点是：重视工业与工程设计中"人的因素"，力求使机器适应于人。

1.5.3 现代人机工程学（20 世纪 60 年代以来）

在此阶段有以下几个标志性事件：

（1）1960 年，在世界范围内成立了国际人机工程学会。

（2）1961 年在瑞典斯德哥尔摩召开了第一届国际人机工程学学术会议，从那时起每三年举办一次人机工程学学术会议。

（3）1961 年，亨利·德雷夫斯出版了著作《人体度量》一书，从而为设计界奠定了人体工程学这门学科，德雷夫斯成为最早把人体工程学系统运用在设计过程中的一个设计家，对于这门学科的进一步发展起到积极的推动作用。

（4）1965 年，美国汽车工程师协会 SAE 公布了标准 J941《汽车驾驶员眼点位置》（眼椭圆）推荐做法。此标准一直被世界各大汽车厂商作为准则来指导汽车人机工程学设计。

在现代人机工程学阶段，人机工程学作为一个工程学科，它是围绕具体现实问题开展研究的。例如，由于航空航天活动对人类生理适应性和工作能力带来挑战，促进了航空航天医学的发展。此外，随着工人劳动强度的增加，工业生产职业病危害广泛，北京大学医学部公共卫生学院开展了包括坐姿作业导致肌肉骨骼劳损、粉尘污染致癌等职业病学研究，他们的研究涉及作业姿势、作业环境评价等方面人机工程学研究。

现代人机工程学具有以下三个特点：

（1）着眼于机械的设计，使机器的操作不超越人的能力极限，而不像早期工业设计的做法——让人去适应机器。

（2）产品设计密切与实际应用相结合，通过经严密计划设定的广泛实验性研究，进行具体的机械设计。

（3）设计综合心理学、生理学、功能解剖学、物理学、数学、工程学各方面的知识。

这个阶段的人机工程学的研究方向：把人–机–环境作为一个整体来研究，从而获得系统的最高综合效能。

1.5.4 人机工程学在中国的发展

我国从 20 世纪 30 年代开始，进行了人机工程学的研究，但真正系统地、深入地开展此方面的研究工作是在 1978 年改革开放以后。以下是我国人机工程学发展史上几个标志性事件：

（1）1980 年 4 月，成立了全国人类工效学标准化技术委员会。

（2）1984 年，国防科工委成立了国家军用人–机–环境系统工程标准化技术委员会。

（3）1989 年，成立了中国人类工效学学会。

（4）1995 年 9 月创刊了学会会刊《人类工效学》季刊。

在国内各大研究人机工程的科研院所中，北京航空航天大学飞行器设计与应用力学系是属于较早设立人机环境专业并进行教学和科研工作的单位。中国的人机工程学研究和发达国家相比，仍然有相当大的距离。目前市场上琳琅满目的产品中，许多充分考虑人性化需求的产品如汽车正在不断开发出来。但需要指出的是，人机工程学在我国不仅有待研究和提高，更需宣传和普及。

1.5.5　21世纪的人机工程学

当今人类社会已经步入了信息时代，人机工程学发展必然向信息化、智能化、网络化以及大数据方向发展。人机工程学作为应用性学科，它与人的工作生活息息相关，设计生产出更加人性化、高效能设备、工具和日常生活用品是人机工程师努力的目标。

1.6　汽车设计和使用中的人机工程问题

现在的汽车研发团队一般都有人机工程师参加，但他们开发出来的产品还远没有达到使用者的期望值。下面列出了通过市场调查、调研、反馈得到的用户提出的问题：

（1）车辆驾驶操纵系统人机界面的优化匹配问题。这类问题事关车辆行驶的安全性、驾驶员身心健康、驾驶操作的舒适度以及在正常工作时间内持续驾驶车辆所能保持的工作效率。该问题在理论上和实际操作中都没有很好地解决。

（2）车辆的行车安全性、车内乘员的人体保护以及对行人的保护技术问题。这类问题的解决需要研究各种类型的撞车、翻车事故预警、预防技术装置，并研究一旦发生撞车、翻车事故，采用何种有效的车内乘员人体保护技术来避免或减轻乘员可能遭受的严重伤害，并解决机动车辆与行人发生碰撞时如何更好地保护行人问题。

（3）车辆乘员的乘坐舒适性问题。这类问题涉及以下几个问题的解决：

①座椅能否提供舒适而稳定的坐姿。

②底盘可调悬架、空气悬架、油气悬架以及橡胶悬架能否为各种车辆在各种道路上行驶提供良好的隔振性能。

③动力总成与机架或车身之间的隔振装置能否隔离动力或传动系统对车身或车架的振动激励。

（4）前后视野不足、各立柱的盲障角过大问题。

（5）人机交互界面设计水平不足，如声控导航辨别能力差，有时该装置变成了一个摆设。

（6）各种常用的操纵按钮与开关没有布置在驾驶员触手可及的舒适位置处。

（7）显示装置显示的车辆故障信息符号常常难以理解，影响正常驾驶。

（8）车辆的 NVH 及控制问题。

（9）车辆车内小气候环境的宜人化控制。

（10）车辆驾驶员的驾驶适宜性问题。

驾驶适宜性是指人具备圆满、不出差错地完成驾驶工作的素质。

（11）车辆的道路交通适应性差的问题。解决此类问题需要把人-车-路当作一个系统来考虑，需要考虑道路交通特性，如道路的等级、通行能力、管制等级等，并且在设计道路网及设计道路特性时，也必须把人的因素和车辆特性作为设计要素考虑。另外，要从驾驶员角度出发评价车辆对道路交通条件适应性，用于指导车辆设计和交通设施调整，使它们协调一致。

（12）人-车-路系统的综合优化问题。此类问题的解决需要综合运用人机工程学、汽车工程学、交通工程学、计算机仿真技术、图形图像技术和数据库技术的基本理论和方法。

1.7 未来车辆人机工程设计面临的新课题

尽管目前车辆的设计开发中加入了许多人机工程学的元素,但随着人们生活水平的提高,车辆的角色将逐渐由交通工具转变成人们的休闲、娱乐工具,未来的车辆一方面其动力排放要满足清洁环保,另一方面未来车辆的使用与驾乘要满足便捷与舒适,而后一方面基本上与人机工程学设计密切相关。因此,人机工程师在设计开发未来车辆时需要考虑以下各几方面的人机工程学问题:

(1) 如何使得人体特性差异巨大的车辆驾驶员和使用者群体中的大多数人、在大部分时间内对车辆的使用性能感到满足?

(2) 车辆智能化和无人化程度越来越高,车辆驾驶操纵的人机系统功能如何分配?人机系统特性如何协调和人机界面如何优化匹配?还有人机工程师如何借助人体尺寸与城乡道路交通运输大数据,来更好设计未来具有人性化的车辆。

(3) 新能源车辆如电动汽车、氢燃料汽车的大量使用,将带来新的人机工程问题,比如驱动电机的高频噪声机理及控制问题。

(4) 信息技术和网络化程度的提高,轿车作为通勤交通工具的功能比率将逐渐下降,而娱乐和休闲、度假功能比率大为提高,这将对车辆的便捷性与舒适性要求大为提高。

(5) 随着世界各个国家逐渐步入了老龄化社会,以后驾车的老龄人群将逐步增多。而人在25岁后,人体功能每隔10年下降5%~10%,因此,老龄人群的视力与听力将变差,操纵力变差,动作响应时间也变长。因此需要设计开发智能型老年人驾驶系统,以应对老龄人群驾车问题。

(6) 随着信息处理与通信技术的发展,整个道路交通环境的改善,人机工程学研究目标变为整个人车道路环境系统的安全、高效运行。此外,未来城市与乡村将会出现无人车辆运输顾客和货物的新画面,这将对无人车辆人机交互界面设计带来新挑战。

(7) 未来车辆上可以考虑许多人性化设计。图1.6所示为应对雨天雨伞放置而在右侧车门地图袋内放了一个微型垃圾桶,我们完全可以在仪表台右侧区域设计一个放置雨伞的抽屉。此外,还有水杯保温等许多值得考虑的人机工程学问题。

(8) 在军事领域,未来战争要求军用车辆尤其是轮式车辆发挥更大的作用,因而军用车辆的人机工程学设计将逐步引起人们的重视。比如,2015年11月美国国防高级研究计划局和坦克机动车与武器

图1.6 车载微型垃圾桶(见彩插)

司令部分别与奎奈蒂克公司和阿里昂公司签订合同,要求后者为未来军用地面车辆开发的新技术中就包含了人机工程技术,以应对不断出现的战场威胁。

1.8 车辆设计开发中人机工程学工程师的职责

目前国内外汽车工业界早已把人机工程学工程师看作汽车研发团队的一个重要部分,可

以这么说，人机工程学工程师的工作贯穿从新汽车概念创立到用户使用汽车、报废汽车和准备购买他的下一辆汽车的整个阶段。一位合格的人机工程学工程师应该担当以下各项职责：

（1）在恰当的时间节点，在合适级别的项目经理面前，为汽车设计团队提供所需的人机工程学设计规范、信息、数据、分析结果、主观与客观评价方法和产品决策建议书。

（2）采用确实可行的模型和程序去解决汽车开发过程中出现的、与人机工程相关的问题。

（3）通过虚拟仿真、台架试验或道路试验及时回答在车辆开发过程中出现的人机工程问题。

（4）评估产品概念、草图、CAD模型、3D数字模型、物理模型/实物模型、装配模型、原型机、成品汽车以及其竞争对手生产的竞品车辆。

（5）获取和检查用户投诉、产品保修、4S店和网上客户满意度调查、市场调研数据、汽车杂志和报刊等传来用户反馈的正面和负面评价数据。

（6）在汽车开发过程中，在选定的项目时间节点上创建人机工程学记分卡。

（7）给汽车研发团队提供人机工程学方面的专业咨询，以确保人机工程学的设计理念能够在具体产品设计中被大家接受。

【案例分析】在车辆造型室职能范围内，应如何针对人机工程开展工作？

造型设计是根据汽车整体设计的各方面要求进行整车内部和外部可见部分的形体的塑造，目的是吸引和打动潜在顾客，使其产生拥有的欲望。目前，汽车造型已成为汽车产品竞争最有力的手段之一。好的汽车造型设计在给人们美的享受的同时，还向人们传达设计师对美的理解和诉求，因此汽车造型设计的最终产物是艺术品；同时由于汽车产品非常注重使用性，所以造型设计的最终产物也是产品，设计师必须知道各种设计会带来怎样的效果，包括汽车造型所得的空气动力学效果、前后悬架布置对操纵稳定性的影响、车内布局所涉及的人体工程学等。汽车造型师可以考虑从以下几个方面开展人机工程学研究工作：

（1）在汽车外观造型设计中融入人机工程学理念。影响汽车造型的因素有很多，如先前的汽车是箱式汽车，如果要降低风阻，就要降低车身高度，但是降低车身高度的同时，就不可避免地造成前风窗视野受限。后来美国人发明了流线型车身，这种圆滑的车身造型既满足了降低风阻的要求，又不会使前风窗视野出现障碍。可见流线型车身的发明综合了空气动力学和人体工程学等多方面的因素，所以一个合格的汽车设计师应该能够综合各种因素把握造型设计。

（2）在汽车外观造型设计中把握好人体尺寸的应用。人体尺寸决定了人体所占据的车内几何空间大小和人体活动范围，它是确定车身室内有效空间和进行内饰布置的主要依据，也是设计师进行汽车外观造型设计时必须考虑的尺寸要求的主要参考依据。通过测量、统计、分析人体的尺寸和对人体生理结构的研究，保证人体坐姿符合人体乘坐舒适性要求，确定车内的有效空间以及各部件、总成（座椅、仪表板、方向盘等）的布置位置和尺寸关系。很多汽车概念设计形式很漂亮，但是无法满足使用要求。如图1.7所示，这是标致汽车早期概念车中的一个作品，从美学意义和仿生角度看，是非常新奇的，但是从汽车实际研发角度看，存在很多不可能实现的问题。首先，车身高度太低，很难想象驾驶员用怎样的姿势来驾驶这辆汽车，如果是身材高大的人来驾驶，估计上下车都很困难。其次，暂且不论驾驶员舒适与否，前风窗的视野就被宽大的前轮造型遮挡了，因而可以判断车轮造型完全成了装饰。所以要设计一辆经典的实用的汽车，设计师除了要考虑好的概念以外，还必须熟知与人体尺寸相关的造型要求，设计合理的汽车外观造型尺寸，优化人机界面，使设计达到功能与形式的完美结合，而不能天马行空般地表达，否则，设计方案必然会在汽车开发中遭到淘汰。当然，标致汽车在中后期概念车设计中已经避免了以上缺陷，图1.8和图1.9所示的概念车驾驶员视野和驾驶员上下车的便捷性都有极大改善。

图1.7　早期的标致汽车概念车

图1.8　中期的标致汽车概念车

图1.9　近期的标致汽车概念车

　　在汽车设计中，应以市场性原则选择适宜的人体尺寸标准及尺寸范围。一般采用5%、50%、95%三种百分位的人体尺寸，分别代表矮小身材、中等身材和高大身材三种人群。车身设计理论上应能满足5%~95%百分位这个区间所有人群的需要，但是汽车种类繁多，适用人群各不相同。设计不该是面面俱到的，而应该根据具体的目标人群的特点做出适当的调整，如在轿车门类里的SUV、重卡和工程车辆，在体形上就是属于大型车辆，一般选择这类车型的人群身材都是较为高大的，很少会有5%以下的人群去选择这样一款车型，因此为避免资源和空间的浪费，设计者应该在该类车型人体尺寸设计上做相关设计调整，最后可能会选择满足女性50%和男性95%百分位人群的需要。还有车身高度的确定，具体设计会参考大百分位即男性95%百分位人群所需要的空间高度的要求来确定，这也是目前在汽车设计开发中常用的方法。

在汽车设计中另外一个工具就是根据不同人体百分位标准设计的人体模型。在车身造型设计中，如何检验造型设计是否满足人机工程学的要求，必须借助于二维人体模型样板和三维虚拟人（或称数字仿真人）。如图1.10所示，二维人体模型样板分别由人体的躯干、靠背脚基准杆、大腿、小腿和脚等部分组成，通过人体的各关节点来连接。然后再根据人体舒适驾驶姿势下的人体生理角度范围来调整二维人体模型板，用此模板可以验证汽车外观造型设计是否满足人机工程学要求，并确定在尺寸范围内汽车外观造型中室内空间必须达到的长度和高度，避免出现概念设计中存在的尺寸不符合功能需要的状况。而三维数字人可以更好地帮助设计师完成车内布置和各种操纵校核，如图1.11所示。

角度范围	
θ_1	$10°\sim35°$
θ_2	$10°\sim50°$
θ_3	$80°\sim160°$
θ_4	$90°\sim125°$
θ_5	$95°\sim155°$
θ_6	$85°\sim110°$
θ_7	$170°\sim190°$

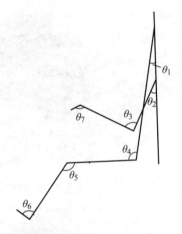

图1.10 具有不同关节角度的人体模板

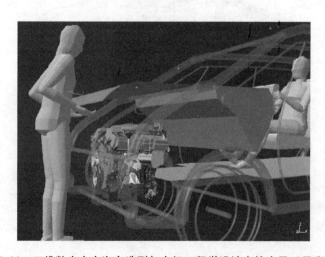

图1.11 三维数字人在汽车造型与人机工程学设计中的应用（见彩插）

此外，显示装置和操控装置的布置对于汽车室内空间总布置也有一定影响。而对于工程车辆和载货汽车来说，其影响非常大。在设计中，应根据人体操纵范围和操纵力的测定，确定各操纵装置的布置和作用力大小，明确中控台的长和宽，作为汽车外观设计需要满足的驾驶环境的尺寸标准，以使这种造型设计可以满足人体操纵时自然、迅速、准确、轻便的要求，以减少操纵疲劳强度。

（3）在驾驶视野设计中把握好人机工程学的应用。通过对人眼的视觉特性、视野效果的研究与试验，校核驾驶员的视野，确定汽车外观造型件的设计满足驾驶员视野要求的尺寸关系和位置关系，以保证驾驶员获得足够的视觉信息。所谓视觉效果良好的汽车，通常是指具有广阔的视野、盲障角小、视觉干扰少和具有良好的视觉适应性的汽车。造型设计师应该在设计之初，从研究人眼的视觉特征、人眼的视野、眼椭圆在车内的位置分布、人车视野及车身结构、形状、布置尺寸和布置位置出发，分析汽车的各种视觉效果，并制订出具体的设计方案。

跟视野有关的造型部件主要有前风窗、后视镜、侧窗以及各个立柱。视野是指人眼所能观察的空间范围，车身设计中从人眼的视野出发，研究人车视野，包括直接视野、间接视野、雨刷视野和仪表视野等。这些视野内容是衡量汽车视觉性能的重要方面，车身造型设计时应予以认真对待。例如，风窗形状、面积大小及位置，车身立柱断面大小、形状及位置，后视镜布置位置及性能参数，刮刷及除霜面积和部位，仪表和方向盘的位置和形状，等等。良好的人车视野性能是指在驾驶员的视野内产生最少的视野盲区。在设计中常见的是采用95%百分位的眼椭圆板来确定相关视野功能件的尺寸位置关系。确定了眼椭圆后，即可得出驾驶员的实际前方视野范围，确定前风窗开口面积、风窗倾角和位置、窗柱尺寸和位置等（图1.12），最后要在具体的实物样车生产出来后，通过实际视野测试来校核和完善视野设计。

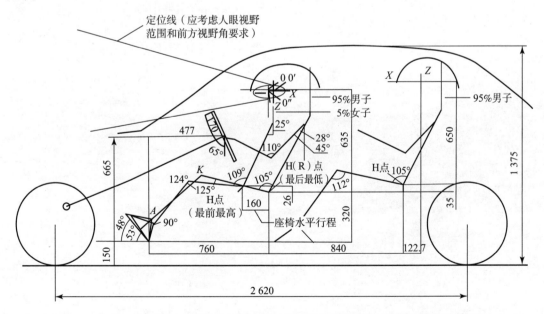

图1.12 根据男子第95百分位和女子第5百分位眼椭圆样板计算出的车窗视野范围

思 考 题

1. 与车身部门关注的人机不同（更注重数据和硬点：更被动地去达到人机的强行的要求），汽车造型师应该如何从感知层面，主动地去探索和改进人机体验？
2. 如何确定汽车涉水深度经验范围？
3. 如何在中老年人驾驶的新能源汽车设计中考虑人机因素？

第 2 章
人体测量和生物力学

为了确保车辆内能够容纳规定的人数，设计者必须考虑驾驶员与乘员的人体尺寸以及他们的坐姿，而人体尺寸必须通过测量才能获得。人体测量学研究不同人群人体尺寸的测量，并研究整个人体及各组成部分骨骼尺寸、形状、轮廓、面积、体积、重心和重量等。

此外，驾驶员在道路上驾驶车辆时希望用舒适的坐姿坐在座椅上，用手和脚协调操纵方向盘、踏板、变速杆、仪表盘上各种按钮与按键，并顺利完成各种驾驶动作，如图2.1所示。为了达到这个目的，人们需要研究人体的生物力学。人体生物力学主要研究内容有：

图 2.1　新一代奔驰 SUV 汽车人机界面（见彩插）

（1）人体各部分尺寸、组织和质量属性。
（2）连接各部分和产生身体运动肌肉之间的关节。
（3）研究关节的灵活性。
（4）研究身体对载荷的自主响应。
（5）并研究评估人在乘坐汽车时的舒适性和安全性。

2.1 人体测量的基本知识

2.1.1 概述

人体测量学的定义：通过测量人体各部位尺寸来确定个体之间和群体之间在人体尺寸上的差别，用以研究人的形态特征，使设计出来的产品更适于人。图2.2中的几种工业产品的设计利用了人体参数，其中图2.2（a）是车床、龙门刨床与立铣机床，操作把手与界面考虑了人手功能高尺寸；图2.2（b）左图人立姿弯腰操作把手，显示把手位置设置略为过低，而右图是工人坐姿状态检验工件，该工人操作姿势较为合适；图2.2（c）显示车内布置与人体尺寸密切相关。

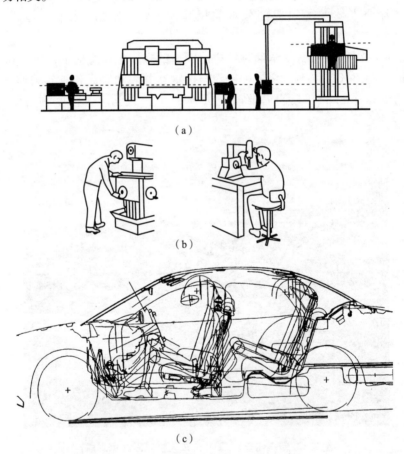

图2.2　与人体尺寸有关的工业产品设计

人类测量学是对人体外形与尺度的测量研究。罗巴克（1995）认为它是一门确立起实体几何学、质量性质和人体力量能力的度量科学和应用艺术。人体测量学的历史可以追溯到文艺复兴时期。

人类测量学需要发展两种测量技术：
（1）通过个体获得的数据测量技术。

（2）将个体信息转换为概括性数据的统计学方法，从而捕捉到群体特征。

人类测量学的核心概念：百分位数，它定义为等于或大于一定百分比数字的人数。具体内容将在第 2.2 节介绍。

人类测量学具有重要的军事价值，它决定了士兵装备的尺寸，如军装、钢盔等，士兵人体尺寸也决定了武器装备作业空间的大小，如坦克与轰炸机驾驶舱等空间。

在历史上，美国的军队曾经利用俘虏资源进行了大规模的人体参数测量。一份对美国历次战争期间士兵身高测量的比较表明，他们的身高每 10 年增高 0.4 in（1 cm）。

在第二次世界大战前，工程师和建筑师已经掌握了一些身体的参考指标（爬梯子和楼梯的空间、维修通道的空间、用餐的空间），这些常常依据于普通人的数据。

第二次世界大战的爆发需要新的、复杂的战争机器，于是"是机器，而非人，赢得战争"的概念让位于有效的人-机关系概念。不久以后，人们开始参考心理学、工程学、人类学和生理学等其他学科来设计军用设备。当时，美国国防部公布了为陆军设计军事装备的人机工程学标准以及用于空军及海军的人类因素信息，其中也包括有关潜艇的数据。因而美国部队的军事装备设计成了更小的轮廓，以保证更大的战斗安全性。

20 世纪 60 年代，美国卫生、教育和福利部出版了"成年人体重、身高和精选的身体尺度"数据。但是这种民用数据没有军用数据信息那样全面。到了 20 世纪 70 年代，美国汽车工程师协会对从两个月大的婴儿到 18 岁的青少年人体数据作了一次非常有价值的调查。20 世纪 80 年代，老年人已明显占人口中的很大比例，研究人员也开始对他们的身体尺度进行测量。20 世纪 90 年代，美国《残疾法》正式成为法律，并且禁止歧视残疾人，这一法案制定了针对乘坐轮椅者、盲人及弱视者、聋人及听力受损者的保护措施及可行性的规定。

在早期的人体测量学研究中，最热情的倡导者是詹姆斯·麦基思·卡特尔（1860—1944）。卡特尔于 1891 年任哥伦比亚大学心理学教授和系主任。他的心理测试范围扩大，每年让 50 个新生志愿者进行测试，目的就是要证明，这些测量可以测出智力来，可以显示测试结果与学生成绩之间的关系。他的学生之一克拉克·威斯勒，对测试数据进行了高尔顿-皮尔逊式相关性分析。他的发现使卡特尔十分吃惊，也很沮丧。相关性分析表明学生成绩与任何一项人体测验结果都没有明显相关性。如果说成绩与学术地位可以指示智力水平，那么人体测试却不能够。

一般来说，人体数据测量包括以下几个方面：

（1）静止形态参数的测量（static morphological measurement）。

①测量内容：人体尺寸（长度尺寸）、人体体形（胖瘦）和人体体积等。

②测量姿势：立姿、坐姿、跪姿和卧姿。

（2）活动范围参数的测量。活动范围参数是指人在运动状态下，人的肢体的动作范围（包括活动角度、达到的距离范围）。范围包括最大范围和最佳范围。

（3）生理参数的测量。生理参数是指人体的主要生理指标（包括人体表面积、人体各部分体积、耗氧量、心率、人体疲劳、人体触觉反应）。

（4）生理力学参数的测量。生理力学参数是指人体的主要力学指标（包括人体各部分质量与质心位置、人体各部分转动惯量、人体各部分出力）。

2.1.2 人体尺寸测量的主要方法

人体尺寸测量方法主要有普通测量法、投影法和三维数字化人体测量法。下面具体介绍这三种测量方法：

1. 普通测量法

普通测量法的主要测量工具有：人体测高仪、直角规、弯角规、三角平行规、软尺、测齿规、立方定颏器、平行定点仪、坐高仪、量足仪和医用人体秤等。其中，灵活的卷尺用于测量身体周长及其他应用于服装设计的尺度。

普通测量方法主要测量人体构造尺寸。测量得到的数据可以采用人工处理与计算机处理相结合。这种测量方法特点是成本低廉，但精度比较低。

2. 投影法

这种方法采用带发光装置的并画有网格的平板，然后用照相机或摄像机等做投影测量。测量时，人站在发光平板和摄像设备之间，如图2.3所示。

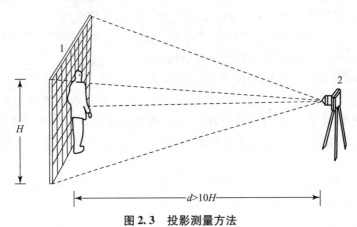

图2.3 投影测量方法

3. 三维数字化人体测量法

这种人体测量法主要采用手动接触式和非接触式两种测量仪器。

1) 手动接触式三维数字化测量仪

测量时，仪器末端的探针（一般带有蓝宝石或红宝石）接触被测人体的表面，测量得到人体表面点的 X、Y、Z 空间位置，然后用软件计算得到人体各部位尺寸。

2) 非接触式三维数字化测量仪

与手动接触式三维数字化测量仪不同，这种仪器基于光学三角测量原理，从被测人体的前左、前右、后左、后右四个方向进行同步扫描，从而生成360°的人体图像模型。扫描仪能自由地对各种姿势进行扫描，扫描数据自动快速处理成完整的人体数字模型，如图2.4所示。

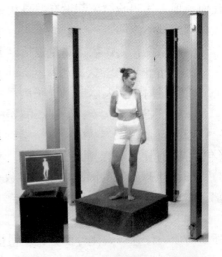

图2.4 非接触式三维数字化测量仪

2.1.3 人体测量的基本术语（参见 GB/T 5703—2010 中的规定）

1. 被测者姿势

（1）立姿：被测者挺胸直立，头部以眼耳平面定位，眼睛平视前方，肩部放松，上肢自然下垂，手伸直，手掌朝向体侧，手指轻贴大腿侧面，膝部自然伸直，左、右足后根并拢，前端分开，使两足大致呈45°夹角，体重均匀分布于两足。

（2）坐姿：被测者挺胸坐在被调节到腓骨头高度的平面上，头部以眼耳平面定位，眼睛平视前方，左、右大腿大致平行，膝弯曲大致成直角，足平放在地面上，手轻放在大腿上。

2. 测量基准面（图 2.5）

（1）矢状面：沿身体正中线对称地把身体切成左、右两半的铅垂平面，称为正中矢状面，与正中矢状面平行的一切平面，都称为矢状面。

（2）冠状面：沿身体左右方向将身体切成前、后两部分的、彼此平行并垂直于矢状面的一切平面，都称为冠状面或额状面。

（3）水平面：横切直立的身体，将人体分成两个部分并垂直于矢状面和冠状面的一切平面。

（4）眼耳平面：通过左、右耳屏点及右眼眶下点的平面。

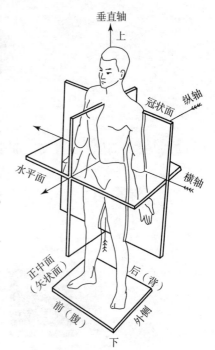

图 2.5 测量基准面

3. 测量方向

（1）人体上下方向：头侧端、足侧端。

（2）人体左右方向：根据是否远离正中矢面，分为内端和外端。

（3）四肢方向：根据是否靠近四肢附着部位，分为近位和远位。

（4）上肢方向：指向桡骨侧的方向，称为桡侧；指向尺骨侧的方向，称为尺侧。

（5）下肢方向：指向胫骨侧的方向，称为胫侧；指向腓骨侧的方向，称为腓侧。

4. 支承面和衣着

（1）立姿时支撑面：地面或平台。

（2）坐姿时支撑面：座椅。

（3）衣着：裸体或尽量穿少的衣服。

5. 基本测点与测量项目

国家标准 GB/T 5703—2010《用于技术设计的人体测量基础项目》（代替 GB/T 3975—1983 和 GB/T 5703—1999）规定：

测量点数：头部16个，项目12项；躯干和四肢部位22个，项目69项（包括立姿40项、坐姿22项、手和足部6项、体重1项），共81项测量项目。

2.1.4 人体测量的常用仪器

在普通测量法中,常用的人体测量仪器包括以下几种。

(1) 软尺,如图 2.6 所示。

图 2.6 软尺

(2) 人体身高体重测量仪,如图 2.7 所示。

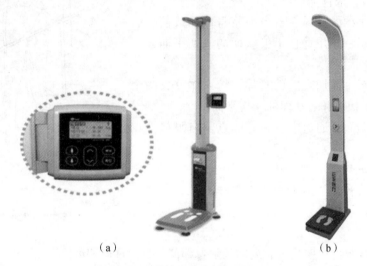

(a)   (b)

图 2.7 人体身高体重测量仪

(a) 人体自动身高体重测量仪;(b) 人体超声波身高体重测量仪

(3) 直脚规,如图 2.8 所示。

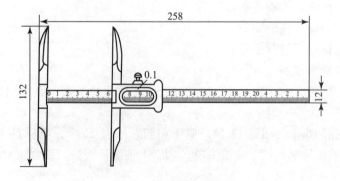

图 2.8 人体测量用直脚规

直脚规主要用于测量两点间距离，如耳、脸、手、足等。
（4）弯脚规，如图2.9所示。

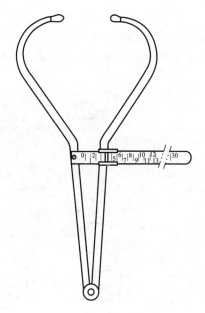

图2.9　人体测量用弯脚规

弯脚规主要用于测量不能用直尺测量的两点之间的距离，如肩宽、胸厚等。
（5）三脚平行规，如图2.10所示。

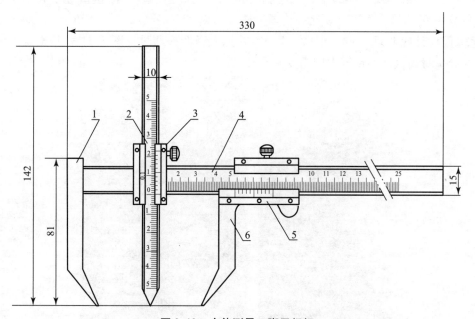

图2.10　人体测量三脚平行规

1—固定量脚；2—竖尺；3—活动尺框；4—主尺；5—尺框；6—活动量脚

（6）坐高椅。
（7）量足仪。

2.2 人体测量尺寸中的主要统计参数

在人体测量中所得到的测量值都是离散的随机变量,因而可根据概率论与数理统计理论对测量数据进行统计分析,从而获得所需群体尺寸的统计规律和特征参数。

1. 均值

$$\bar{X} = \frac{1}{n}\sum_{i=1}^{n} X_i \tag{2.1}$$

2. 方差

$$S^2 = \frac{1}{n-1}\sum_{i=1}^{n}(X_i - \bar{X})^2$$

$$= \frac{1}{n-1}\left(\sum_{i=1}^{n} X_i^2 - n\bar{X}^2\right) \tag{2.2}$$

3. 标准差

$$S_D = \left[\frac{1}{n-1}\left(\sum_{i=1}^{n} X_i^2 - n\bar{X}^2\right)\right]^{1/2} \tag{2.3}$$

4. 抽样误差

$$S_{\bar{X}} = S_D / \sqrt{n} \tag{2.4}$$

5. 百分位数 P_K

百分位数将群体或样本的全部测量值分成两部分,有 $K\%$ 的测量值等于和小于它,有 $(100-K\%)$ 的测量值大于它。比如美国男性身高第 95 百分位数是 1 855 mm,那么办公室或住宅大门设计成 1 855 mm,那么只有 5% 的男人需低头通过!图 2.11 就是根据人体男性第 95 百分位身高设计的住宅大门高度和车厢高度。

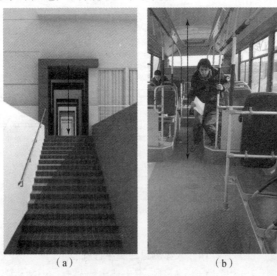

(a) (b)

图 2.11 根据人体身高尺寸设计的有关产品尺寸(见彩插)
(a)住宅大门高度设计;(b)公交车车厢高度设计

1）求某百分位数人体身高

$$P_{\text{百分位}} = \bar{X} \pm (S_D \cdot K) \tag{2.5}$$

式中：$\bar{X}$ 为人身高均值；S_D 为身高标准差；K 为百分位数的转换系数，见表 2.1。当百分位数 > 50% 时，则公式（2.5）中取 "+"；当百分位数 < 50% 时，则公式（2.5）中取 "−"。现在 $\bar{X}$ = 170 cm、S_D = 10 cm 和 $K\%$ = 30，则把它们代入公式（2.5），得到

$$P_{30} = 170 - 10 \times 0.524 = 164.76 \text{ (cm)}$$

即有 30% 的人身高小于等于 164.76 cm。

表 2.1 百分位数和对应的转换系数

百分位数	转换系数 K	百分位数	转换系数 K	百分位数	转换系数 K	百分位数	转换系数 K
0.5	2.576	20	0.842	70	0.524	97.5	1.960
1.0	2.326	25	0.674	75	0.674	98.0	2.050
2.5	1.960	30	0.524	80	0.842	99.0	2.326
5	1.645	40	0.250	85	1.036	99.5	2.576
10	1.282	50	0.000	90	1.282		
15	1.036	60	0.250	95	1.645		

2）求数据所属百分比 P

[问题 1] 求有多少百分数的人身高小于等于 164.76 cm？

解：已知 $\bar{X}$ = 170 cm，S_D = 10 cm，X_i = 164.76 cm，把这些数值代入下面的公式

$$Z = (X_i - \bar{X})/S_D \tag{2.6}$$

计算得到 Z = −0.524。

根据 Z 值，查数学手册中正态分布上对应的概率数值。查正态分布表，得到 p = −0.1985。

再按照下面的公式计算得到百分位数：

$$P = 0.5 + p = 0.3015$$

即有 30.15% 左右的人身高小于等于 164.76 cm。

2.3 常用的人体测量数据

2.3.1 我国成年人人体结构尺寸

人体测量尺寸可分为两类，即构造尺寸和功能尺寸。其中构造尺寸是指静态的人体尺寸，它是人体处于固定的标准状态下测量的，可以测量许多不同的标准状态和不同部位，如手臂长度、腿长度、坐高等。国家技术监督局在 1988 年 12 月 10 日颁布了国家标准 GB 10000—1988《中国成年人人体尺寸》，它包括了 7 类 47 项人体尺寸基础数据。该标准规定了成年人年龄范围：男 18～60 岁、女 18～55 岁，并划分了三个年龄段：18～25 岁（男、女）；26～35 岁（男、女）；36～60 岁（男）、36～55 岁（女）。标准用 7 幅图分别表示项目的部位，13 张表分别列出各年龄段、各常用百分位的各项人体尺寸数据。其中人体主要

尺寸主要包括:身高、体重、上臂长、前臂长、大腿长、小腿长共6项人体主要尺寸数据。如图2.12和表2.2~表2.5所示。

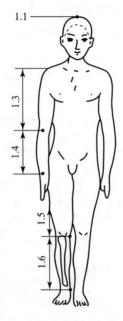

图 2.12　人体主要尺寸标注示意图

表 2.2　人体主要尺寸（GB 10000—1988）（男）

测量项目	年龄 百分位数	18~60 岁						18~25 岁					
		1	5	10	50	90	95	99	1	5	10	50	90	95	99
1.1	身高/mm	1 543	1 583	1 604	1 678	1 754	1 775	1 814	1 554	1 591	1 611	1 686	1 764	1 789	1 830
1.2	体重/kg	44	48	50	59	71	75	83	43	47	50	57	66	70	78
1.3	上臂长/mm	279	289	294	313	333	338	349	279	289	294	313	333	339	350
1.4	前臂长/mm	206	216	220	237	253	258	268	207	216	221	237	254	259	269
1.5	大腿长/mm	413	428	436	465	496	505	523	415	432	440	469	550	509	532
1.6	小腿长/mm	324	338	344	369	396	403	419	327	340	346	372	399	407	421
测量项目	年龄 百分位数	26~35 岁						36~60 岁					
		1	5	10	50	90	95	99	1	5	10	50	90	95	99
1.1	身高/mm	1 545	1 588	1 608	1 683	1 755	1 776	1 815	1 533	1 576	1 596	1 667	1 739	1 761	1 798
1.2	体重/kg	45	48	50	59	70	74	80	45	49	51	61	74	78	85
1.3	上臂长/mm	280	289	294	314	333	339	349	278	289	294	313	331	337	348
1.4	前臂长/mm	205	216	221	237	253	258	268	206	215	220	235	252	257	267
1.5	大腿长/mm	414	427	436	466	495	505	521	411	425	434	462	492	501	518
1.6	小腿长/mm	324	338	345	370	397	403	420	322	336	343	367	393	400	416

表 2.3 人体主要尺寸（GB 10000—1988）（女）

测量项目 \ 百分位数 年龄	18~55 岁							18~25 岁					
	1	5	10	50	90	95	99	1	5	10	50	90	95	99

测量项目	1	5	10	50	90	95	99	1	5	10	50	90	95	99
1.1 身高/mm	1 449	1 484	1 503	1 570	1 640	1 659	1 697	1 457	1 494	1 512	1 580	1 647	1 667	1 709
1.2 体重/kg	39	42	44	52	63	66	74	38	40	42	49	57	60	66
1.3 上臂长/mm	252	262	267	284	303	308	319	253	263	268	286	304	309	319
1.4 前臂长/mm	185	193	198	213	229	234	242	187	194	198	214	229	235	243
1.5 大腿长/mm	387	402	410	438	467	476	494	391	406	414	441	470	480	496
1.6 小腿长/mm	300	313	319	344	370	376	390	301	314	322	346	371	379	395

测量项目	26~35 岁							36~55 岁						
	1	5	10	50	90	95	99	1	5	10	50	90	95	99
1.1 身高/mm	1 449	1 486	1 504	1 572	1 642	1 661	1 698	1 445	1 477	1 494	1 560	1 627	1 646	1 683
1.2 体重/kg	39	42	44	51	62	65	72	40	44	46	55	66	70	76
1.3 上臂长/mm	253	263	267	285	304	309	320	251	260	265	282	301	306	317
1.4 前臂长/mm	184	194	198	214	229	234	243	185	192	197	213	229	233	241
1.5 大腿长/mm	385	403	411	438	467	475	493	384	399	407	434	463	472	489
1.6 小腿长/mm	299	312	319	344	370	376	389	300	311	318	341	367	373	388

表 2.4 Ramsis 软件提供的近期中国台湾地区人体主要尺寸（男性）

测量项目 \ 百分位数	18~60 岁（男）						
	1	5	10	50	90	95	99
身高/mm	1 552	1 593	1 615	1 692	1 769	1 791	1 832
体重/kg	47	53	56	67	78	81	87
上臂长/mm	280	289	293	310	327	332	341
前臂长/mm	208	215	218	231	243	246	253
腿长 = 大腿长 + 小腿长/mm	698	721	733	776	732	742	854

表 2.5 Ramsis 软件提供的近期中国台湾地区人体主要尺寸（女性）

测量项目 \ 百分位数	18~55 岁（女）						
	1	5	10	50	90	95	99
身高/mm	1 436	1 475	1 495	1 567	1 639	1 659	1 697
体重/kg	37	42	45	55	64	67	72

续表

测量项目＼百分位数＼年龄	18～55岁（女）						
	1	5	10	50	90	95	99
上臂长/mm	257	265	270	285	301	306	314
前臂长/mm	186	192	195	207	218	221	227
腿长＝大腿长＋小腿长/mm	633	652	662	697	819	831	761

2.3.2 立姿人体尺寸

立姿人体尺寸包括眼高、肩高、肘高、手功能高、会阴高和胫骨点高，共6项。这些尺寸标注图如图2.13所示，表2.6是立姿人体尺寸数据。

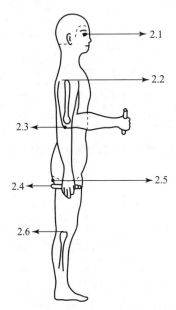

图2.13 人体立姿尺寸标注图

表2.6 立姿人体尺寸（GB 10000—1988）

测量项目＼百分位数＼年龄	男（18～60岁）							女（18～55岁）						
	1	5	10	50	90	95	99	1	5	10	50	90	95	99
2.1 眼高/mm	1 436	1 471	1 495	1 568	1 643	1 664	1 705	1 337	1 371	1 388	1 454	1 522	1 541	1 579
2.2 肩高/mm	1 244	1 281	1 299	1 367	1 435	1 455	1 494	1 166	1 195	1 211	1 271	1 333	1 350	1 385
2.3 肘高/mm	925	954	968	1 024	1 079	1 096	1 128	873	899	913	960	1 009	1 023	1 050
2.4 手功能高/mm	656	680	693	741	787	801	828	630	650	662	704	746	757	778

续表

测量项目 \ 百分位数 年龄	男（18~60岁）							女（18~55岁）						
	1	5	10	50	90	95	99	1	5	10	50	90	95	99
2.5 会阴高/mm	701	728	741	790	840	856	887	648	673	686	732	779	792	819
2.6 胫骨点高/mm	394	409	417	444	472	481	498	363	377	384	410	437	444	459

2.3.3 坐姿人体尺寸

坐姿人体尺寸包括坐高、坐姿颈椎点高、坐姿眼高、坐姿肩高、坐姿肘高、坐姿大腿厚、坐姿膝高、小腿加足高、坐深、臀膝距、坐姿下肢长11项。这些尺寸标注图如图2.14所示。表2.7是坐姿人体尺寸数据。

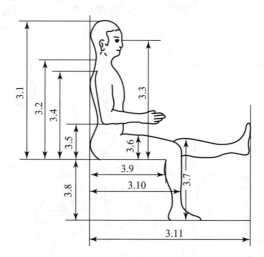

图 2.14 人体坐姿尺寸标注图

表 2.7 坐姿人体尺寸（GB 10000—1988） 单位：mm

测量项目 \ 百分位数 年龄	男（18~60岁）							女（18~55岁）						
	1	5	10	50	90	95	99	1	5	10	50	90	95	99
3.1 坐高	836	858	870	908	947	958	979	789	809	819	855	891	901	920
3.2 坐姿颈椎点高	599	615	624	657	691	701	719	563	579	587	617	648	657	675
3.3 坐姿眼高	729	749	761	798	836	847	868	678	695	704	739	773	783	803
3.4 坐姿肩高	539	557	566	598	631	641	659	504	518	526	556	585	594	609
3.5 坐姿肘高	214	228	235	263	291	298	312	201	215	223	251	277	284	299
3.6 坐姿大腿厚	103	112	116	130	146	151	160	107	113	117	130	146	151	160
3.7 坐姿膝高	441	456	464	493	523	532	549	410	424	431	458	485	493	507

续表

测量项目 \ 年龄 百分位数	男（18~60岁）							女（18~55岁）						
	1	5	10	50	90	95	99	1	5	10	50	90	95	99
3.8 小腿加足高	372	383	389	413	439	448	463	331	342	350	382	399	405	417
3.9 坐深	407	421	429	457	486	494	510	388	401	408	433	461	469	485
3.10 臀膝距	499	515	524	554	585	595	613	481	495	502	529	561	570	587
3.11 坐姿下肢长	892	921	937	992	1 046	1 063	1 096	826	851	865	912	960	975	1 005

2.3.4 人体水平尺寸

人体水平尺寸包括胸宽、胸厚、肩宽、最大肩宽、臀宽、坐姿臀宽、坐姿两肘间宽、胸围、腰围和臀围共 10 项，其尺寸标注图如图 2.15 所示，具体尺寸数据见表 2.8 和表 2.9。

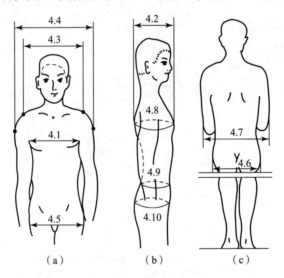

图 2.15 人体水平尺寸标注图

表 2.8 人体水平尺寸（GB 10000—1988）（男） 单位：mm

测量项目 \ 年龄 百分位数	18~60岁							18~25岁						
	1	5	10	50	90	95	99	1	5	10	50	90	95	99
4.1 胸宽	242	253	259	280	307	315	331	239	250	256	275	298	306	320
4.2 胸厚	176	186	191	212	237	245	261	170	181	186	204	223	230	241
4.3 肩宽	330	344	351	375	397	403	415	331	344	351	375	398	404	417
4.4 最大肩宽	383	398	405	431	460	469	486	380	395	403	427	454	463	482
4.5 臀宽	273	282	288	306	327	334	346	271	280	285	302	322	327	339
4.6 坐姿臀宽	284	295	300	321	347	355	369	281	292	297	316	338	345	360

续表

测量项目 \ 年龄 百分位数	18～60 岁							18～25 岁						
	1	5	10	50	90	95	99	1	5	10	50	90	95	99
4.7 坐姿两肘间宽	353	371	381	422	473	489	518	348	364	374	410	454	467	495
4.8 胸围	762	791	806	867	944	970	1018	746	778	792	845	908	925	970
4.9 腰围	620	650	665	735	859	895	960	610	634	650	702	771	796	857
4.10 臀围	780	805	820	875	948	970	1 009	770	800	814	860	915	936	974

测量项目 \ 年龄 百分位数	26～35 岁							36～60 岁						
	1	5	10	50	90	95	99	1	5	10	50	90	95	99
4.1 胸宽	244	254	260	281	305	313	327	243	254	261	285	313	321	336
4.2 胸厚	177	187	192	212	233	241	254	181	192	198	219	245	253	266
4.3 肩宽	331	346	352	376	398	404	415	328	343	350	373	395	401	415
4.4 最大肩宽	386	399	406	432	460	469	486	383	398	406	433	464	473	489
4.5 臀宽	272	282	287	305	326	332	344	275	285	291	311	332	338	349
4.6 坐姿臀宽	283	295	300	320	344	351	365	289	299	304	327	354	361	375
4.7 坐姿两肘间宽	353	372	381	421	470	485	513	359	378	389	435	485	499	527
4.8 胸围	772	799	812	869	939	958	1 008	775	803	820	885	967	990	1 035
4.9 腰围	625	652	669	734	832	865	921	640	670	690	782	900	932	986
4.10 臀围	780	805	820	874	941	962	1 000	785	811	830	895	966	985	1 023

表 2.9　人体水平尺寸（GB 10000—1988）（女）　　　　　　　　单位：mm

测量项目 \ 年龄 百分位数	18～55 岁							18～25 岁						
	1	5	10	50	90	95	99	1	5	10	50	90	95	99
4.1 胸宽	221	234	240	260	287	295	313	225	238	245	269	301	309	327
4.2 胸厚	160	171	177	198	227	236	253	166	177	183	208	240	251	268
4.3 肩宽	304	320	328	350	372	378	387	305	323	329	350	372	378	390
4.4 最大肩宽	347	363	371	396	426	435	455	356	368	376	405	439	449	468
4.5 臀宽	277	290	296	317	339	346	358	282	296	301	323	345	352	366
4.6 坐姿臀宽	295	311	318	345	372	381	398	302	317	325	353	382	390	411
4.7 坐姿两肘间宽	331	352	362	404	453	469	500	344	367	379	427	481	496	526
4.8 胸围	718	747	762	823	907	934	988	724	760	780	859	955	986	1 036
4.9 腰围	636	672	691	775	882	921	993	661	704	728	836	962	998	1 060
4.10 臀围	792	824	838	900	970	992	1 030	812	843	858	926	1 001	1 021	1 064

续表

测量项目 \ 年龄 \ 百分位数	26~35岁							36~55岁						
	1	5	10	50	90	95	99	1	5	10	50	90	95	99
4.1 胸宽	221	234	240	260	287	295	313	225	238	245	269	301	309	327
4.2 胸厚	160	171	177	198	227	236	253	166	177	183	208	240	251	268
4.3 肩宽	304	320	328	350	372	378	387	305	323	329	350	372	378	390
4.4 最大肩宽	347	363	371	396	426	435	455	356	368	376	405	439	449	468
4.5 臀宽	277	290	296	317	339	345	358	282	296	301	323	345	352	366
4.6 坐姿臀宽	295	311	318	345	372	381	398	302	317	325	353	382	390	411
4.7 坐姿两肘间宽	331	352	362	404	453	469	500	344	367	379	427	481	496	526
4.8 胸围	718	747	762	823	907	934	988	724	760	780	859	955	986	1 036
4.9 腰围	636	672	691	775	882	921	993	661	704	728	836	962	998	1 060
4.10 臀围	792	824	838	900	970	992	1 030	812	843	858	926	1 001	1 021	1 064

2.3.5 人体头部尺寸

人体头部尺寸包括头全高、头矢状弧、头冠状弧、头最大宽、头最大长、头围和形态面长共7项。图2.16所示为人体头部尺寸标注图，表2.10是具体数据。

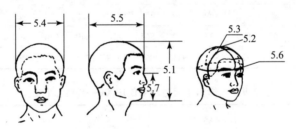

图2.16 人体头部尺寸标注图

表2.10 人体头部尺寸（GB 10000—1988） 单位：mm

测量项目 \ 年龄 \ 百分位数	男（18~60岁）							女（18~55岁）						
	1	5	10	50	90	95	99	1	5	10	50	90	95	99
5.1 头全高	199	206	210	223	237	241	249	193	200	203	216	228	232	239
5.2 头矢状弧	314	324	329	350	370	375	384	300	310	313	329	344	349	358
5.3 头冠状弧	330	338	344	361	378	383	392	318	327	332	348	366	372	381
5.4 头最大宽	141	145	146	154	162	164	168	137	141	143	149	156	158	162
5.5 头最大长	168	173	175	184	192	195	200	161	165	167	176	184	187	191
5.6 头围	525	536	541	560	580	586	597	510	520	525	546	567	573	585
5.7 形态面长	104	109	111	119	128	130	135	97	100	102	109	117	119	123

2.3.6 人体手部尺寸

人体手部尺寸包括手长、手宽、食指长、食指近位指关节宽和食指远位指关节宽共 5 项。图 2.17 所示为人体手的尺寸标注图，表 2.11 是手尺寸具体数据。

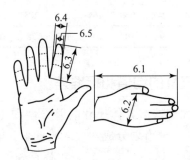

图 2.17 人体手的尺寸标注图

表 2.11 手尺寸

测量项目	年龄 百分位数	男（18~60 岁）							女（18~55 岁）						
		1	5	10	50	90	95	99	1	5	10	50	90	95	99
6.1 手长		164	170	173	183	193	196	202	164	170	173	183	193	196	202
6.2 手宽		73	76	77	82	87	89	91	67	70	71	76	80	82	84
6.3 食指长		60	63	64	69	74	76	79	57	60	61	66	71	72	76
6.4 食指近位指关节宽		17	18	18	19	20	21	21	15	16	16	17	18	19	20
6.5 食指远位指关节宽		14	15	15	16	17	18	19	13	14	14	15	16	16	17

2.3.7 人体足部尺寸

人体足部尺寸包括足长和足宽。图 2.18 所示为人体脚部尺寸标注，表 2.12 是具体数据。

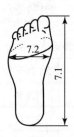

图 2.18 人体脚部尺寸标注

表 2.12 脚尺寸

测量项目	年龄百分位数	男（18~60岁）							女（18~55岁）						
		1	5	10	50	90	95	99	1	5	10	50	90	95	99
7.1 足长		223	230	234	247	260	264	272	208	213	217	229	241	244	251
7.2 足宽		86	88	90	96	102	103	107	78	81	83	88	93	95	95

2.3.8 各大区域人体尺寸的均值和标准差

考虑我国各个省、自治区和直辖市人体尺寸的差异性和相近性，国家标准 GB 10000—1988 把我国 34 个省、自治区和直辖市划分成六大区域：东北华北地区（包括北京市、天津市、山西省、河北省、内蒙古自治区、黑龙江省、吉林省和辽宁省）、西北地区（包括陕西省、甘肃省、青海省、宁夏回族自治区和新疆维吾尔自治区）、东南地区（包括上海市、山东省、江苏省、安徽省、浙江省、福建省和江西省）、华中地区（包括河南省、湖北省和湖南省）、华南地区（包括广东省、广西壮族自治区、海南省、香港特别行政区、澳门特别行政区和台湾省）和西南地区（包括重庆市、四川省、贵州省、云南省和西藏自治区）。表 2.13 列出了以上六大区域人体尺寸的均值和标准差。表 2.14 是美国人的部分人体尺寸，它是我国企业出口到美国工业产品的人机设计的参考数据。

表 2.13 中国六个区域人体尺寸的均值和标准差

项目		东北、华北		西北		东南		华中		华南		西南	
		均值	标准差	均值	标准差	均值	标准差	均值	标准差	均值	标准差	均值	标准差
男（18~60岁）	体重/kg	64	8.2	60	7.6	59	7.7	57	6.9	56	6.9	55	6.8
	身高/mm	1 693	56.6	1 684	53.7	1 686	55.2	1 669	56.3	1 650	57.1	1 647	56.7
	胸围/mm	888	55.5	880	51.5	865	52.0	853	49.2	851	49.2	855	48.3
女（18~55岁）	体重/kg	55	7.7	52	7.1	51	7.2	50	6.8	49	6.5	50	6.9
	身高/mm	1 586	51.8	1 575	51.9	1 575	50.8	1 560	50.7	1 549	49.7	1 546	53.9
	胸围/mm	848	66.4	837	55.9	831	59.8	820	55.8	819	57.6	809	58.8

表 2.14 美国人的部分人体尺寸

序号	测量内容	性别	5 百分位	50 百分位	95 百分位	标准偏差	参考文献
1	身高：从脚底平面到头顶的垂直距离	男	1 647	1 756	1 855	67	Kroemer 等，1994
		女	1 415	1 516	1 621	63	
2		男	1 640	1 755	1 870	71	Pheasant 和 Haslegrave，2006
		女	1 520	1 625	1 730	64	
3		男	1 670	1 790	1 900	70	Jurgens 和 Aunne & Pieper，1990
		女	1 540	1 650	1 760	67	

续表

序号	测量内容	性别	5百分位	50百分位	95百分位	标准偏差	参考文献
4	身高：从脚底平面到头顶的垂直距离	男	1 636	1 763	1 887	76	McDowell 等，2008
		女	1 507	1 622	1 731	68	
5		男	1 665	1 756	1 880	62	Sanders，1983
		女	1 572	1 643	1 708	64	
6	眼高：从脚底平面到眼睛的垂直距离	男	1 528	1 634	1 743	66	Kroemer 等，1994
		女	1 415	1 516	1 621	62	
7	肩高：从脚底平面到肩峰的垂直距离	男	1 342	1 442	1 546	62	Kroemer 等，1994
		女	1 241	1 334	1 432	58	
8	肘高：从脚底平面到桡腕骨的垂直距离	男	995	1 072	1 153	48	Kroemer 等，1994
		女	926	998	1 074	45	
9	手腕高：从脚底平面到手腕的垂直距离	男	778	846	915	41	Kroemer 等，1994
		女	728	790	855	39	
10	坐高：从座椅平面到头顶的垂直距离	男	854	914	972	36	Kroemer 等，1994
		女	795	852	910	25	
11		男	855	915	975	36	Pheasant 和 Haslegrave，2006
		女	800	860	920	36	
12	坐姿眼高：从座椅平面到眼睛的垂直距离	男	735	792	848	34	Kroemer 等，1994
		女	685	739	794	33	

2.3.9　我国成年人人体功能尺寸

人体功能尺寸是指动态的人体尺寸，是人在进行某种功能活动时肢体所能达到的空间范围，它是在动态的人体状态下测得的，是由关节的活动、转动所产生的角度与肢体的长度协调产生的范围尺寸。换句话说，人体功能尺寸就是人在工作位置上的活动空间尺度，它包括人体立姿、坐姿、跪姿、卧姿的活动空间，具体尺寸标注示意如图 2.19～图 2.22 所示。GB/T 13547—1992 国家标准提供了立、坐、跪、卧、爬等常取姿势的主要功能尺寸，表 2.15 列出了其中几项常用的功能尺寸。

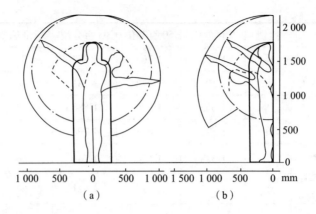

图 2.19 人体立姿活动范围

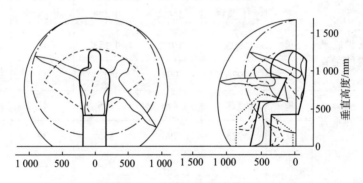

图 2.20 人体坐姿活动范围

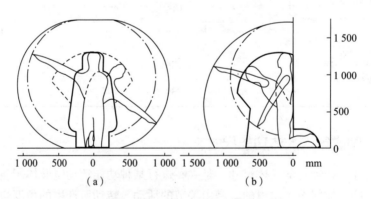

图 2.21 人体跪姿活动范围

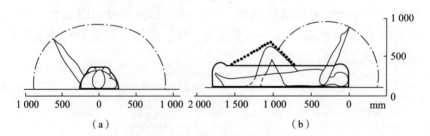

图 2.22 人体卧姿活动范围

表 2.15　几项人体功能尺寸数据　　　　　　　　　　　单位：mm

百分位	立姿双臂展开宽度	立姿手伸过头顶高度	坐姿手臂前伸距离	坐姿腿前伸距离
5	1 579	1 999	781	957
50	1 690	2 136	2 136	838
95	1 802	2 274	896	1 099

在图 2.19～图 2.22 中，粗实线表示人稍息站立时的身体轮廓（包括保持身体姿势所必需的平衡活动）；虚线表示头部不动，上身自髋关节起前弯、侧弯时的活动空间；点画线表示上身不动时手臂的活动空间；细实线表示上身一起动时手臂活动空间。人体处于静态时的肢体的活动范围称为作业域，人体处于动态时的全身的动作空间称为作业空间。

2.3.10　人体各部位的活动范围

在布置人的工作作业环境时必须了解人肢体的活动范围。在工作和生活中，人们的肢体围绕着躯体进行各种活动，这些由肢体的活动所划出的限定范围即是肢体的活动空间，它是由肢体活动的角度及肢体的长度决定的。图 2.23 所示为人体各部位活动角度范围，图 2.24 所示为人体各部位活动角度代号，表 2.16 是具体人体肢体活动角度范围。影响肢体活动角度的因素有：人体骨骼和韧带的限制；年龄、种族、性别与生活习惯。

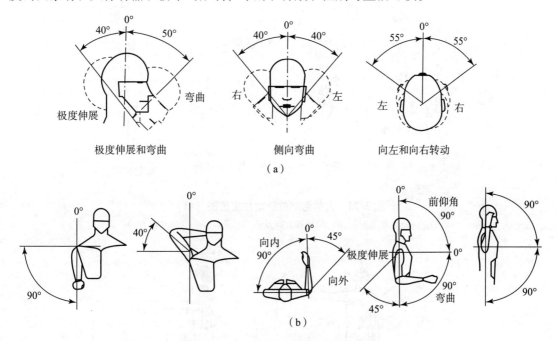

图 2.23　人体各部位活动角度范围
（a）头部动作方向及角度范围；（b）手臂动作方向及角度范围

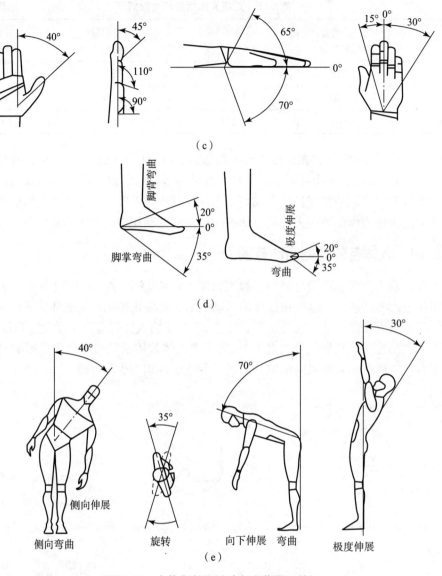

图 2.23 人体各部位活动角度范围（续）

（c）手动作方向及角度范围；（d）脚动作方向及角度范围；（e）身躯动作方向及角度范围

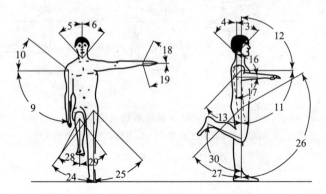

图 2.24 人体各部位活动角度代号

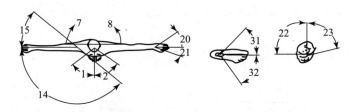

图 2.24 人体各部位活动角度代号（续）

表 2.16 人体各部位的活动角度范围

人体部位	运动关节	动作方向	代号	动作角度/(°)	人体部位	运动关节	动作方向	代号	动作角度/(°)
头	脊柱	向右转	1	55	手	腕（枢轴关节）	背屈曲	18	65
		向左转	2	55			掌屈曲	19	70
		弯曲	3	40			内收	20	30
		极度伸展	4	50			外展	21	15
		向一侧弯曲	5	40			掌心朝上	22	90
		向另一侧弯曲	6	40			掌心朝下	23	80
臂	肩关节	外展	9	90	肩胛骨	脊柱	向右转	7	40
		抬高	10	40			向左转	8	40
		屈曲	11	90	腿	髋关节	内收	24	40
		向前抬高	12	90			外展	25	45
		极度伸展	13	45			屈曲	26	120
		内收	14	140			极度伸展	27	45
		极度伸展	15	40			屈曲时回转（外观）	28	30
							屈曲时回转（内观）	29	35
		前臂上摆	16	90	小腿、足	膝关节 踝关节	屈曲	30	135
		前臂下摆	17	90			内收	31	45
							外展	32	50

  肢体活动角度对于确定视野、踏板行程、操纵杆的角度非常重要。另外，人的活动不是单一的动作，而是多个关节协调的联合动作。

2.3.11 人体参数的计算方法

  设计中所必需的人体数据，当没有条件测量、直接测量有困难或者为了简化人体测量的过程时，可根据人体的身高、体重等基础测量数据，利用经验公式计算出所需的其他各部分数据。

1. 我国成年人体尺寸的比例关系（图2.25，其中 H 为身高）

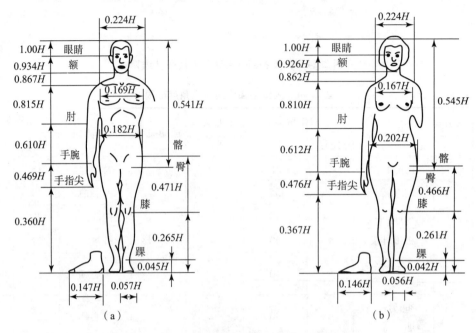

图 2.25　成年人人体尺寸的比例关系
（a）男性；（b）女性

2. 人体各部位的尺寸

正常成年人体各部位的尺寸之间存在一定的关系，图2.26所示为人体各部位尺寸的代号，表2.17是人体各部位尺寸与身高的比例关系。

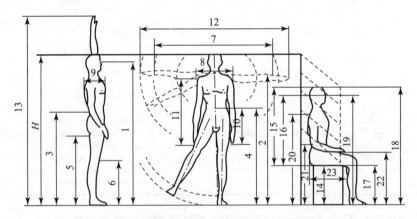

图 2.26　人体各部位尺寸的代号

表 2.17 人体各部位尺寸与身高的比例关系

代号	名称	男		女	
		亚洲人	欧美人	亚洲人	欧美人
1	眼高	0.933	0.937	0.933	0.937
2	肩高	0.844	0.833	0.844	0.833
3	肘高	0.600	0.625	0.600	0.625
4	脐高	0.600	0.625	0.600	0.625
5	臀高	0.467	0.458	0.467	0.458
6	膝高	0.267	0.313	0.267	0.313
7	腕-腕距	0.800	0.813	0.800	0.813
8	肩-肩距	0.222	0.250	0.213	0.200
9	胸厚	0.178	0.167	0.133~0.177	0.125~0.166
10	前臂长	0.267	0.250	0.267	0.250
11	肩-指距	0.467	0.438	0.467	0.438
12	双手展宽	1.000	1.000	1.000	1.000
13	手举起最高点	1.278	1.259	1.278	1.250
14	座高	0.222	0.250	0.222	0.250
15	坐高	0.533	0.531	0.533	0.531
16	座-眼高	0.467	0.458	0.467	0.458
17	大腿腘高	0.267	0.292	0.267	0.292
18	坐姿头顶高	0.733	0.781	0.733	0.781
19	坐姿眼高	0.700	0.708	0.700	0.708
20	坐姿肩高	0.567	0.583	0.567	0.583
21	坐姿肘高	0.356	0.406	0.356	0.406
22	坐姿腿高	0.300	0.333	0.300	0.333
23	坐深（臀膝距）	0.267	0.275	0.267	0.275

3. 由体重、身高计算人体体积和表面积近似公式

1）人体体积计算

$$V = 1.015M - 4.937 \tag{2.7}$$

式中：V 为人体体积，L；M 为人体体重，kg。

2）人体表面积计算

$$B = 0.2350 H^{0.42246} \times M^{0.51456} \tag{2.8}$$

式中：B 为人体表面积，m^2；H 为人体身高，cm；M 为人体体重，kg。

4. 由身高、体重、体积计算人体生物力学参数近似公式

1）人体各体段的长度（单位：cm）

$$手掌长度\ L_1 = 0.114H \quad 前臂长度\ L_2 = 0.146H$$
$$上臂长度\ L_3 = 0.159H \quad 大腿长度\ L_4 = 0.250H$$
$$小腿长度\ L_5 = 0.238H \quad 躯干长度\ L_6 = 0.300H$$

2）人体各体段的体积（单位：L）

$$手掌体积\ V_1 = 0.005\ 66V \quad 前臂体积\ V_2 = 0.017\ 02V$$
$$上臂体积\ V_3 = 0.034\ 95V \quad 大腿体积\ V_4 = 0.092\ 4V$$
$$小腿体积\ V_5 = 0.408\ 3V \quad 躯干体积\ V_6 = 0.613\ 2V$$

3）人体各体段的质量（单位：kg）

$$手掌质量\ m_1 = 0.006M \quad 前臂质量\ m_2 = 0.018M$$
$$上臂质量\ m_3 = 0.035\ 7M \quad 大腿质量\ m_4 = 0.094\ 6M$$
$$小腿质量\ m_5 = 0.042M \quad 躯干质量\ m_6 = 0.580\ 4M$$

5. 由身高、体重、体积计算人体各体段质心与力学参数近似公式

1）人体各体段的质心位置（指离靠近身体中心的关节距离，单位：cm）

$$手掌质心位置\ O_1 = 0.506L_1 \quad 前臂质心位置\ O_2 = 0.430L_2$$
$$上臂质心位置\ O_3 = 0.436L_3 \quad 大腿质心位置\ O_4 = 0.433L_4$$
$$小腿质心位置\ O_5 = 0.433L_5 \quad 躯干质心位置\ O_6 = 0.660L_6$$

2）人体各体段的旋转半径（指离靠近身体中心的关节距离，单位：cm）

$$手掌旋转半径\ R_1 = 0.587L_1 \quad 前臂旋转半径\ R_2 = 0.526L_2$$
$$上臂旋转半径\ R_3 = 0.542L_3 \quad 大腿旋转半径\ R_4 = 0.540L_4$$
$$小腿旋转半径\ R_5 = 0.528L_5 \quad 躯干旋转半径\ R_6 = 0.830L_6$$

3）人体各体段的转动惯量（指离靠近身体中心关节的、垂直于该体段纵轴的轴线的转动惯量，单位：kg·m²）

$$手掌转动惯量\ I_1 = m_1 R_1^2 \quad 前臂转动惯量\ I_2 = m_2 R_2^2$$
$$上臂转动惯量\ I_3 = m_3 R_3^2 \quad 大腿转动惯量\ I_4 = m_4 R_4^2$$
$$小腿转动惯量\ I_5 = m_5 R_5^2 \quad 躯干转动惯量\ I_6 = m_6 R_6^2$$

6. 由人的年龄计算人体生理学参数近似公式

人体最大耗氧量 V_{O_2max}（单位：L·min⁻¹·kg⁻¹）、最大心率 F_{max}（单位：min⁻¹）、最大心脏排量 Q（单位：L·min⁻¹）可由人的年龄 A 为基本依据，通过经验公式计算得到其近似值。

1）人体最大耗氧量

$$V_{O_2max} = (56.592 - 0.398A) \times 10^{-3} \tag{2.9}$$

2）人体最大心率

$$F_{max} = 209.2 - 0.74A \tag{2.10}$$

3）最大心脏排量

$$Q = 6.55 + 4.35\ V_{O_2max} \tag{2.11}$$

2.4 人体测量数据的应用

人体测量数据的应用场合非常广泛，具体包括以下三点：

(1) 设计房间时处理人和家具、人和墙壁、人和人之间的空间关系。
(2) 工厂作业空间布置设计。
(3) 乘用车车内布置、商用汽车及工程车辆驾驶室设计等。

图 2.27 所示为考虑了人体尺寸的居室设计。

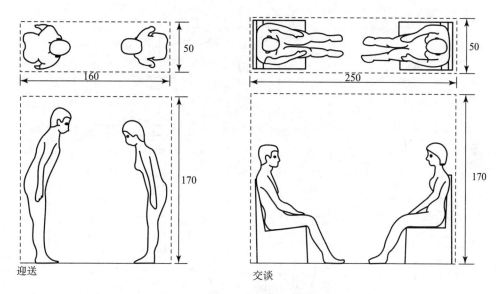

图 2.27　考虑了人体尺寸的居室设计

人体测量尺寸数据对于车辆设计开发来说是至关重要的，比如最大坐垫宽度设计采用女性第 95 百分位数髋关节宽度；座椅最小坐垫长度设计采用女性第 5 百分位数坐深；驾驶员头部上方空间采用男性第 99 百分位数坐高；车内门把手和车外门把手的长度采用手掌宽（不算大拇指）。

2.4.1　主要人体尺寸的应用原则

在设计中，特别是在产品设计中，几乎都要根据人体尺寸来进行设计。设计中常用的人体测量尺寸如图 2.28 所示。但是，在设计中运用人体尺寸的数据时不是对测量数据的照搬，而是要对这些数据进行处理，并按照一定的原则进行灵活运用。对于一般产品设计，必须符合 90% 以上的人适用（即 5%～95%）的数据。有时当身体尺寸超过界限以外会危害其健康，可扩大至 1%～99%，如公共场合紧急出口的高度可采用 P_{99} 人体身高，而人到机器紧急制动杆的距离可采用 P_1 人体尺寸。对于车辆这种特殊机械产品设计来说，还需遵守图 2.29 介绍的人体尺寸运用原则。

下面介绍人体尺寸运用的 5 条原则：

1. 使用最新人体数据和标准化原则

在设计中运用人体尺寸的数据时应该采用国家标准、国际组织标准和行业标准推荐的最新人体测量数据。在某一阶段如果缺少最新标准数据，可以借鉴国际人机工程设计软件预测的最新人体尺寸数据。

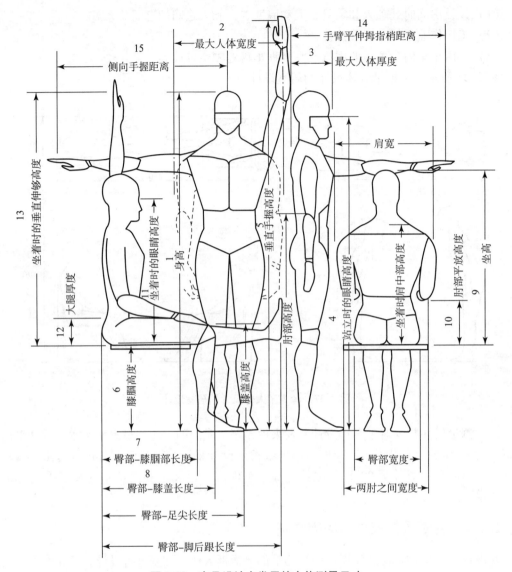

图 2.28 产品设计中常用的人体测量尺寸

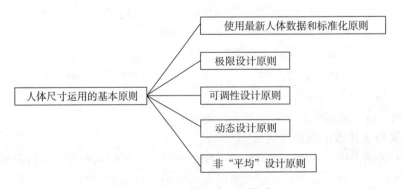

图 2.29 人体尺寸运用原则

2. 极限设计原则

该原则要求以某种人体尺寸极限作为设计参数，其中：

（1）设计的最大尺寸参考选择人体尺寸的低百分位。如图 2.30 所示的安全防护网最大开口尺寸设计就要参考低百分位人体手指宽。

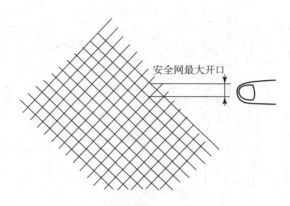

图 2.30　安全网最大开口尺寸设计

（2）设计的最小尺寸参考选择人体尺寸的高百分位。例如：《公共场合楼宇门洞的高度》采用 P_{95} 人体身高。

3. 可调性设计原则

根据该原则，产品设计中优先采用可调性结构，且可调的尺寸范围应一般根据小百分位和大百分位来确定。比如图 2.31 所示的汽车驾驶员座椅就是设计成可调节的，且座椅沿底部轨道运动的最靠前位置是根据女性第 5 百分位尺寸、座椅最靠后位置是根据男性第 95 百分位尺寸来确定的。图 2.32 显示的是可调节的工作台和座椅。

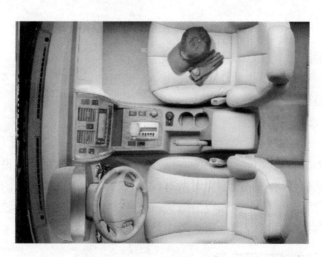

图 2.31　汽车座椅的调节

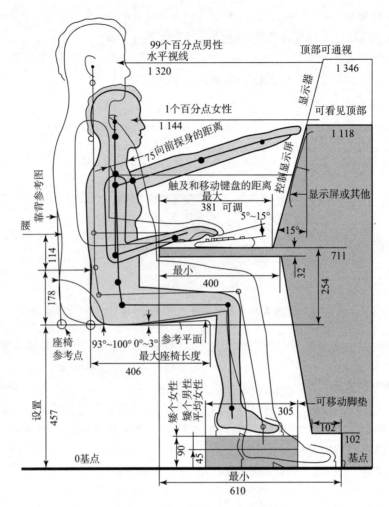

图 2.32 可调节的工作台和座椅

4. 动态设计原则

在考虑人员必须执行的操作动作时，选用动作范围的最小值；而在考虑人员的自由活动空间时，选用动作范围的最大值。

5. 非"平均"设计原则

对于车门把手、房屋大门门锁与门铃离地高等一些尺寸，一般采用 P_{50} 这样的人体平均身高尺寸。但对于车辆设计来说，如果所有尺寸都采用平均人体尺寸来设计的话，必将造成资源的一定浪费。所以设计中一般不应对所有设计尺寸均采用人体尺寸的平均值，而应该考虑使用人体群体对象，如工程车辆和重型载货汽车很少有身材矮小的驾驶员，所以这些车辆上下车扶手、台阶和座椅高度等设计很少考虑低于 P_{50} 的人体尺寸数据。

2.4.2 人体尺寸的应用流程

人体尺寸的应用流程包括以下 5 个步骤：

（1）确定所设计产品的类型，参阅表 2.18。

表 2.18 产品尺寸设计分类

产品类型	产品类型定义	说明	使用场合
Ⅰ型产品设计	需要两个人体尺寸百分位作为尺寸上限值和下限值的依据	又称双限值设计	驾驶员座椅设计
Ⅱ型产品设计	只需要一个人体尺寸百分位作为尺寸上限值或下限值的依据	又称单限值设计	
ⅢA型产品设计	只需要一个人体尺寸百分位作为尺寸上限值的依据	又称大尺寸设计	汽车车厢高度设计
ⅢB型产品设计	只需要一个人体尺寸百分位作为尺寸下限值的依据	又称小尺寸设计	黑板的上沿和下沿高度设计
Ⅲ型产品设计	只需要一个人体尺寸第50百分位作为尺寸设计的依据	又称平均尺寸设计	门把手、锁孔、电灯开关等离地高度

（2）选择人体尺寸的百分位数，参阅表 2.19。

表 2.19 人体尺寸百分位数的选择

产品类型	产品重要程度	百分位数的选择	满足度
Ⅰ型产品设计	涉及人的健康、安全的产品	选用 P_{99} 和 P_1 作为尺寸上、下限值的依据	98%
	一般工业产品	选用 P_{95} 和 P_5 作为尺寸上、下限值的依据	90%
ⅡA型产品设计	涉及人的健康、安全的产品	选用 P_{99} 和 P_{95} 作为尺寸上限值的依据	99%或95%
	一般工业产品	选用 P_{90} 作为尺寸上限值的依据	90%
ⅡB型产品设计	涉及人的健康、安全的产品	选用 P_1 和 P_5 作为尺寸下限值的依据	99%或95%
	一般工业产品	选用 P_{10} 作为尺寸下限值的依据	90%
Ⅲ型产品设计	一般工业产品	选用 P_{50} 作为产品尺寸设计的依据	通用
成年男、女通用产品	一般工业产品	选用男性的 P_{99}、P_{95} 或 P_{90} 作为尺寸上限值的依据；并选用女性的 P_1、P_5 或 P_{10} 作为尺寸下限值的依据	通用

对于军用装备及某些特种产品或系统，如基于功能要求、技术可行性、经济合理性等方面的综合考虑，对操作人员的选拔规定了人体尺寸（主要是身高和性别）上的严格限制，则其满足度的取值和设计限值的选择，需作相应的特殊论证确定。

（3）确定功能修正量，参阅表 2.20。

表 2.20 正常人着装身材尺寸修正值　　　　　　　　单位：mm

序号	项目	尺寸修正量	修正原因	序号	项目	尺寸修正量	修正原因
1	立姿高	25~38	鞋高	12	两肘间宽	20	衣服
2	坐姿高	3	裤厚	13	肩—肘	8	衣服
3	立姿眼高	36	鞋高	14	臂—手	5	衣服
4	坐姿眼高	3	裤厚	15	Akunbo 叉腰	8	裤厚
5	肩宽	13	衣服	16	大腿厚	13	裤厚
6	胸宽	8	衣服	17	膝宽	8	裤厚
7	胸厚	18	衣服	18	膝高	33	鞋高+裤厚
8	腹厚	23	衣服	19	臀—膝	5	裤厚
9	立姿臀宽	13	衣服	20	足宽	13~20	鞋厚
10	坐姿臀宽	13	衣服	21	足长	30~38	鞋厚
11	肩高	10	衣服（包括坐高3+肩7）	22	足后跟	25~38	鞋厚

由于所有的人体测量尺寸都是在裸体或只穿薄内衣、不穿鞋或只穿纸拖鞋的条件下测得的，所以具体产品设计使用人体测量尺寸时必须给衣服、鞋、帽留下适当的余量即着装修正量；另外，还要考虑由于工作姿势不同而引起的变化量，并要考虑产品不同操作功能所需的修正量。表 2.20 列出了正常成年人群着装身材尺寸修正值。

（4）确定心理修正量。心理修正量是指为了克服人心理上的空间压抑感、高度恐惧感或为了满足求美、求奇等心理需求所做的尺寸修正量。例如，阳台栏杆高度的设计，如果单就从力学角度来考虑，阳台栏杆高度只要高于人体重心高度即可，但需要考虑高度恐惧感带来的心理修正量。按照国家标准，大楼临空高度在 24 m 以下时，栏杆高度不应低于 1.05 m，大楼临空高度在 24 m 及 24 m 以上（包括中高层住宅）时，栏杆高度不应低于 1.10 m。另外，诸如大面积的房屋层高的适当增加来减轻压抑感也是考虑了人的心理修正量。当然，不同人的心理修正量的需求是不同的，不同环境的修正量的需求也是不同的。

（5）产品功能尺寸的确定。产品功能尺寸是指为了确保实现产品某一功能而在设计时规定的尺寸。该尺寸以设计界限值确定的人体尺寸为依据，再加上为确保产品某项功能实现所需的修正量。其中：

最小功能尺寸 = 人体尺寸的百分位数 + 功能修正量

最佳功能尺寸 = 人体尺寸的百分位数 + 功能修正量 + 心理修正量

人机工程学是以追求安全、健康、舒适、高效为目标的，只要客观上许可，就应当按最佳功能尺寸进行设计。以设计船舶居住区的层高为例，若以男子身高第 90 百分位尺寸 1 754 mm 作为设计界限值，鞋跟高修正量取为 25 mm，高度的最小余裕量取为 90 mm，高度

的心理修正量取为 115 mm，则

　　船舶居住区最低层高 = 1 754 + (25 + 90) = 1 869 ≈ 1 900 (mm)
　　船舶居住区最佳层高 = 1 754 + (25 + 90) + 115 = 1 984 ≈ 2 000 (mm)

2.4.3 人体身高在设计中的应用

人体尺寸主要决定人机系统的操纵是否方便和舒适宜人。因此，各种工作面的高度和设备高度，如操纵台、仪表盘、操纵件的安装高度以及用具的设置高度等，都以人的身高来确定。表 2.21 列出了以立姿身高为基准的有关设备和用具尺寸的比例系数，对应的尺寸代号如图 2.33 所示。图 2.34 给出了以身高为基准的设备和用具尺寸推算关系。

表 2.21　工作台面或设备的高度与人体身高的比例关系

代号	工作台面或设备高度的定义	工作台面或设备高度与人体身高之比
1	眼睛能够望见设备的高度（上限值）	10/11
2	能够挡住视线的高度	33/34
3	立姿手上举能够抓握的高度	7/6
4	立姿用手能放进和取出物品的台面高度	8/7
5	立姿工作台面高度的上限	9/11
6	立姿工作台面高度的下限	4/9
7	操作用座椅的高度	4/17
8	坐姿控制台高度	7/17

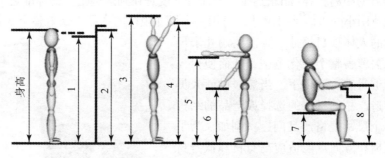

图 2.33　以立姿身高为基准的工作台面或设备的高度代号

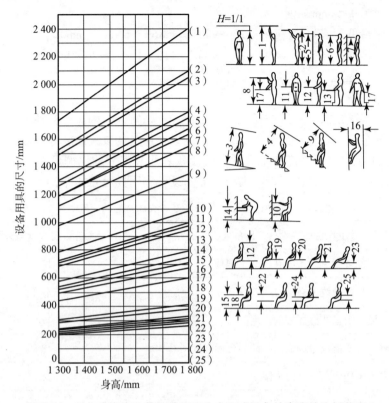

图 2.34　以立姿身高为基准确定工作台面或设备的高度的比例关系

2.4.4　满足度与舒适度

满足度是指设计尺寸所适合的使用人群占总适用人群的百分比。换句话说，满足度可以理解为"够得着的距离，容得下的空间"。而舒适度是在到达满足度的标准之上的舒适性。

对于变化范围小的人体项目尺寸，可用一个尺寸规格的产品去覆盖整个变化范围，而对于变化范围大的人体项目尺寸，则需要用几个尺寸规格的产品去覆盖整个变化范围，从而使得大部分的使用者够得着、容得下。当然，设计人员也可以通过制造产品的材料的选择或产品的结构设计来解决多个尺寸规格产品问题。例如，为了使驾驶员的座椅和方向盘能适应高身材和低身材的使用者，可将驾驶员座椅设计成高度方向和前后方向都可调节的结构，而将方向盘设计成高度方向和前后倾角可调节的结构。图 2.35 所示的会议室座椅布置是无法满足该图左边两个胖子入座的。图 2.36 中的火车卧铺可以满足该图右侧中等个子入席，但不能满足高个子入座。

图 2.35　胖子的座椅布置设计

图 2.36　中等个子与高个子的火车卧铺设计

2.5　人体模型

人体模型是以人体数据为基础建立起来的，是描述人体形态特征和力学特性的有效工具，是研究、分析、设计、评价、试验人机系统不可缺少的重要辅助手段。人体模型按照用途可以分为：设计用、工作姿势分析用、动作分析用、运动学分析用、动力学分析用、人机界面匹配评价用、试验用人体模型等；如果按照构造方法来划分，可以分成物理仿真模型（包括二维人体模板、含有 H 点的三维人体模型和碰撞试验用假人）以及数学仿真模型。

2.5.1　二维人体模板

二维人体模板属于物理仿真模型，它的制作材料有塑料板材或密实纤维板等。一般二维人体模板制作比例为 1∶1、1∶5 或 1∶10，且它的各个关节均可以活动。二维人体模板的作用或功能：将一定百分位的人体模板放在实际作业空间或置于设计图纸的相关位置上，从而校核设计的可行性与合理性。

1. 坐姿人体模板的结构

（1）基准线：如图 2.37 所示，人体模板中人体各部分肢体上标出的基准线是用来确定

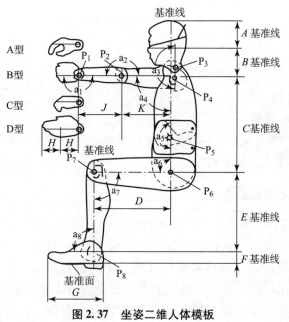

图 2.37　坐姿二维人体模板

关节调节角度的,其中脚底的基准线是整个模板的基准面。

(2) 关节:图 2.38 所示的人体模板共有 P_1(手腕关节)、P_2(肘关节)、P_3(头部转动关节)、P_4(肩关节)、P_5(腰关节)、P_6(髋关节)、P_7(膝关节)和 P_8(踝关节)共 8 个关节,它们用于表示人体肢体的基本运动。

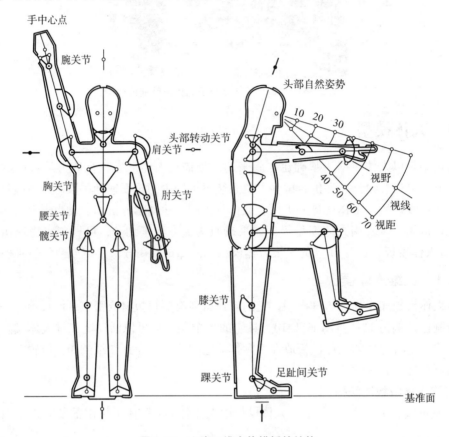

图 2.38　立姿二维人体模板的结构

(3) 活动范围。
(4) 手的姿势。
(5) 人体模板分段尺寸。

2. 立姿人体模板的结构

立姿人体模板的结构与坐姿人体模板的结构类似,但两者各个关节的活动范围不一样。图 2.38 所示为立姿二维人体模板的结构。

2.5.2　人体模板的应用

按照人机工程学设计的要求,在设计机械、作业空间、家具与交通运输工具,特别是设计各种车辆时,对车身型式的选择、驾驶室空间的布置与校核(图 2.39)、显示与操纵机构的布置、驾驶员座椅以及乘员座椅尺寸等方面的设计参数,都是以人体尺寸作为依据的。人体模板可以用于以上领域的辅助制图、辅助设计、辅助演示及模拟测试等方面,且立姿人体模板可以用于立姿岗位操作人机工程设计和校核,也可用于工程车辆与载货汽车驾驶员上下车校核,并可以用于公共汽车与火车、地铁、城铁等交通工具的乘客上下车等校核使用。

图2.39　人体模板用于校核车内布置（见彩插）

人体模板百分位的选择

在车辆设计过程中,必须根据设计对象的结构特点和设计参数来选用适当百分位的人体模板。一般来说,选用女性"小"百分位的人体模板确定手臂可及范围、脚踏板的位置等所谓的外部尺寸（图2.40~图2.42）,并选用男性"大"百分位的人体模板确定内部尺寸,如腿、脚活动的占有空间,人体、头、手、脚的通过空间,等等,比如校核公交汽车与地铁车厢的高度。

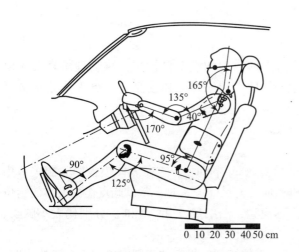 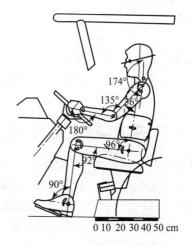

图2.40　人体模板用于轿车操纵布置设计　　图2.41　人体模板用于工程
　　　　　　　　　　　　　　　　　　　　　　　　机械操纵布置设计

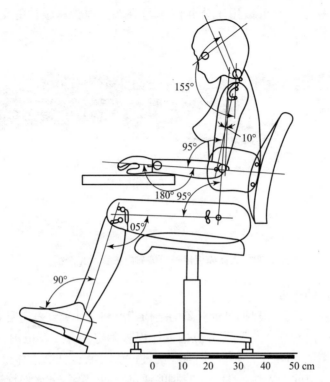

图 2.42 人体模板用于工作系统设计

2.6 汽车用三维人体模型

汽车设计用三维人体模型包括三维仿真人体模型和汽车碰撞用三维物理仿真人体模型（即假人），其中三维仿真人体模型包括带 H 点的三维人体模型和三维人体数字仿真模型。

2.6.1 带 H 点的三维人体模型

H 点是指人体身躯与大腿的铰接点，即胯点（hip point），它在人体模板中为髋关节中心。H 点在确定汽车车身或驾驶室内部人机界面几何尺寸关系时，常以此点作为人体的定位基准。图 2.43 所示为带 H 点的三维人体物理模型，图中尺寸 A、B 和 C 分别代表小腿长、大腿长和左右两腿膝关节之间的距离，具体数值见此图中间的表格。

需要指出的是，实际 H 点是指当 H 点三维人体模型按规定的步骤安放在汽车座椅中时，人体模型上左右两 H 点标记连接线的中点。带有 H 点的三维人体模型除了用来确定汽车的实际 H 点外，还可用来检验汽车座椅设计的合理性。H 点三维人体模型在汽车内的安放方法和步骤可参阅国际标准 ISO 6549 和我国国家标准 GB/T 11563—1995（注：此标准在 2004 年 10 月 14 日已经废止）。图 2.44 所示为美国 SAE 标准中采用的 H 点二维人体模板，图中尺寸 A 和 B 分别代表小腿长和大腿长。

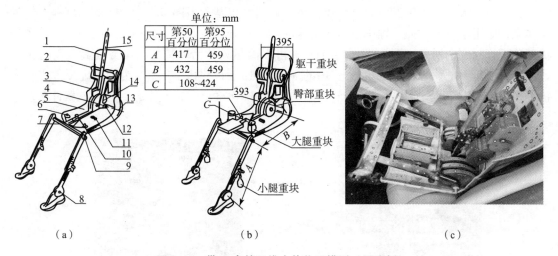

图 2.43 带 H 点的三维人体物理模型（见彩插）
（a）构件名称；（b）构件尺寸和载荷分配；（c）实体模型
1—背板；2—躯干重块；3—靠背角水平仪；4—臀部角度量角器；5—座板；6—大腿重块；
7—连接膝关节的T形杆；8—小腿夹角量角器；9—膝部角量角器；10—大腿杆；11—横向水平仪；
12—H点支轴；13—H点标记钮；14—靠背角量角器；15—头部空间探测杆

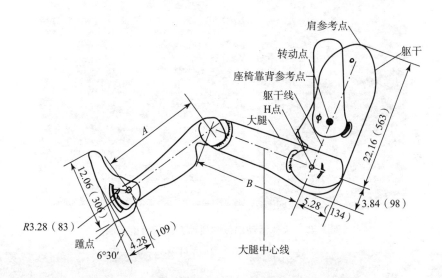

图 2.44 美国 SAE 标准中采用的 H 点二维人体模板

2.6.2 三维人体数字仿真模型

三维人体数字仿真模型（即数字人）是指运用现代计算机图形图像技术与临床解剖学相结合，将足够多个人体断面数据信息在计算机里整合，建成以真实人体数据为基础的计算机三维几何模型，构成人体形态学信息研究的实验平台，为开展各种人体相关研究提供形象而真实的模型。数字人可以分为一般人机工程设计校核用数字人（图 2.45 和图 2.46）和车辆碰撞仿真分析用专用人体模型。国外至今已研制出许多种先进的仿真模型及商品化软件，在这些仿真模型中，都包含有三维或二维的基于多体系统动力学的人体模型。我国清华大学、吉林工业大学、中国农业大学等单位也先后研制出基于多体系统动力学的二维和三维人体模型，应用于汽车碰撞过程中乘员运动响应的仿真分析、汽车碰撞行人事故中人体运动的仿真分析等问题的研究。图2.47所示为一种可以测量人体活动部位活动方向和角度范围的数字人，图2.48所示为包含数字人在内的虚拟人机界面，图2.49所示为利用虚拟人进行人机界面评价，图2.50所示为清华大学研制的"MUL3D汽车碰撞人体运动响应"软件系统中的三维人体模型。

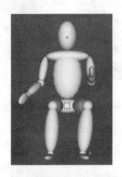
图2.45 三维数字人体模型

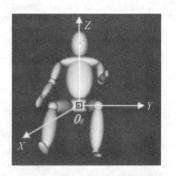
图2.46 三维数字人体模型坐标系

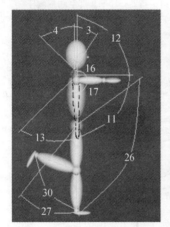
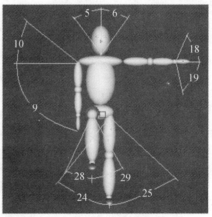
图2.47 人体活动部位的活动方向和角度范围

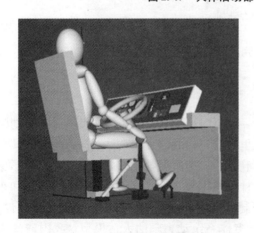
图2.48 虚拟的人机界面

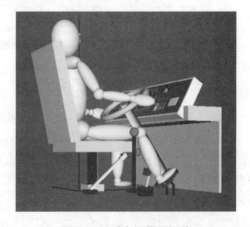
图2.49 对人机界面评价

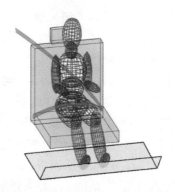

图 2.50　用于汽车碰撞仿真的 MUL3D 的人体模型

2.6.3　车辆碰撞仿真分析用人体物理模型（即假人）

车辆碰撞试验用人体模型都是三维的物理仿真模型，又称为试验用假人或模型人。由于车辆（特别是高速行驶小汽车）在碰撞过程中，车内乘员运动的动力学过程具有大位移、非线性、多自由度、瞬时性等特点，因此对汽车碰撞试验用假人需要具备以下几点性能：

（1）假人的尺寸、质量分布、关节的活动、胸部等部位受到冲击载荷时的变形特征应与真人很相似。

（2）假人上内嵌的传感器能对各部位的加速度、受力等参数进行实时测量。

（3）假人个体间的差别小，反复再现性好。

（4）假人耐久性、可靠性高。

图 2.51 和图 2.52 分别为汽车碰撞试验用假人构造和汽车碰撞试验中模拟人。

图 2.51　汽车碰撞试验用假人构造

图 2.52　汽车碰撞试验中模拟人（即假人）

2.7　生物力学在汽车设计中的应用

车辆的机械与结构设计离不开运动力学和动力学，而车辆人机工程设计离不开人体生物力学的应用，它们的应用体现在以下诸多方面：

（1）操纵装置操纵力的合理设计。

（2）座椅舒适性（座椅设计及其评价），具体内容见后面的 2.8 节。

（3）上下车的舒适性及便捷性，具体内容见第 8 章。

（4）对后备厢上下货物、更换轮胎、注油、车辆维修等的评估。

（5）在事故中，保护乘员免于与车内硬物的碰撞。

图 2.53 展示了坐姿状态以男性手臂施力最大值为 1、男性与女性的手臂和大腿施力与年龄之间关系的四条曲线。由此图我们可以看出女性的手臂和大腿施力最大值只有男性的 67% 左右。另外，不管女性还是男性，手臂和大腿施力最大值在 26 岁左右达到峰值，然后随年龄下降。图 2.54 展示了人体肌肉相对力度与耐久时间之间的关系，由此图可以看出人体肌肉耐久时间随相对力度呈指数衰减，且人体肌肉耐久时间随相对最大力度衰减最快。图 2.55 所示为对人手臂提起 10 N 重物（相当于 1 kg）时手臂肌肉受力分析，换算到人手臂肌肉需要产生 126.4 N（相当于重物 12.64 倍）的力才能把重物提起来。

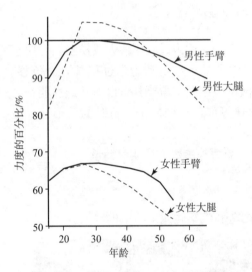

图 2.53　手臂和大腿力度与年龄的关系

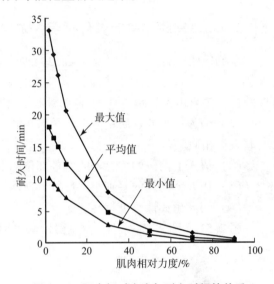

图 2.54　肌肉相对力度与耐久时间的关系

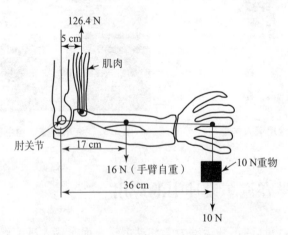

图 2.55　用手向上提起 10 N 重物的受力分析

2.8 座椅设计

2.8.1 座椅的历史

座椅与人们的生活及社会文化密切相关。纵观世界工业设计史，几乎每个时期、风格流派的设计师都会关注座椅这一产品，而且每个时期的风格、每个流派的设计特征、每个设计师的思想都或多或少地体现在座椅上。当然，座椅设计风格的演变与技术发展是密不可分、相辅相成的。座椅的设计既吸取了当代新的生产技术和材料，闪现出时尚性、舒适性、多样性，又不断地反映出民族性、风土性等自然特征。在现代车辆设计的历史里，座椅的变革与汽车技术、特别是人机工程学的发展是同步的，座椅可以被看作是历史的镜子。

2.8.2 与座椅相关的人机工程因素

为了提高车辆座椅的乘坐舒适性，在设计座椅时需要考虑相关的人机工程因素，其中包括：人体脊柱问题、坐姿肌肉负荷问题、坐行为以及体压分布等。

1. 人体脊柱问题

座椅设计的人机工程学原则首先是从脊柱的生理特征提出的。对比图2.56可知，人由站姿变为坐姿时，人体脊柱变形主要发生在腰椎处，腰椎由站姿的前凸 [图2.56（a）] 变为坐姿的后凹 [图2.56（b）]。为了解决坐姿腰椎后凹问题，人机工程师提出了靠腰设计解决方案，即把座椅由过去的平直板设计改成前凸设计，或在人的腰部提供一个靠腰支撑，以填补坐姿腰椎后凹留下的空间，使得坐姿下的腰弧曲线变小，也就使得腰椎受力变得合理 [图2.56（c）]。另外，由于5、6胸椎高度相当于肩胛骨的高度，肩胛骨面积大，可承受较大压力，所以另一支承应位于5、6胸椎之间，称其为肩靠。

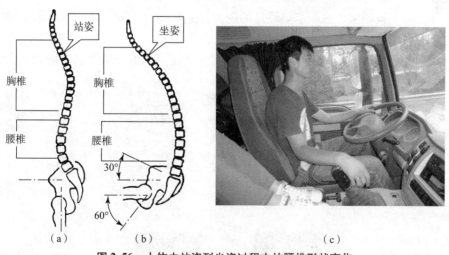

图2.56 人体由站姿到坐姿过程中的腰椎形状变化
（a）站姿腰椎前凸曲线；（b）坐姿腰椎后凹曲线；（c）合适的座椅靠腰设计

2. 坐姿肌肉负荷问题

此类问题主要研究何种坐姿和座椅如何设计才能使得肌肉负荷减少。根据肌电图（图

2.57）记录可知，在挺直坐姿下，腰椎部位肌肉活动度高，因为腰椎前向拉直使肌肉组织紧张受力。提供靠背支承腰椎后，活动力则明显减小；当躯干前倾时，背上方和肩部肌肉活动度高，以驾驶作业时的方向盘或一般作业时的桌面作为前倾时手臂的支承并不能降低活动度。

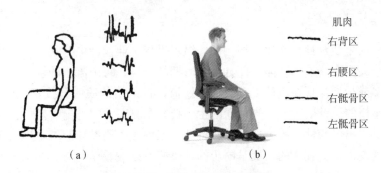

图 2.57　两种坐姿肌电图比较

(a) 直腰坐姿肌电图；(b) 自然坐姿并有靠腰的肌电图

3. 坐行为

研究坐的行为与习惯对座椅设计和改善乘坐舒适性非常有帮助。图 2.58 所示为根据统计得到的 5 种常见的人们坐的行为与习惯，其中出现最多的习惯是坐在座椅中间，占 52%。

4. 体压分布

由人体解剖学可知，人体坐骨粗壮，与其周围的肌肉相比，能承受更大的压力。而大腿底部有大量血管和神经系统，压力过大会影响血液循环和精神系统传导而使人感到不适。所以坐垫上的压力应按照臀部不同部位承受不同压力的原则来设计，即在坐骨处压力最大，向四周逐渐减小，至大腿部位时压力降至最低值，这是坐垫设计的压力分布不均匀原则。但是，由于坐骨结节下的软组织较薄，造成大约 75% 的体重分布在面积为 25 cm² 上，足以引起坐姿疲劳，所以坐骨处压力也不能太大。图 2.59

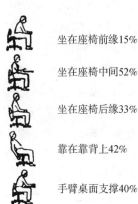

图 2.58　5 种坐的行为与习惯

坐在座椅前缘15%
坐在座椅中间52%
坐在座椅后缘33%
靠在靠背上42%
手臂桌面支撑40%

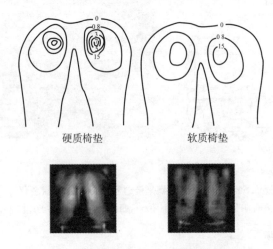

硬质椅垫　　　软质椅垫

图 2.59　坐在硬质椅垫和软质椅垫上人体臀部体压分布对比（见彩插）

所示为坐在硬质椅垫和软质椅垫上人体臀部体压分布对比,由此图可见软质坐垫大大改善了人体臀部压力。

与人体臀部承受75%体重的25 cm² 的有效肌肉面积相比,人体背部承受载荷的肌肉有效面积要大得多,而且其承受的载荷要大得,因此与臀部体压分布相比,背部的肌肉体压要小得多。图2.60 和图2.61 分别为正常行驶和刹车状况下驾驶员背部肌肉体压分布情况。

图2.60　车辆正常行驶状况下驾驶员背部肌肉体压分布(见彩插)　　　图2.61　车辆刹车状况下驾驶员背部肌肉体压分布(见彩插)

2.8.3　影响乘坐舒适性的座椅参数

影响驾驶员和乘客乘坐舒适性的座椅参数有很多,具体参数归纳如下:

1. 座椅高度

座椅高度即椅面高度,这个高度既不能太高,也不能太低。一般车辆为150～250 mm,且最高不超过320 mm。重卡上座椅的椅面高度≥405 mm。图2.62(a)的座椅高度明显偏高,使得乘客的脚处于悬吊状态,与此相对的图(b)的座椅高度比较合适。

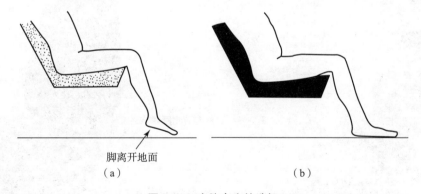

图2.62　座椅高度的选择

(a)座椅高度太高;(b)比较合适的座椅高度

2. 可调节座椅

座椅的可调节性体现在以下13个方面:

(1)座椅高度。

(2)坐垫角度。坐垫角度向后倾斜5°～15°,且可调,使得驾驶员躯干重量向靠背转移。

（3）靠背角度。乘用车靠背从垂直位置算起向后调节 20°～26°；卡车靠背从垂直位置算起向后调节 12°～18°。

（4）靠背高度。靠背高度选择第 5 百分位数女性坐姿肩高，在坐垫表面以上 509 mm。

（5）靠腰高度及靠腰突起物前后长度。

（6）头枕高度和前后位置。

（7）坐垫长度。坐垫长度应该小于驾驶员的坐深。一般坐垫长度≤女性第 5 百分位的坐深，且其长度可以调节。

（8）坐垫的填充物。通过增加支撑面积来降低臀部和大腿的压力，且填充材料允许有 25 mm 的变形量。

（9）扶手高度及长度。

（10）坐垫、座椅靠背支撑高度和/或角度。

（11）座椅（坐垫）宽度。座椅（坐垫）宽度应该大于第 95 女性百分位数坐姿臀宽（大约为 432 mm）。

（12）座椅轨道长度。根据 SAE J4004 标准，轨道长度大约为 240 mm。

（13）座椅的横向位置。从驾驶员中心线到门装饰板的距离应该大于第 95 百分位数男性坐姿两肘间宽的一半＋肘空间。

另外，坐垫和靠背凸起应该提供给驾驶员贴合和拥抱的感觉，在曲折路面上行驶时给他们提供稳定和安全的感觉。

图 2.63 所示为一般使用条件下的可调节座椅。图 2.64 所示为重卡上使用的可调节座椅，它可以同时调节靠背角度和座椅前后位置。

图 2.63 可调节靠背角度的座椅

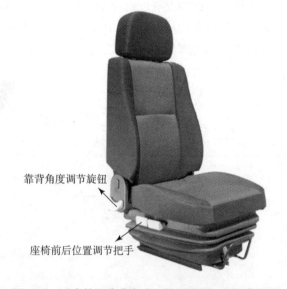

图 2.64 重卡的（靠背角度、前后位置）可调节座椅

2.8.4 汽车座椅设计的探讨

汽车座椅是汽车内饰部件最重要的组成部分，也是与驾乘者联系最为密切的部件，近年

来越来越多地受到了汽车人机工程设计人员和消费者的重视。根据美国 J. D. Power 公司的一项市场调查显示，汽车座椅设计和车辆外形设计已成为消费者选购汽车的两个主要因素，而消费者选择汽车座椅的要求依次为安全性、舒适性与轻便。下面从座椅结构、国家颁布的有关座椅设计的强制性法规以及座椅设计要点来探讨座椅设计。

1. 座椅结构

如图 2.65 所示，座椅一般包括坐垫与靠背骨架、坐垫与靠背泡沫、坐垫与靠背面套、头枕、滑轨、调角度手柄、安全带以及隔振减振器和气囊（图 2.66）。图 2.67 所示为儿童安全座椅，它的结构要比成人座椅简单一些。儿童安全座椅从安全的角度考虑，应该放在后排座椅上。目前所有市面上所售儿童安全座椅分为三种接口：欧洲标准的 ISOFIX 固定方式、美国标准的 LATCH 固定方式以及安全带固定方式。其中 ISOFIX 固定方式目前来说相对最为稳妥，也是绝大多数儿童安全座椅会采用的接口标准（图中为 LATCH 标准特有接口）。图 2.67 和图 2.68 所示为通过原车安全带固定方式固定的儿童座椅。

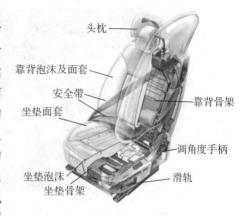

图 2.65　普通驾驶员座椅结构

图 2.66　装有隔振减振器和气囊的重卡座椅

图 2.67　儿童安全座椅（较小儿童使用）

图 2.68　儿童座椅（较大儿童使用）

汽车座椅根据其使用位置可分为普通轿车的前后排座椅（图 2.69）、MPV 汽车前中后排座椅（图 2.70）。其中前排座椅一般为驾驶员座椅和副驾驶员座椅；中排座椅布置比较灵活，一般布置形式有双单人独立座椅、双人连体座椅或 4/6 分座椅，以及三连体座椅；后排座椅布置也比较灵活，有双人连体座椅，或三连体座椅或 5/5 分座椅。

图 2.69　普通三厢汽车前排双单人独立座椅、后排三连体座椅

图 2.70　MPV 汽车（即商务车）前排双单人独立座椅、中排三连体座椅、后排双人连体座椅

2. 与汽车座椅相关的国家强制性法规

各国政府针对汽车座椅系统均制定了严厉的法律/法规/标准要求，目前我国与汽车座椅有关的国家强制性标准、行业标准和认证标准主要有以下 9 种：

（1）GB 15083—2006《汽车座椅、座椅固定装置及头枕强度要求和试验方法》。

（2）GB 11550—2009《汽车座椅头枕强度要求和试验方法》。

（3）GB 14167—2013《汽车安全带安装固定点、ISOFIX 固定点系统及上拉带固定点》。

（4）GB 11551—2003《乘用车正面碰撞的乘员保护》（注：此标准自 2004 年 6 月 10 日开始实施，现已废止）。

（5）GB 20071—2006《汽车侧面碰撞的乘员保护》。

（6）GB 7258—2012《机动车运行安全技术条件》。

（7）QC/T 740—2005《乘用车座椅总成》。

（8）CNCA - 02C - 063：2005《机动车辆产品强制性认证实施规则　汽车座椅及座椅头

枕产品》。

（9）《C – NCAP 管理规则（2015 年版）》（此规则由中国汽车技术中心提出，它对汽车正面 100% 重叠刚性壁障碰撞试验、正面 40% 重叠可变形壁障碰撞试验、可变形移动壁障侧面碰撞试验、鞭打试验，提出了具体的评价标准，因而也就对座椅强度提出了具体的、更苛刻的要求）。

3. 座椅设计要点

座椅零部件的设计应基于能实现产品的安全性、舒适性、便捷性和配置灵活性的需求。

1）座椅靠背的设计

设计的靠背要满足强度和造型的要求，在确保强度要求的条件下，设计人员应使座椅靠背的高度与形状符合人体曲线，使驾乘人员背部肌肉处于放松状态，并能给其肩部有效、可靠的支撑，使驾乘人员保持稳定的坐姿；另外还要有足够的侧背支撑，从而避免高速转弯时的横向滑动。

座椅靠背的高度和宽度推荐设计值分别为 600 mm 和 500 mm；人体在座椅靠背的最高接触点一般为 450～500 mm；靠背侧翼支撑的高度一般为 30～60 mm。靠背参考尺寸如图 2.71 所示。

2）坐垫的设计

座椅坐垫深度的设计原则是在充分利用靠背的情况下，使臀部得到合理支撑。坐垫结构主要影响人体坐姿

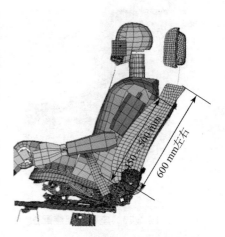

图 2.71 靠背设计（见彩插）

的参数有颈椎倾角、胸部倾角、躯干基准线与 X 轴间的夹角等。另外，坐垫的宽度和深度、坐垫倾角的选取也会对座椅的安全性产生一定的影响。座椅的深度一般为 400～500 mm；座椅的宽度一般≥500 mm，而坐垫的角度一般为 10°～16°。坐垫参考尺寸如图 2.72 所示。

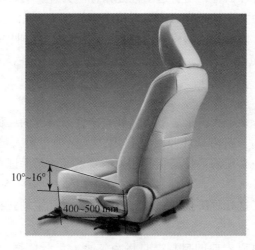

图 2.72 坐垫参考尺寸

3）座椅骨架

汽车的座椅骨架一般由管材与钣金焊接而成，材料一般选用碳素结构钢 Q235（其

屈服极限为 235 MPa），受力较大的连接板应选用强度更好的板材，如镁合金、冷轧钢板 SAPH440（其抗拉强度 > 400 MPa）等，并且应设计加强筋来增加其强度。图 2.73 所示为座椅骨架装配图，图 2.74 所示为通过有限元方法建立的座椅骨架网格划分图，通过 FEM 计算，可以知道座椅的强度，并结合碰撞仿真可以进一步获得座椅的碰撞性能。

图 2.73 座椅骨架装配图

图 2.74 座椅骨架 FE 模型（见彩插）

4）泡沫

汽车座椅用泡沫一般采用冷模塑高回弹聚氨酯（PU）软泡沫材料，坐垫和靠背内使用的 PU 泡沫应能使驾乘人员对座椅产生直接触觉反馈，并直接感知座椅的乘坐舒适性。不同汽车类型和人群对座椅泡沫软硬程度需求有所不同，设计人员在座椅设计开发初期应对车型和面对的客户群进行分析评估，制定合适的性能指标。另外，对环境保护的日益重视以及乘用车更多更快地进入普通大众的家庭，市场对汽车座椅用 PU 泡沫在绿色环保和阻燃安全等方面提出了更高的要求，因此在选用汽车座椅用 PU 泡沫时要按照汽车行业标准 QC/T 850—2011《乘用车座椅用聚氨酯泡沫》，选择满足散发性要求的绿色环保用汽车座椅用聚氨酯泡沫。

5）头枕

头枕是为了提高汽车乘坐人员乘坐舒适性和安全性而设置的一种辅助装置。头枕的主要作用是在汽车受到冲撞时，具有防止反弹的作用，以保护驾乘人员的头、颈椎部位不受损伤，所以头枕的强度首先必须满足骨架强检法规的要求。为了保证头枕能提供有效的支撑及起到提高舒适性的作用，人体头部与座椅头枕的距离一般为 20~50 mm。图 2.75~图 2.78 为几种形式的头枕，除了这几种头枕外，还有折叠式头枕和主动式头枕等。

6）面套

面套是包裹在座椅总成表面的材料，直接与驾乘人员身体接触。座椅面料主要有真皮（分为打孔和不打孔真皮）（图 2.80）、织物面料（图 2.81）和人造革面料（图 2.82）。其中，织物面料以其合理的价格和良好的透气性能在汽车面套面料中的应用最为广泛。打孔真皮面套座椅透气性极佳，夏天乘坐不易过热，舒适性极好。

图 2.75　上下调节式头枕

图 2.76　带按钮的上下调节式头枕（宝马 X5）

图 2.77　固定式头枕

图 2.78　靠背和头枕一体式座椅

图 2.79　带颈垫的头枕

图 2.80　真皮面料座椅（马自达 3）

图 2.81　太空记忆棉织物面料座椅　　　　图 2.82　人造革面料座椅

7）调角器、滑轨等调节机构

座椅的调节机构主要有调角器（图 2.83）、滑轨等机构（图 2.84）。这些调节机构既是固定座椅的关键部件，也起到了调节座椅前后或上下位置及调节靠背仰角等作用，可以把座椅调节到最适合个人使用的乘坐高度、倾斜度等位置，满足不同的体态和坐姿的乘客的乘坐要求。图 2.84 所示为电动式调节座椅滑轨，图 2.85 所示为手动式调节座椅滑轨，这两种滑轨都可以调节座椅前后位置。

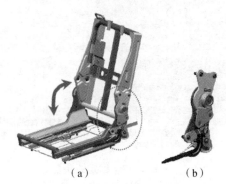

（a）　　　　　　　（b）

图 2.83　带调角器的座椅骨架
（a）座椅骨架；（b）调角器

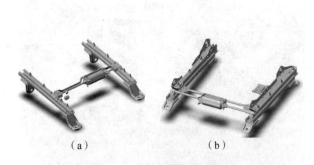
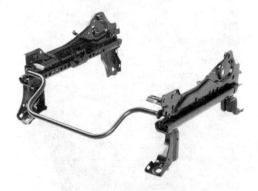

（a）　　　　　　（b）

图 2.84　电动式座椅滑轨　　　　　　图 2.85　手动式座椅滑轨
（a）中置式调节；（b）前置式调节

手动调节方式需要乘员通过手柄放松座椅的锁止机构，然后通过改变身体的坐姿和位置来带动座椅移动。电动座椅调节机构由控制器、可逆性直流电动机和传动部件组成。直流电动机受控制器控制并分别驱动某个调整方向的传动部件（如蜗杆轴、蜗轮等）。蜗轮与齿条啮合，蜗轮转动将齿条移动使座椅前移或后移。电动调节的座椅在调节时，座椅是施力方，乘客只需要扳动控制键就可以了。电动座椅的使用，让驾驶员能轻松地找到最适合自己的驾驶姿势，提供良好的视野，提高了行车安全性，并能减轻驾驶疲劳。

2.8.5 汽车座椅的发展趋势

现代汽车座椅与汽车安全性、舒适性紧密相关。设计具有先进水准的座椅是当今汽车发展中的一个重要课题。当今的汽车座椅正朝着轻量化、模块化、安全、舒适和环保方向发展。

1. 轻量化需求

汽车及零配件生产厂家运用各种高强度钢材及铝镁合金等材料代替原有材料，骨架厚度可以从 2.5 mm 降低到 0.8 mm，在满足座椅强度的要求的前提下，同时又能降低座椅重量。

2. 座椅泡沫采用硬软组合

为了提高座椅的舒适度，将坐垫设计为软、硬两层泡沫构造（图 2.86），从而可以弥补硬质泡沫刚入座时的不适感，并可以弥补长时间在软质泡沫乘坐时对身体的支持力不够的缺点。

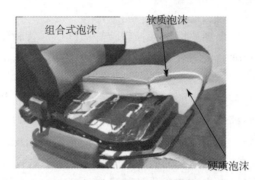

图 2.86 组合式座椅泡沫

3. 模块化

将各种标准化部件组合成独特的模块，形成不同的平台化结构。进行产品开发时，可以从一整套灵活机动的组合构件中有选择地组成座椅系统配置，这样不仅能减少投资，同时还能节省研发时间和成本。

4. 安全性

为了增强座椅的安全性，各种新技术也将越来越多地运用到座椅系统中，如自适应主动头枕、带有被带或者安全带的靠背支撑系统，以及保护头部、躯体、臀的安全气囊等。如图 2.87 所示，当车辆尾部受到撞击时，座椅头枕会自动向乘客头部后上方推出，以防止乘客颈部受伤，从而增大安全性。

5. 舒适性

不仅要让驾乘人员坐在座椅上时感到舒服，还应综合考虑驾乘人员的各种感官知觉（比如视觉、触觉、听觉和嗅觉）、心理感觉和功能性感觉（是否符合人机工程）等。电动座椅、靠腰和按摩系统、座椅加热、冷却的通风装置、双密度的坐垫

图 2.87 主动式安全头枕

泡沫等技术的普及也将大大提升座椅的舒适性。

6. 环保性

在座椅的设计和开发过程中更注重采用"绿色"和可再生环保材料，如用可再生的原材料生产发泡产品等。另外，轻量化的产品设计，即采用更少的材料也是提高产品环保性的一大举措。

2.8.6　座椅设计的主观评价

虽然人机工程学是汽车座椅设计师需要考虑的科学，但这也涉及目标人群的喜好，只有将两者结合才能科学地评价汽车座椅的乘坐舒适性。下面简要地讨论座椅设计的主观评价。

1. 座椅舒适性主观评价指标的建立

首先将座椅分为椅面、靠背、靠腰、头枕4个设计部分；然后针对每一部分，从几何参数、调节特性、物理特性三个方面来考虑。接着就可以构成一个完整的测评体系，并且指标总数应尽可能少，以减少评价工作量。最后基于这些原则，建立完备的座椅乘坐舒适性的评价指标，来进行座椅舒适性主观评价。

2. 驾驶员座椅评价指标

驾驶员座椅评价项目有9个舒适性指标：靠腰舒适度、靠背软硬度、靠背宽度、坐垫软硬度、坐垫长度、头枕软硬度、头与头枕间距离、行驶中的振动舒适性以及整体舒适度。

3. 后排座椅评价指标

相比驾驶员座椅，后排乘员座椅的可调节性一般要弱一些。因此为了客观、全面地评价后排座椅，针对后排乘员座椅靠背部分，将评价指标中的靠背宽度改为靠背高度和靠背角度；对于后排座椅坐垫部分，又增加坐垫高度和坐垫倾角两个指标。最终对于后排座椅，评价项目总共有12个舒适度指标：靠腰舒适度、靠背软硬度、靠背高度、靠背角度、坐垫软硬度、坐垫高度、坐垫长度、坐垫倾角、头枕软硬度、头与头枕间距离、行驶中的振动舒适性以及整体舒适度。

4. 测试者的选取原则

为减小离散性、使对座椅主观评价更加真实可信，需要用统计的方法获得一定样本量的评价结果。测试可以仅针对驾驶座和后排座椅，当然也可以包括副驾驶座椅。评价时选择不少于一定数量的测试员，其中男性若干人，女性若干人，他们年龄分布于23~65岁。然后按照身高把参试评价人员分为P_5女性、P_{50}女性、P_{50}男性、P_{95}男性4组，并对评价人员的评价能力提出要求，即评价人员必须驾龄3年以上以及驾驶里程20 000 km以上。

5. 主观评价方法

主观评价方法包括绝对评价法和相对评价法。对于绝对评价法，可以采用李克特五级量表法对变量进行衡量，从"差""较差""一般""较好"到"很好"，分别给予1~5分的评价。相对评价法可以采用关联矩阵法先建立评价指标的权重，然后按评价指标对各种座椅方案采用两两比较的方法，得到评价分，最后再计算各种座椅方案的加权评价总值。

6. 测试流程

首先告知测试者试验流程和注意事项；然后测量测试者的身高、体重并登记个人信息（年龄、驾龄等）；接着让测试者坐在被遮住品牌信息的测试车座椅上，自主调节座椅和坐姿直至最舒服、最习惯为止，并给测试员足够的时间进行感受和试驾试乘；最后再请测试员填写主观舒适度评价表、工作人员收集评价表，统计各种类型座椅的主观评价结果。图 2.88 所示为某汽车四种方案前后排座椅主观评价结果。由此图可以看出，B 方案座椅评价结果最好，C 方案其次，A 方案最差。

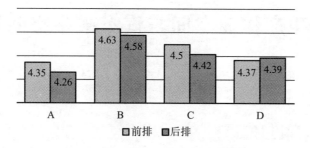

图 2.88　座椅整体舒适度主观评价平均分

思 考 题

1. 什么是人体测量？人体测量分为哪几类？

2. 有一位女同学，她的身高是 1 598 mm。请计算有百分之几的人比她高？又有百分之几的人比她矮（假设她的女性同学平均身高 1 586 mm，标准差 51.8 mm）？

3. 试研究一至两种共享自行车主要尺寸与人体尺寸的对应关系。

4. 在市场随机抽样调查 8 个不同汽车厂家生产的 C 级轿车，并对驾驶员座椅和后排座椅的乘坐舒适性进行主观评价。

第 3 章
汽车生产作业空间与汽车乘坐空间设计

3.1 作业空间设计

人操纵机器所需活动空间,加上机器、设备、工具、用具、被加工对象所占空间总和,称为作业空间。作业空间设计,就大范围而言,就是把所需用的机器、设备和工具,按照人的操作要求进行合理的空间布置。也就是说从人的需要出发,对机器的操纵装置、显示装置相对于操作者的位置进行合理的安排。作业空间设计要着眼于人,在充分考虑操作者需要的基础上,为操作者创造既安全、舒适,又经济、高效的作业条件。一般工业作业空间设计的内容,包括:①空间布置;②座椅设计;③工作台设计;④工作环境设计。有关座椅设计内容已经在前面第 2 章中介绍过,本章不再复述。

3.1.1 人的手脚作业域

人的动作空间主要分为两类:第一类是人体处于静态时的肢体活动范围,第二类是人体处于动态时的全身动作空间,其中前者被称为作业域,后者被称为作业空间。人体作业空间的范围要大于作业域。

操作者采用坐姿或立姿进行作业时,手和脚在水平面和垂直面内所能触及的运动轨迹范围,分别称为水平作业作业范围(域)和垂直作业作业范围(域)。作业范围是构成作业空间的主要部分,它有平面作业范围和空间作业范围之分。当汽车生产线作业工人装配各个总成,以及驾驶员驾驶车辆或飞机时,需要连续和较长时间操作各种设备与按钮,它们都需要精确而细致的操作,且需要采用坐姿的手足并用操作,因此了解和研究人手脚作业域与作业空间范围对更好地完成作业场所的空间布置与环境设计是非常重要的。图 3.1 所示为人手脚的作业域图。

1. 手的水平作业域

水平作业域是人在工作台或操作台面前,在台面上左右运动手臂而形成的轨迹范围。手竭力外伸所形成的区域称为最大作业域,而手自然外伸所形成的作业域为常用作业域。人手和身体以较舒适的姿势外伸所形成的区域称为较佳作业域,写字板、按钮、键盘等工具就应该安排在手常用与较佳作业区域范围内。图 3.2 所示为第 50 百分位中国成年男子手的水平作业域。水平作业域对确定工作台面或仪表台上各种设备(如收款机、绘图仪、计算机等)或按钮的摆放位置非常有用。

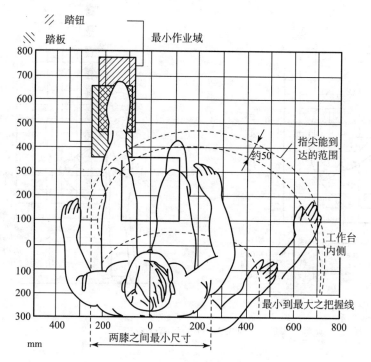

图 3.1　手脚的作业域

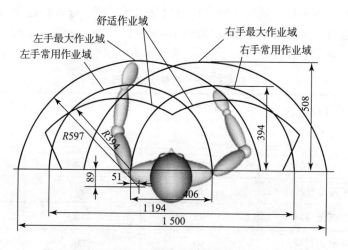

图 3.2　第 50 百分位中国成年男子手的水平作业域

2. 手的垂直作业域

垂直作业域是指手臂伸直,以肩关节为轴做上下运动所形成的范围。它对决定人在某一姿态时手臂触及的垂直范围有用,如搁板、挂件和门拉手、带书架的桌子等高度尺寸也常用到上述垂直作业域范围,如图 3.3 所示。

手的垂直作业域范围和身体其他参数结合起来可以帮助确定一些产品的尺寸,现举例如下:

1) 摸高

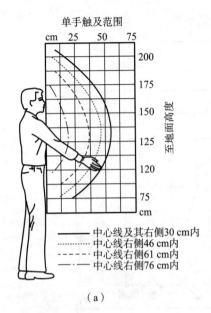 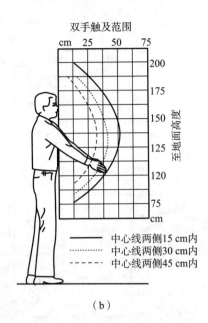

图 3.3 手的垂直作业域
（a）右手；（b）双手

摸高是指手举起来时达到的高度。表 3.1 为男女性最大摸高尺寸。摸高与垂直作业域是设计各种框架和扶手的依据。货架上经常摆放物品的区域应该设计在这个区域之内。货架的高度不得超过：男性 1 500～1 600 mm；女性 1 400～1 500 mm。图 3.4 所示为人体身高与摸高之间的关系。

表 3.1 男女性最大摸高尺寸

身材		百分位	指尖高/cm	直臂抓握/cm
男性	高大身材	95	228	216
	平均身材	50	213	201
	矮小身材	5	198	186
女性	高大身材	95	213	201
	平均身材	50	200	188
	矮小身材	5	180	174

2）把手

人要取东西或开门，伸手就能拿到或摸到把手打开门是最方便的。把手的位置设计与身高有关，开门的人有老有少，有男有女，因此办公室把手的离地高度就取 100 cm，家庭门把手的离地高度要低一些，取 80～90 cm，幼儿园的门把手还要低一些。把手离地高度的选择如图 3.5 所示。

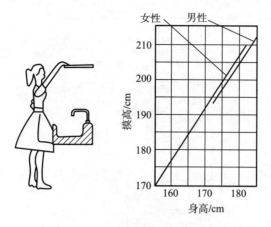

图 3.4　身高与摸高之间的关系

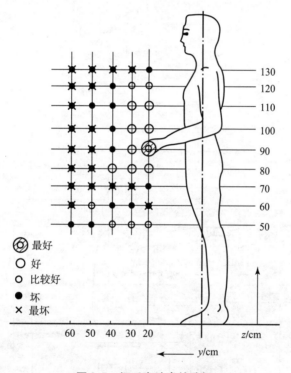

图 3.5　把手离地高的选择

3）工作台高度的选择

图 3.6 所示为人坐姿状态下手的垂直作业域，根据此图可以选择工作台的高度，如图 3.7 和图 3.8 所示。

3. 脚的作业区域

脚操作的灵敏度和精确度要比手操作差，但操纵力大于手的操作力。脚操作多在坐姿下采用，立姿下只能由单脚进行操作。如图 3.9 所示，正常坐姿的脚作业空间范围位于身体前侧、座高以下的区域。此外，脚舒适的作业范围还取决于身体尺寸与动作的性质。图 3.10 所示为立姿人体脚的作业区域。

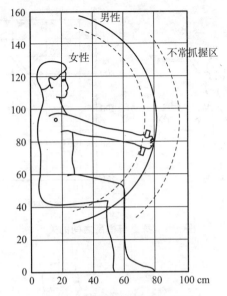

图 3.6 坐姿手的垂直作业域

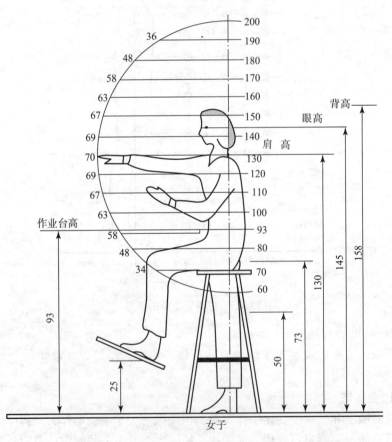

图 3.7 女性坐姿工作台高度与手垂直作业域的关系（单位：cm）

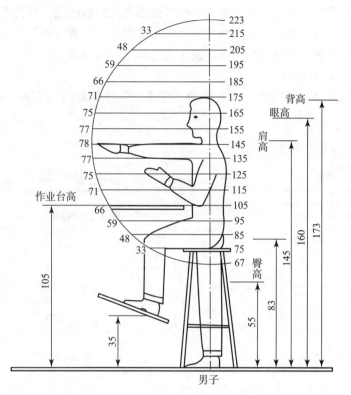

图3.8 男性坐姿工作台高度与手垂直作业域的关系（单位：cm）

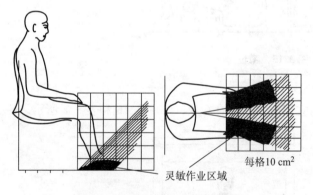

图3.9 坐姿人体脚的作业区域

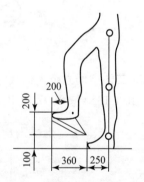

图3.10 立姿人体脚的作业区域（单位：mm）

3.1.2 人体作业空间

人总是在不停地变化运动着，姿态的变化和位置的移动所占用的空间构成了人体活动空间（即作业空间），人体活动空间大于作业域。人体的活动空间大体上由以下三部分内容决定：

(1) 人的静态基本参数与尺寸。

(2) 人姿态的变换。

(3) 人体的移动。

其中，姿态的变换集中于正立姿态与其他可能姿态之间的变换，且姿态的变换所占用的空间并不一定等于变换前的姿态和变换后的姿态占用空间的重叠，而是往往大于两姿势变换之和。另外人在活动时，其活动空间还取决于人与物之间的协调关系。

1. 人体静态的基本姿势

人体静态的基本姿势总共有坐姿、卧姿、立姿、倚座位和蹲位 5 种，分别如图 3.11～图 3.15 所示。

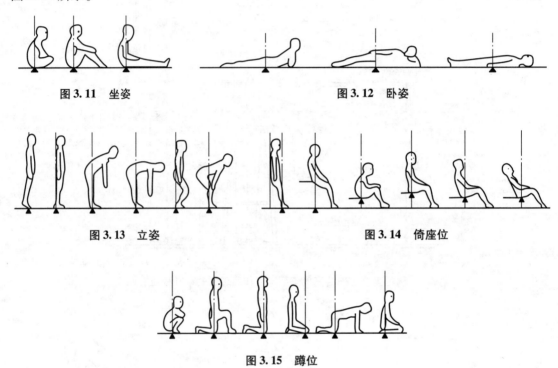

图 3.11　坐姿　　　　　　　　图 3.12　卧姿

图 3.13　立姿　　　　　　　　图 3.14　倚座位

图 3.15　蹲位

2. 工作空间立姿人体尺寸

GB/T 13547—1992 给出的工作空间立姿人体尺寸有 6 项，如图 3.16 和表 3.2 所示。

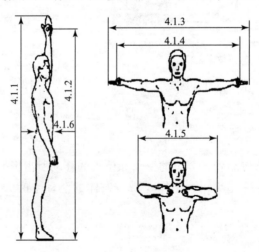

图 3.16　与工作空间有关的立姿人体尺寸

表 3.2　与工作空间有关的立姿人体尺寸　　单位：mm

测量项目 \ 百分位数 \ 年龄分组	男（18～60 岁）							女（18～55 岁）						
	1	5	10	50	90	95	99	1	5	10	50	90	95	99
4.1.1　中指指尖点上举高	1 913	1 971	2 002	2 108	2 214	2 245	2 309	1 798	1 845	1 870	1 968	2 063	2 089	2 143
4.1.2　双臂功能上举高	1 815	1 869	1 899	2 003	2 108	2 138	2 203	1 696	1 741	1 766	1 860	1 952	1 976	2 030
4.1.3　两臂展开宽	1 528	1 579	1 605	1 691	1 776	1 802	1 849	1 414	1 457	1 479	1 559	1 637	1 659	1 701
4.1.4　两臂功能展开宽	1 325	1 374	1 398	1 483	1 568	1 593	1 640	1 206	1 248	1 269	1 344	1 418	1 438	1 480
4.1.5　两肘展开宽	791	816	828	875	921	936	966	733	756	770	811	856	869	892
4.1.6　立姿腹厚	149	160	166	192	227	237	262	139	151	158	186	226	238	258

3. 工作空间坐姿人体尺寸

GB/T 13547—1992 给出的工作空间坐姿人体尺寸有 5 项，如图 3.17 和表 3.3 所示。

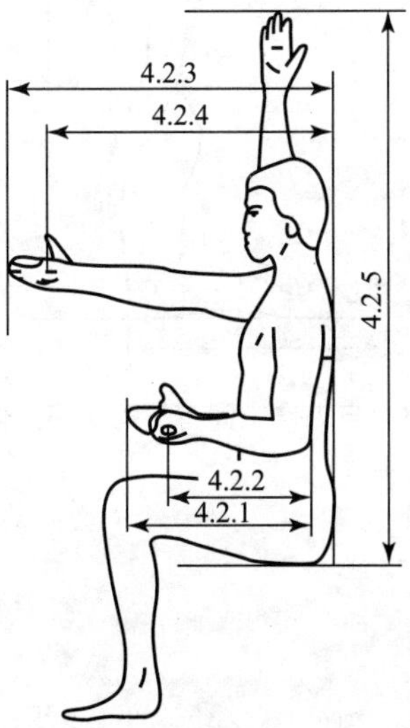

图 3.17　与工作空间有关的坐姿人体尺寸

表 3.3　与工作空间有关的坐姿人体尺寸　　单位：mm

测量项目 \ 百分位数 \ 年龄分组	男（18～60 岁）							女（18～55 岁）						
	1	5	10	50	90	95	99	1	5	10	50	90	95	99
4.2.1　前臂加手前伸长	402	416	422	447	471	478	492	368	383	390	413	435	442	454
4.2.2　前臂加手功能前伸长	295	310	318	343	369	376	391	262	277	283	306	327	333	346

续表

测量项目 \ 年龄分组百分位数	男（18~60岁）							女（18~55岁）						
	1	5	10	50	90	95	99	1	5	10	50	90	95	99
4.2.3 上肢前伸长	755	777	789	834	879	892	918	690	712	724	764	805	818	841
4.2.4 上肢功能前伸长	650	673	685	730	776	789	816	586	607	619	657	696	707	729
4.2.5 坐姿中指指尖点上举高	1 210	1 249	1 270	1 339	1 407	1 426	1 467	1 142	1 173	1 190	1 251	1 311	1 328	1 361

4. 工作空间跪姿、俯卧姿、爬姿人体尺寸

GB/T 13547—1992 给出的工作空间跪姿、俯卧姿、爬姿人体尺寸 6 项，如图 3.18 ~ 图 3.20 和表 3.4 与表 3.5 所示。

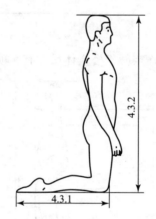

图 3.18 与工作空间有关的跪姿人体尺寸

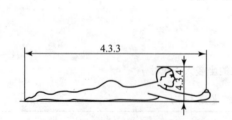

图 3.19 与工作空间有关的俯卧姿人体尺寸

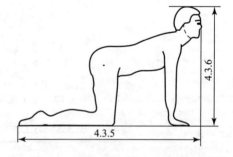

图 3.20 与工作空间有关的爬姿人体尺寸

表 3.4 与工作空间有关的跪姿、俯卧姿、爬姿人体尺寸（男子）   单位：mm

测量项目 \ 百分位数 \ 年龄分组	18~60 岁						
	1	5	10	50	90	95	99
4.3.1 跪姿体长	577	592	599	626	654	661	675
4.3.2 跪姿体高	1 161	1 190	1 206	1 260	1 315	1 330	1 359
4.3.3 俯卧姿体长	1 946	2 000	2 028	2 127	2 229	2 257	2 310
4.3.4 俯卧姿体高	361	364	366	372	380	383	389
4.3.5 爬姿体长	1 218	1 247	1 262	1 315	1 369	1 384	1 412
4.3.6 爬姿体高	745	761	769	798	828	836	851

表 3.5 与工作空间有关的跪姿、俯卧姿、爬姿人体尺寸（女子）   单位：mm

测量项目 \ 百分位数 \ 年龄分组	18~55 岁						
	1	5	10	50	90	95	99
4.3.1 跪姿体长	544	557	564	589	615	622	636
4.3.2 跪姿体高	1 113	1 137	1 150	1 196	1 244	1 258	1 284
4.3.3 俯卧姿体长	1 820	1 867	1 892	1 982	2 076	2 102	2 153
4.3.4 俯卧姿体高	355	359	361	369	381	384	392
4.3.5 爬姿体长	1 161	1 183	1 195	1 239	1 284	1 296	1 321
4.3.6 爬姿体高	677	694	704	738	773	783	802

5. 姿态变换所需要的空间

操作工人由于工作要求，需要在各种姿态之间进行变换。需要注意的是，姿态的变换所占用的空间并不一定等于变换前的姿态和变换后的姿态占用空间的重叠，而是往往大于两姿势变换之和。图 3.21 中的白色部分展示了姿态变换前后所占用的空间。

6. 人体移动所需要的空间

人体移动占用的空间不仅要考虑人体本身占用的空间，还需考虑人体连续运动过程中由于运动所必需的肢体摆动或身体回旋余地所需的空间。图 3.22 展示了人体移动所占用的空间。

7. 考虑人与物之间关系时所需要的空间

需要考虑的人与物之间的关系有：与他人的相互作用；人与用具之间的关系；人与家具之间的关系；人与门、通道、阶梯、栏杆等建筑构件之间的关系。图 3.23 所示为公共场合轮椅摆放所需要占用的空间，图 3.24 所示为人以各种姿势入座凳椅所需占用的空间。

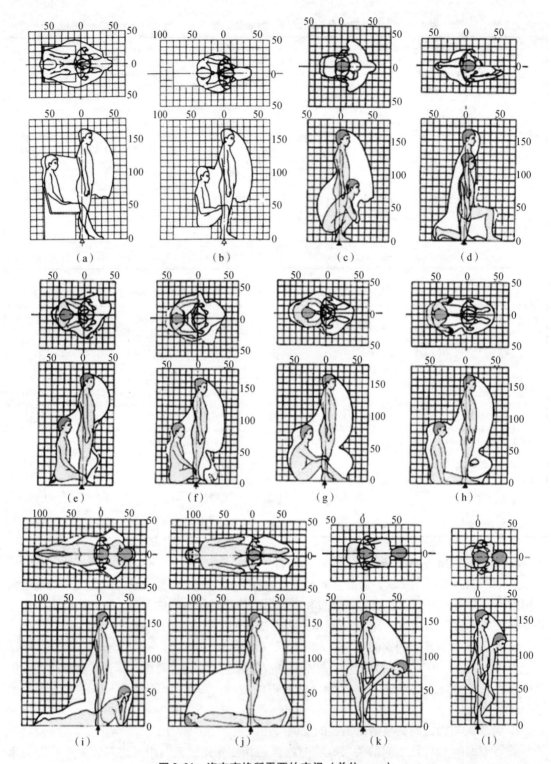

图 3.21 姿态变换所需要的空间（单位：cm）

（a）由站立变换到休息倚坐；（b）由站立变换到低直身坐；（c）由站立变换到低蹲；（d）由站立变换到单膝跪；
（e）由站立变换到直身跪；（f）由站立变换到盘腿席坐；（g）由站立变换到摸腿席坐；（h）由站立变换到伸腿席坐；
（i）由站立变换到俯卧；（j）由站立变换到仰卧；（k）由站立变换到躬腰；（l）由站立变换到半蹲前俯

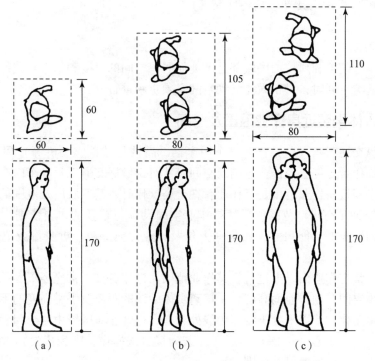

图 3.22 人体移动所需要的空间（单位：cm）

（a）步行；（b）并行；（c）错肩而行的两个人

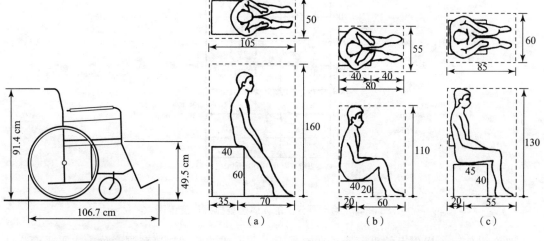

图 3.23 轮椅摆放所需要
占用的空间

图 3.24 人以各种姿势入座凳椅
所需要占用的空间（单位：cm）

（a）倚靠高凳子；（b）入座矮凳子；（c）入座作业椅

8. 影响活动空间的因素

影响活动空间布置的因素很多，归纳起来有以下几点：

（1）动作的方式。

（2）各种姿态下工作的时间。

(3) 工作的过程和用具（包括各种家具）。
(4) 服装。
(5) 民族习惯。

例如，日本、朝鲜和阿拉伯民族都是席地而居，空间的尺度和形态与我们的一般情况都不同。在设计这类空间时，对于人体活动空间必须重新进行研究。

3.1.3 人体坐姿近身作业范围及空间

驾驶和操纵交通工具（包括汽车、军用车辆、高铁与城铁、飞机等）属于坐姿近身作业，因此了解操作者坐姿近身作业范围及空间尺寸对于做好交通工具等车内布置具有重要的意义。操作者坐姿近身作业范围是指作业者在坐姿操作时，其四肢所及范围的静态尺寸和动态尺寸。近身作业（空间）范围的尺寸是作业空间设计与布置的主要依据，主要受功能性臂长的约束，而臂长的功能尺寸又由作业方位及作业性质决定。近身作业范围还受衣着的影响。

坐姿作业通常在作业面以上进行，其作业范围为操作者在正常坐姿下，手和脚可伸及的一定范围的三维空间。随作业面高度、手偏离身体中线的距离及手举高度的不同，其舒适的作业范围也发生变化。若以手处于身体中线处考虑，直臂作业区域由两个因素决定：肩关节转轴高度及该转轴到手心（抓握）的距离（若为接触式操作，则到指尖）。图 3.25 所示为第 5 百分位的人体坐姿抓握尺度范围。

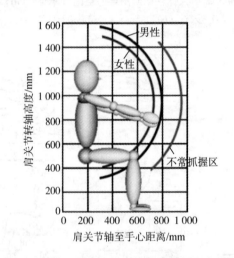

图 3.25 第 5 百分位的人体坐姿抓握尺度范围

坐姿操作时，操作者的手臂运动在水平面上所形成的运动轨迹范围，称为水平平面作业范围；手向外伸直、以肩关节为轴心在水平面上所划成的圆弧范围，称为最大平面作业范围；手臂自如弯曲（一般弯曲成手长的 3/5）、以肘关节为轴心在水平面上所划成的圆弧范围，称为正常平面作业范围。由于操作者在作业时肘部也是移动的，所以实际上的水平平面作业范围是图 3.26 中粗实线所围成的区域。坐姿操作时手的空间作业范围如图 3.26 所示，此图中圆弧实线表示正常作业范围，圆弧虚线表示最大作业范围，阴影线表示右手的最优作业范围。

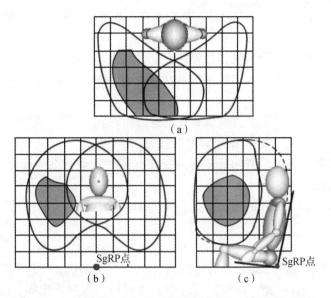

图 3.26　手的空间作业范围（每格代表 152 mm）（见彩插）

如图 3.27 右下角区域所示，脚的作业范围以脚可能移动的距离来确定。与手操作相比，脚的操作力大，但精确度差，且活动范围较小，一般脚操作限于踏板类操纵装置。

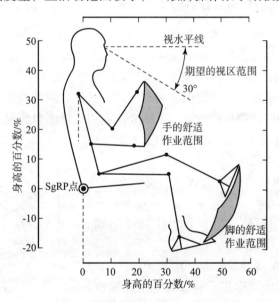

图 3.27　男子坐姿操作时手和脚在垂直平面内的最优作业范围

3.1.4　作业空间设计的人机工程学原则

作业空间设计的基本目标是使人机系统以最有效、最合理的方式满足作业要求，且作业空间要合理、经济、安全和舒适。为了达到以上目标，在作业空间具体设计过程中，必须遵守以下几条原则：

（1）作业空间设计必须从人的要求出发，保证人的安全、健康、舒适、方便。具体做法有：①测定一些重要的人体部位尺寸，并以此作为作业空间的设计依据；②选择合适的数据取样范围；③尽可能地建立一个全尺寸的实体模型；④要保证作业的安全。

（2）要从客观条件的实际出发，处理好安全、健康、舒适、高效、经济诸方面的关系。

（3）根据人体生物力学、人体解剖学和生理学的特性，在作业空间中合理布置操纵装置和显示装置。

（4）按照操纵装置和显示装置的重要程度进行布置。

（5）按操纵装置的使用频率和操作顺序进行恰当布置。

（6）按操纵装置和显示装置功能，将功能相同或相互联系装置布置在一起，以利于操作者进行操作和观察。

（7）作业面布置要考虑人的最适宜的作业姿势、操作动作及动作范围，减少作业人员的劳动强度和疲劳。

（8）注意作业空间场所的人与设备的安全及人流、物流的合理组织。

应当注意，以上原则往往难以同时得到满足，在实际运用时，要根据实际人机系统的具体情况，统一考虑，全面权衡，从总体合理性上加以恰当布置。比如，可以根据各控制器、显示器装置的重要程度与使用频率，将其依次布置在作业者作业范围的最佳区、易达区和可达区。另外，第 4、5、6 条原则将在后面的第 5 章中进行详细介绍。

3.1.5 作业空间设计中的人体尺寸考虑

设计作业空间时，必须考虑人体尺寸的约束条件。如果以我国成年男性第 95 百分位身高为基准，那么女性身高约为男性的 0.934 6 倍。在进行作业空间设计时，人体测量的静态数据（结构尺寸）与动态数据（即功能尺寸）都有用处。对大多数设计而言，要考虑身体各部位的关联与影响，必须基于功能尺寸做出设计。另外，利用人体测量数据时，数据必须充分反映设计对象的使用者群体的特征。下面介绍运用人体测量数据的步骤要点：

（1）确定对于设计至为重要的人体尺度（如座椅设计中，人的坐高、大腿长等）。

（2）确定设计对象的使用者群体，以决定必须考虑的尺度范围。

（3）确定数据运用准则。例如，个体设计准则、可调设计准则和平均设计原则。

图 3.28 所示为第 5 百分位、第 50 百分位和第 95 百分位三种人体尺度驾驶员以正常驾驶姿态坐在座椅、身系安全带、一手握方向盘时另一手能伸及的最大空间界面，依据 SAE J287 标准，此图对车内操纵杆件、控制按钮等的合理布置设计与校核有重要意义。图 3.29 所示为 SAE J287 标准列出的第 95 百分位驾驶员以正常驾驶姿态坐在座椅、身系安全带、一手握方向盘时另一只手三指抓取可触及曲面和满手抓握可触及曲面。

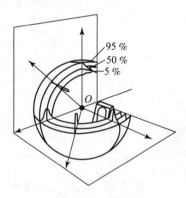

图 3.28 不同百分位汽车驾驶员手伸及界面的空间曲面

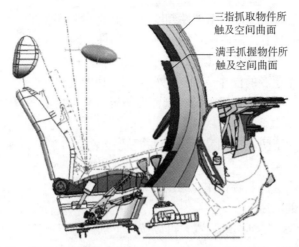

图 3.29　第 95 百分位汽车驾驶员手伸及界面的空间曲面（见彩插）

3.1.6　一般作业空间布置与设计

作业空间的布置是指在作业空间限定之后，确定合适的作业面及显示装置、操纵装置的位置。人机系统中，作业空间的布置不仅要考虑人与机之间的关系，还要考虑机与机、人与人之间的关系。大多数人都在人造环境里工作和生活，可能是在小环境中，如办公室、汽车、实验室和汽车装配生产线等，也可能是在大环境中，如城市、社区等。这些空间或设施的设计，对人的行为、舒适感及心理满足感都会有相当大的影响。

1. 作业空间布置总体原则

作业空间布置的总体原则，有以下四条：

（1）重要性原则。

（2）使用频率原则。

（3）功能原则。

（4）使用顺序原则。

在进行系统中各元件布置时，不可能只遵循一个原则。通常，重要性原则和使用频率原则主要用于作业场所内元件的区域定位，而使用顺序原则和功能原则侧重于某一区域内各元件的布置。图 3.30 所示为机器面板布置原则与作业执行时间的关系。

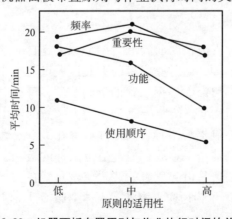

图 3.30　机器面板布置原则与作业执行时间的关系

选择何种原则布置，往往是根据理性判断来确定的，没有很多经验可供借鉴。在上述四种原则都可以使用的情况下，按使用顺序原则布置元件，因为其执行时间最短。

2. 影响作业空间设计的主要因素

（1）人的因素：作业者的操作范围、视觉范围、作业姿势等。

（2）机器的因素：单个机器设备的控制面板布置、多个机器布置时局部和整体的关系。

3. 两个"距离"的概念

（1）安全距离：为了防止碰到某物（通常是比较危险的东西）而设置的障碍物距离作业者的尺寸范围。

（2）最小距离：确定作业者在作业时所必需的最小范围。

4. 作业空间布置的顺序

对不同类型的显示装置与操纵装置，可以按以下顺序进行布置：

（1）布置主显示器。

（2）布置与主显示器相关的主操纵器。

（3）布置有协调性要求的操纵器与显示器。

（4）布置按顺序使用的元件。

（5）将使用频繁的元件布置在方便观察、易于操纵的部位。

（6）按布局一致的原则协调本系统内及其他相关系统的布置方案之间的关系。

5. 作业空间的设计

一个设计合理的作业空间，应使操作者在任何时刻观察、操作都很方便，并且在较长时间维持某种作业姿势时，不会产生或尽可能少地产生不适和疲劳。作业空间设计时要按照作业者的操作范围、视觉范围以及作业姿势等一系列生理、心理因素对作业对象、机器、设备、工具进行合理的布置、安排，并找出最适合本作业的人体最佳作业姿势、作业范围，以便为作业者创造一个最佳的作业条件。

1）作业空间设计步骤

（1）作业调查分析。

（2）设计准备。

（3）初步设计。

（4）模型测试与分析。

（5）论证和修改。

2）坐姿作业空间设计

在坐姿作业时，身体伸直或稍向前倾10°~15°，大腿自然平放，小腿伸直或稍向前伸，此时操作者的上肢最大可及范围是一个立体空间（图3.31）。根据手臂的活动范围，可以确定坐姿作业空间的平面尺寸。按照能使95%的人满意的原则，应该把经常使用的控制器、工具、加工件放置在最舒适范围，并把不常用的控制器、工具放在最舒适范围外的最大可及范围；另外，特殊的、易引起危害的装置应该布置在最大可及范围外。图3.32所示为适应坐姿状态人体上肢活动范围的一种工作台面。

图3.31 坐姿上肢运动范围

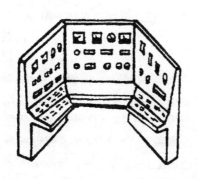

图 3.32　适应人体上肢活动的工作台面

如图 3.33 所示，从垂直平面看，坐姿作业时人体上肢的最舒适作业区间是一个梯形区。另外，作业面高度直接影响人体上臂的工作姿势。作业面太低，使得背部过分前屈；作业面太高，则须抬高肩部，超过其自然松弛位置，引起肩部、颈部疲劳。因此，坐姿作业面高度如果能设计成可调的，操作者就可根据自身的条件调节至合适的位置。还有作业面的高度布置在肘部以下 50～100 mm 为好，这样可使肩部自然下垂，小臂接近水平。兼顾各个方面的考虑，通常将作业面高度设计成固定的，而将座椅设计成可调的，以调节人与作业面的相对高度。坐姿作业时，操作者的腿部和脚部也应有足够的自由活动空间，腿的最小活动空间应为人的第 95 百分位的臀部宽度值，最小深度应为人的第 95 百分位的膝 – 臀间距值。

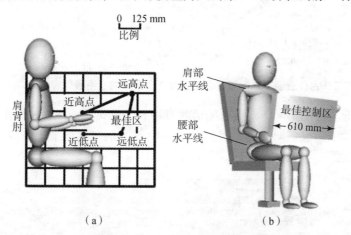

图 3.33　坐姿上肢的最舒适作业区

（1）坐姿工作台面高度设计。坐姿工作台面推荐高度见表 3.6。

表 3.6　坐姿工作台面推荐高度　　　　　　　　　　单位：mm

工作类型	对男性的推荐高度	对女性的推荐高度
精细作业	900～1 100	800～1 000
一般作业	740～780	700～740
重负荷作业	680	650

（2）坐姿工作台面宽度设计。一般若工作台面单供靠肘之用，则最小宽度为 100 mm，

最佳宽度为 200 mm。而仅当写字用时，最佳宽度为 400 mm。

（3）工作面板的厚度设计。工作面板的厚度一般不超过 50 mm，以便保证大腿的容膝空间。

（4）一般坐姿工作台设计。工作台是包含操纵装置和显示装置的作业单元。工作台设计的关键任务是将操纵装置与显示装置布置在操作者的正常作业空间范围内，以保证操作者方便而舒适地观察和操作，并为操作者长时间作业提供舒适稳定的坐姿。在有的情况下，在操作者的前侧上方也有作业区，那种工作台同样必须保证所有的区域都在操作者可视可及范围之内。工作台的整体尺寸按面板上的操纵装置、显示装置的布置以及人体测量数据而定。图 3.34 所示为一种推荐的坐姿工作台作业面布置区域，是依据第 2.5 百分位的女性操作者的人体测量数据得出的。按照图中的阴影区的形状设计工作台，可使操作者具有良好的手眼协调性能。

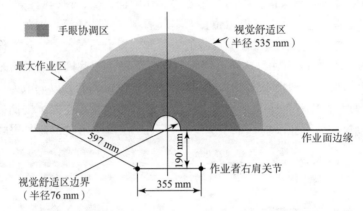

图 3.34　坐姿工作台作业面布置区域（依据第 2.5 百分位的女性操作者的人体测量数据得出）

按操作者作业姿势的不同，工作台的形状有柜式、桌式和弧形等。操作者采用的体位不同，工作台的尺寸范围也不同。图 3.35 所示为一种推荐的坐姿标准工作台设计，图 3.36 所示为另外一种形式的坐姿工作台设计。

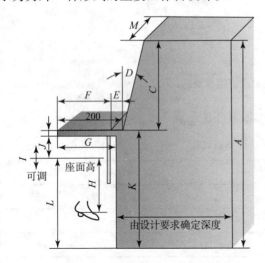

图 3.35　一种推荐的坐姿标准工作台设计

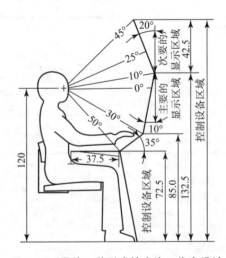

图 3.36　另外一种形式的坐姿工作台设计

3) 立姿作业空间设计

立姿作业具有以下几个方面的优点：可活动空间增大，适合来回走动和经常变换体位的作业（纺织挡车工、普通机床操作工等）；手的力量增大，人体能输出较大的操纵力；不需要容膝空间，相对于坐姿而言，所需的作业空间更小。如果以男性肘高平均值1 020 mm、女性肘高平均值960 mm作为参考尺寸，则立姿作业空间在垂直方向的作业高度可划分为5段：

（1）从地面到500 mm高度之间只适用脚操纵，若采用手操纵，则须弯腰，消耗体力。

（2）在500～700 mm，手和脚操作都不方便，所以不宜在此高度之间设计操纵装置。

（3）在700～1 600 mm高度，最适宜于手的操作和观察，尤其是900～1 400 mm高度是最优操作区域。

（4）在1 600～1 800 mm高度，手操作很不方便，视觉条件略差，所以此高度区间只设置不大重要的操纵装置和显示装置。

（5）在1 800 mm以上的高度，手的操作极不方便，操作时需昂头跷脚，观察显示器时容易发生误读，所以在这个高度上通常只布置报警信号，并配有音响信号，需观察的显示板要前倾15°～30°。

如图3.37所示，如果立姿作业时需要在工作台面上进行操作，则其工作台面高度可以按精细作业、一般作业和重负荷作业三种情况进行设计。表3.7是立姿工作时推荐的工作台面高度。

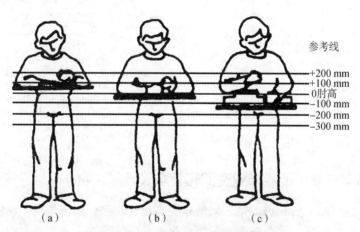

图3.37 立姿作业工作台面高度设计
(a) 精细作业；(b) 一般作业；(c) 重负荷作业

表3.7 立姿工作时推荐的工作台面高度 单位：cm

工作类型	对男性的推荐高度	对女性的推荐高度
精细作业	100～110	95～105
一般作业	90～95	85～90
重负荷作业	75～90	70～85

4) 坐—立姿作业空间设计

当作业者操作对象分布范围较大，或者需要变换工作场地，而且加工对象比较精密时，一方面要求作业者坐姿操作；另一方面还要求作业者起立去执行别的任务，这时应该采取坐—立姿操作。对这种体位交替变换的作业面高度设计，应以保持上臂处于自然松弛状态为准。坐—立交替作业工作台面设计具有以下特点：

(1) 工作台既适合于立姿操作又适合于坐姿操作，这时工作台的高度应按立姿作业设计。

(2) 为了使该工作台高度适合于坐姿操作，需要提高工作座椅高度，该高度恰好使作业者半坐在椅面上，一条腿刚好落地为宜。

(3) 为了防止坐姿操作时两腿悬空而压迫腿部静脉血管，一般在座椅前设置搁脚板，使人坐着工作时脚有休息的地方，否则人们很难工作持久。

(4) 为了使作业者起坐方便，椅面设计要小些。

在设计坐—立交替的工作台面时，工作面的高度以站立时的工作高度为准，椅子高以 68～78 cm 为宜，提供脚踏板，图 3.38 所示为两种坐—立姿控制台设计尺寸方案。

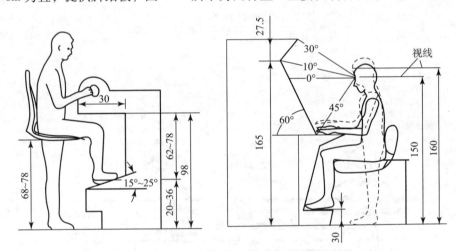

图 3.38 两种坐—立姿控制台设计尺寸方案

3.1.7 汽车总装生产线作业空间布置与设计

总装是汽车制造的最后一道工序，如何布置与设计既符合经济规模，又适合将来产品发展需要的汽车总装生产线，需要根据汽车厂自身的具体情况综合考虑，并结合人机工程学原理，使设计的总装生产线在人力、物力、财力、设备等方面都能充分利用，达到最优化的设计，以产生最大的经济效益和社会效益。

1. 装配线分段与空间布置

总装生产线分段的作用：①便于根据需要选用不同形式的输送；②便于输送设备维修；③设置缓冲区尽量不影响其他工段的生产。所以总装线一般分为三段或多段布置。总装线具体采用几段式，一般要根据车型及装配工艺特点来确定。当前乘用汽车的生产线的总装工艺大体分为三部分：

(1) 内饰装配部分。内饰装配部分主要包括顶篷、前悬挂、车门附件、踏板支架、暖风机、前蒸发器、主线束、仪表板、前后挡玻璃等。

(2) 底盘装配部分。底盘装配部分主要有油管总成、驱动桥、发动机与动力总成、传动轴、油箱等。

（3）终线装配部分。终线装配部分包括轮胎、发动机附件、蓄电池、液体加注、座椅及启动准备。

由以上总装工艺可以看出，装配线空间布置形式需采用：低工位—高工位—低工位。鉴于此，一般乘用汽车装配线为三段式，即内饰工段、底盘工段和终线工段各为一段。内饰工段为低工位布置，底盘工段为高工位布置，终线工段为半高工位和低工位布置。

2. 总装线平面布置

总装线平面布置一般有直线型、U形、S形、矩形、多层布置等形式，布置形式主要根据总装线工作长度和人机工程学来考虑，如何布置既满足装配要求，又节约厂房面积，更主要的是物流要顺、减轻工人劳动强度，同时还要考虑经济性，就是说要在满足上述条件情况下，布置总装线使其输送链最省、最人性化。图3.39所示的总装线的平面布置图为S形，检测线布置在总装线末端，总装下线的车直接上检查线进行全面检测，且发动机大总成分装线布置在总装相应工位旁，物流顺畅，运输路线短。

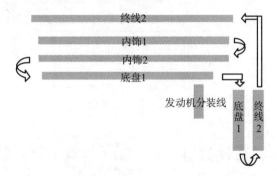

图 3.39　总装线的平面布置图

3. 工位布置

工位布置需要考虑让操作者不需要往返较长距离便可以取出零件进行预安装，从而节省工位生产节拍时间。图3.40所示为较差与较好两种工位布局图的比较。

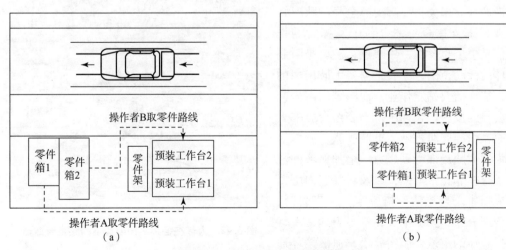

图 3.40　两种工位布局图的比较
（a）较差的工位布局；（b）较好的工位布局

通过对比以上两个工位图，可以看出：较差的工位布置需要操作者 A 和 B 往返较长的距离才能将配件从零件箱取来在工作台上进行预装。而对于较好的工位布置，操作者可以很方便地拿取，往返距离明显减少，大大缩短了生产节拍和劳动强度。

4. 工作台设计

图 3.41 所示为一个多层工作台，中高低层分别摆放不同的零件，使各种散碎零件分类和有序摆放，取用也更加方便快捷，在一定程度上节省了操作时间。

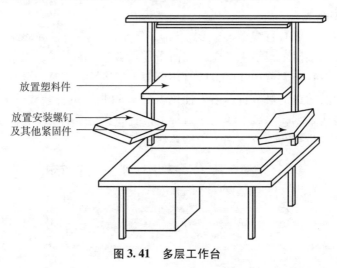

图 3.41　多层工作台

3.2　坐姿静态舒适性设计

坐姿是人体较自然的工作姿势，它有很多优点。随着自动化程度的提高，越来越多的作业采用坐姿完成。坐姿将是操作人员未来作业的主要工作姿态。坐姿比立姿更有利于血液循环。坐姿将以脚支撑全身的状况转变为以臀部支撑全身，有利于发挥脚的作用。但是坐姿也存在一些缺点，主要是限制了人体的活动范围，尤其是需要上肢出力的场合，往往需要站立作业，而频繁的起坐交替也会导致疲劳。长期维持坐姿还会影响人的健康，引起腹肌松弛，下肢肿胀，静脉压力增大，大腿局部受到压力，增加血液回流阻力，脊柱非正常弯曲，以及对某些内脏器官造成损害。理想的座椅应当使人坐着时，体重合理分布，大腿平放，双足着地，上臂不负担身体的重量，肌肉放松，血液循环通畅，姿态舒适。图 3.42 所示为人体在各种

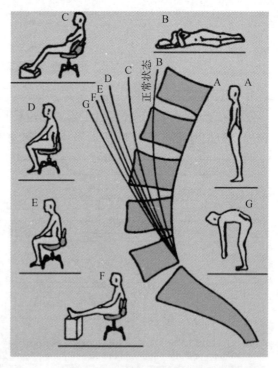

图 3.42　人体在各种不同姿势下的腰椎弯曲形状

不同姿势下的腰椎弯曲形状,它对我们分析各种姿态下的静态舒适性有很大的帮助。

在图 3.42 所示的各种曲线中,曲线 B 表示人体松弛侧卧时,脊柱呈自然弯曲状态;曲线 C 是最接近人体脊柱自然弯曲状态的坐姿;曲线 F 是当人体的躯干与大腿的夹角呈 90°时的情形,此时脊柱严重变形,椎间盘上的压力不能正常分布。图 3.43 所示为人体脊柱在有座椅靠腰支持下呈现出正常的弯曲弧形。

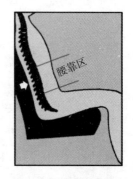

图 3.43 在靠腰支撑下脊柱正常弯曲弧形

如图 3.44 所示,为了使操作者脚踩着地板,同时上身靠在靠背上舒适地进行操作,地板搁脚的部位应当朝前上方倾斜,与水平面的夹角约为 20°。对于某些运输车辆,特别是地板搁脚部位倾斜度不够的车辆,建议将座面设计成稍稍倾斜,沿座深方向前高后低,相差 25~40 mm。操作者操纵脚踏板时,小腿与大腿间的舒适夹角应为 110°~120°,脚与小腿的舒适夹角应为 85°~90°。换句话说,要达到坐姿的静态舒适性,应保证腰曲弧形处于正常自然状态,腰背肌肉处于松弛状态,从上体通向大腿的血管不受压迫,保持血液正常循环。因此,最舒适的坐姿是臀部稍离靠背向前移,使上体略向后倾斜,保持体腿夹角在 90°~115°,小腿向前伸,大腿与小腿、小腿与脚面之间也有合适的夹角,如图 3.45 所示。图 3.46 所示为满足驾驶员坐姿静态舒适性的轿车驾驶室作业空间设计。

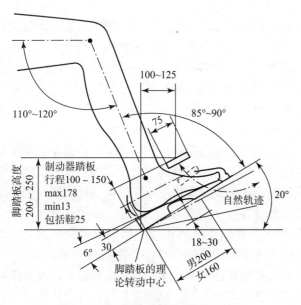

图 3.44 操纵脚踏板时大腿、小腿与脚面之间的夹角

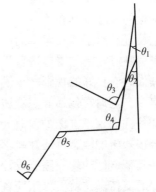

图 3.45 舒适坐姿的关节角度(其中:
$\theta_1 = 20° \sim 30°$,$\theta_4 = 95° \sim 115°$,
$\theta_5 = 100° \sim 145°$,$\theta_6 = 87° \sim 110°$)

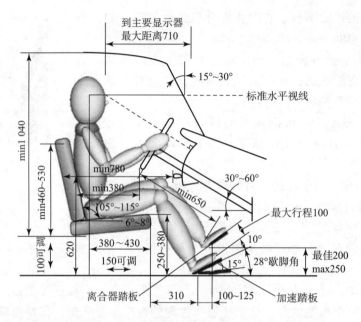

图 3.46　满足驾驶员坐姿静态舒适性的轿车驾驶室作业空间设计

3.3　商用车辆与工程车辆驾驶室的作业空间设计

商用车辆与工程车辆驾驶室的作业空间设计以驾驶员、驾驶座椅、显示装置、操纵装置以及驾驶室的门、窗、顶棚、板壁内饰之间的合理匹配为基本依据。商用车辆与工程车辆驾驶室的作业空间应宽敞适度，易于出入。要给驾驶员的脚和手留有足够的活动空间，驾驶室的内部高度最好能使第 95 百分位的男驾驶员站起来时不碰到头部，至少当他挺直坐在高度调节到最高位置的座椅上面时，头顶离驾驶室顶部内表面还有一定的间距，驾驶室的门和上下车梯踏板的尺寸及其相关位置均应保证驾驶员出入驾驶室的安全和方便。

操纵装置相对于驾驶座椅的位置应适合于商用车辆与工程车辆驾驶员方便操作。显示装置相对于驾驶座椅的位置应适合于驾驶员准确认读。门、窗玻璃相对于驾驶座椅的位置应使驾驶员操作时有良好的视野。车辆驾驶座椅的舒适性设计要比一般室内坐姿操作用的工作座椅复杂得多，它通常包括静态舒适性、动态舒适性（又称振动舒适性）、操作舒适性三方面的设计任务，而这三方面的设计标准却往往由于实际要求的相互矛盾而难以完全满足。例如，完全按乘坐的静态舒适性要求选择的扶手高度可能会妨碍驾驶员手臂的操纵动作。

概括起来，好的驾驶座椅设计必须保证驾驶员在连续几个小时操作的情况下，身体能够得到很好的支持。这就要求座椅各个部分的位置是可调节的，以适应从第 5 百分位的女驾驶员到第 95 百分位的男驾驶员范围内所有人的不同需要。应当有不同密度的适宜坐垫和靠背垫来支持身体的敏感部位。座椅必须有额外的空间，允许驾驶员坐在座椅的任一边或改变在座椅上的角度，以便暂时使他的肌肉放松。

设计者在确定驾驶座椅在车辆上的安装位置之前，必须先确定坐着的驾驶员与座椅结构的相对位置。为了提供人体测量数据，美国汽车工程师协会 SAE 已将车辆驾驶座椅设计的参考点标准化（SAE J1163），这个参考点称为座椅标志点（seat index point，SIP）。人体身躯与大腿的转动中心为 H 点，SIP 点和大个子男人的 H 点重合，座椅标志点 SIP 的位置由两个基准平面，即靠背基准平面和座椅基准平面确定，两平面相交在座椅基准点（seat reference point，SRP 或 seating reference point，SgRP），知道了 SRP 点，即可找出 SIP 点。人体 H 点与座椅标志点之间的关系如图 3.47 所示。

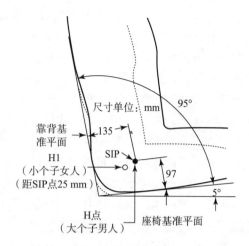

为便于实际应用，SAE 把 SIP 点到靠背基准平面的距离 135 mm，SIP 点到座椅基准平面的距离 97 mm 定为标准尺寸。这个标准尺寸适合第 97.5 百分位的男子，而对于第 2.5 百分位的女子，其身躯与大腿的转动中心 H 点同 SIP 点并不重合，有 25 mm 的差距，这个差距就被

图 3.47 人体 H 点与座椅标志点之间的关系

忽略了。SAE 明确规定，任何驾驶座椅的座椅基准平面和靠背基准平面只能用 SAE 的标准人体模型或图 3.48 所示的测量装置来确定。这样，座椅制造者和车辆设计工程师就有了一个共同的标准定位点。

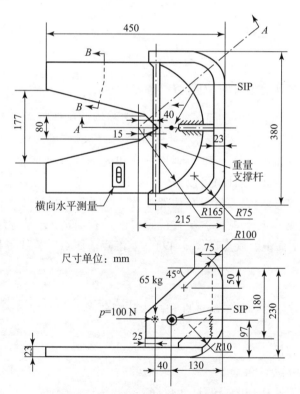

图 3.48 SAE 座椅标志点测量装置

对于大中型拖拉机和工程机械，驾驶员出入驾驶室的方便性和安全性也应该满足人体因素的要求。依据我国的成年人人体尺寸，上下车梯的最低一级踏板的离地高度不宜超过 550 mm，最高一级踏板与门槛的垂直距离不宜超过 300 mm，相邻两踏板间的垂直距离不宜

超过 300 mm，车梯各踏板的内侧宽度不宜小于 250 mm。要求不用手臂拉力的辅助，脚就能跨上阶梯，所有台阶的最小宽度都要容许两只脚能同时放下。这些限制尺寸是根据下阶梯时的安全和方便性确定的，因为下阶梯比上阶梯更危险。阶梯应设置扶手，扶手的断面应选取圆形，根据长度的不同，断面直径为 20～30 mm，两端应当封闭或向下弯曲，这样当驾驶员倒退着下阶梯时，手就不会在扶手末端因不在意而滑脱。车梯越陡，安全性越差。在梯子是垂直的情况下，从顶部跨下第一步时，由于看不见第一个台阶，不能确定这个台阶的宽度，也不能确定下来的距离是多少，不论哪一点判断错误，都会造成严重的意外事故。因此，很有必要把阶梯做成与垂直面成 20°以上的倾斜度的车梯。其后面应当封闭，以防脚和腿通过两个台阶之间的空隙滑出去。梯面最小深度宜取为 180 mm。在车梯上脚可能接触到的任何运动零件，都应当设置防护罩。车梯踏板的表面应设计成在各种天气条件下均能有效防滑的花纹，能把污泥通过表面的缝隙挤压出去，并使脚与防滑花纹保持充分接触。

商用车辆与工程车辆驾驶室的作业空间设计中可能用到的有关标准有：
(1) GB/T 15705—1995《载货汽车驾驶员操作位置尺寸》。
(2) GB/T 13053—1991《客车驾驶区尺寸》（注：此标准自 1992 年 3 月 1 日开始实施，现已废止）。
(3) GB/T 6235—2004《农业拖拉机驾驶员座位装置尺寸》。

3.4 乘坐空间布置

3.4.1 乘坐空间布置原则及内容

人机工程师在进行车内乘坐空间布置设计时需要绘制标明驾乘人员关键位置的三维图［如 AHP（油门脚后跟点）和乘坐参考点 – SgRP］、二维或三维人体模型、主要的汽车操纵装置（如方向盘、踏板和变速杆）和其他的车身和内饰件（如座椅、仪器面板、中控台、车内门饰板、平面镜）。具体设计时可以采用 CATIA 与 IDEAS 等软件显示驾驶员与乘员的位置和姿势（主要是人体模型）、不同百分位驾驶员眼椭圆和可视区域（比如手达到区域的包络；头部间隙轮廓包络；上下视野、左右视野、前后视野等）。其他诸如地板、踏板、扶手、变速杆、手刹、平面镜、硬点（图 3.49）、基准点、眼点、视线等相关细节和尺寸也一并在图中标出。

1. 布置原则
布置要满足操纵方便性、乘坐舒适性和国家法规要求。

2. 布置主要内容
(1) 确定车身内部尺寸。
(2) 确定乘坐与操纵空间。
(3) 校核各项性能及法规要求的尺寸数据。

3. 与车身布置有关的概念
1) 尺寸代码
尺寸代码具体含义参见 SAE J1100 V004 和 GB/T 19234—2003。
2) 人体尺寸

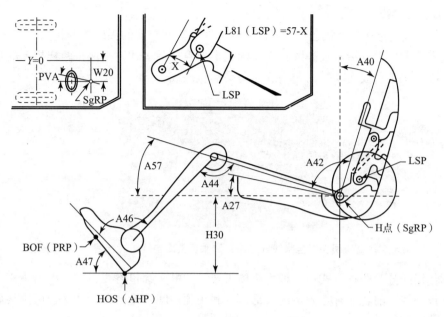

图 3.49 人体坐姿舒适性主要硬点

具体内容见第 2 章内容，其中用 5%、50%、95% 三种百分位的人体尺寸分别代表矮小身材、中等身材和高大身材的人体尺寸。

3）人体模型

具体内容见第 2 章内容。

4）人体操纵范围

人体的操纵范围是指人体在正常的驾驶姿势下四肢所能控制（伸及）的区域，以及四肢动作时所能产生的作用力大小，如图 3.50 所示。

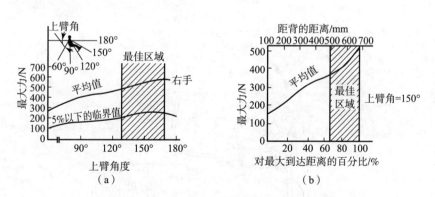

图 3.50 手臂操纵力与操纵坐姿和操纵位置的关系
（a）手臂角度与最大操纵力关系；（b）手臂至后背的距离与最大操纵力的关系

5）眼椭圆

眼椭圆是驾驶员以正常驾驶姿势坐在座椅中时其眼睛位置在车身中的统计分布图形。由于这种图形呈椭圆状，故称为眼椭圆。眼椭圆样板的尺寸与人体百分位及座椅水平调节行程有关。更多的眼椭圆知识见第 5 章内容。

6）头廓包络线

头廓包络线是指在乘坐状态下不同百分位的驾驶员和乘员的头廓线的包络线（图3.51）。将头廓线样板上的眼点沿着眼椭圆样板上的上半部眼椭圆运动，并保持两样板上的自身坐标系平行，描绘出头廓线运动时的包络线便是头廓包络线。

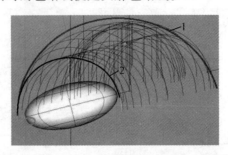

图3.51　驾驶员头廓包络线（红线）和乘员头廓包络线（绿线）（见彩插）

头廓包络线分为两种形式：一种为座椅可调节式的头廓包络线，另一种为座椅不可调节式的头廓包络线。前者适合驾驶员的头部位置和头顶空间的设计，后者适合后排乘员的头部位置和头顶空间的设计。

7）车身断面

断面是汽车车身基本结构，它的性能直接影响白车身性能，断面分析是汽车产品开发的重要分析之一。典型断面主要是规定车身主要部位的结构形式、搭接关系、间隙设定、主要控制尺寸及公差、装配、人机工程、法规等各方面的信息，人机工程师通过典型断面的分析，可以确定车身的主体结构。图3.52所示为典型A柱断面。

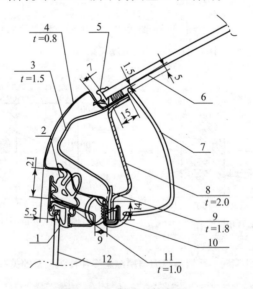

图3.52　典型A柱断面

1—左前门玻璃泥槽；2—左前门密封条；3—左A柱内加强板；4—左侧围外板；5—前风窗玻璃周边胶条；
6—前风窗玻璃；7—左A柱上护板；8—左A柱上内板；9—左侧围上边梁连接板加强筋；
10—左前门洞密封条；11—左前门框；12—左前门玻璃

车身主断面设计工作一般分为两个阶段：

第一阶段是根据样车拆解测量云点、车企数据库和专家经验，确定车身主断面位置和数量。可选择汽车纵向对称平面（$Y=0$）、A 柱、车门铰链及限位器部位、车门锁及锁扣部位、大灯安装部位、保险杠安装部位等为车身的必剖断面作为关键主断面；在剖切主断面时，应将位于剖切区域内的所有零件按装配状态（除密封条按自由状态）剖切，且安装密封件的剖切断面的方向为法向，其他剖切部位断面的方向应尽可能平行于坐标轴法向。剖切后，要尽可能多地收集反映剖切部位的特征信息，尤其是密封件的安装方式信息。一般车身主断面选择的数量为 55~80 个。做完以上工作后，要形成主断面初步设计报告。

第二阶段是按照形成的《主断面初步设计报告》，对工艺数模与 NC 数模在车身数模的相应位置上，作切剖断面，进行主断面符合性检查。

此外，在设计过程中如遇造型变动，则主断面要做相应修改；对于重要的位置，要做密集断面检查。

3.4.2 汽车总布置流程

在确定了需要开发的汽车目标后，就可以进行汽车总体方案设计了，然后根据一定的布置流程（图 3.53），对总成和部件进行空间布置和设计。一般来说，汽车总布置设计的主要内容包括总成选型和匹配、整车性能计算、运动学校核、人机工程设计和校核、三维装配、确定设计硬点和设计控制规则等。其中车身总布置是在整车总布置的基础上进行的，整车的总布置提供了汽车的长、宽、高、轴距、轮距等的控制尺寸、轴荷，以及冷却水箱、动力总成、前后桥、传动轴与车轮等的轮廓尺寸和位置。据此再参考同类车型有关数据作为借鉴，即可初步确定前悬和后悬的长度、前后风窗位置和角度、发动机罩高度、地板平面高度、前围板位置、座椅布置、内部空间控制尺寸、方向盘位置角度与操纵机构和踏板的相互位置等。最后，在此基础上，按满载情况绘制 1:5 车身总布置图。在性能、运动学和人机工程学校核环节，需要采用国家对汽车产品的相关强制性标准，对整车、零部件布置的符合性进行校核。另外，对国家尚未要求但国际上通用的标准应考虑符合性，并按设计经验及相关参考资料，对车内外零部件尺寸、布置位置的合理性进行人体、人机工程学校核。

图 3.53 中带有底色的文本框是与人机工程学设计、布置、分析、评估与校核有关的工作内容，这些内容将在下一节和以后各章节中进行详细介绍。图 3.54 所示为综合考虑汽车各个总成布置的总布置图，图 3.55 所示为汽车车内纵向总布置图。

3.4.3 乘坐空间布置的细节考虑

1. 上下车空间及上下车便捷性

影响乘员或驾驶员上下车空间的因素比较多，比如座椅的布放位置、座椅的形状、车门立柱的倾斜度、人上下车时相对汽车不同部件所需要的空隙（如头、躯干、膝盖、大腿、脚和手的运动空间）大小、人（在货车或多功能乘用车）通过中心线的空间、驾驶员抓握手柄（把）的布置位置等。

对于离地高尺寸比较大的 SUV 车、面包车和卡车等，为方便驾驶员和乘客（尤其是儿童和老年人）上下车，外侧踏板是必不可少的设施，因此外侧踏板的深度与刚度、耐磨、防滑等因素都需要设计者费心考虑。

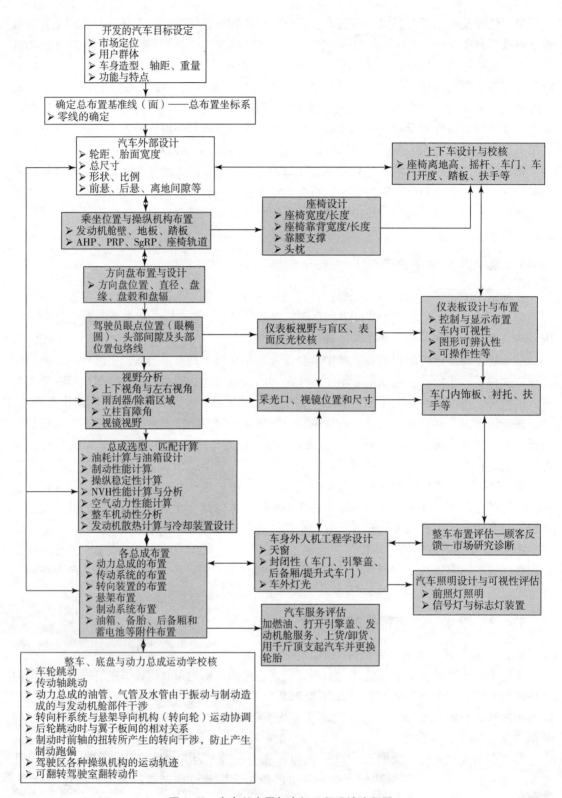

图 3.53 汽车总布置与人机工程设计流程图

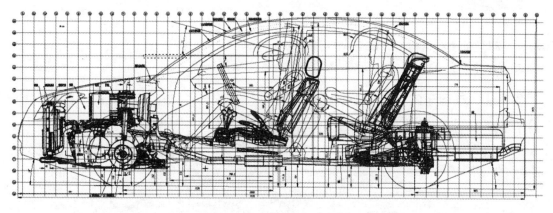

图 3.54 汽车纵向总布置图

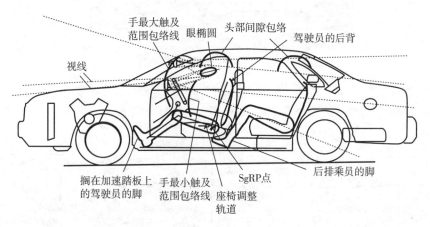

图 3.55 汽车车内纵向总布置图

2. 舒适的坐姿

舒适坐姿的获得是与座椅高度、人的大小腿部空间、头和肩膀空间、大腿和躯干夹角、颈部夹角、大腿和小腿夹角、坐垫的长度和宽度、座椅靠背、头枕、脊椎应力等因素密切相关的。

3. 驾驶员手与脚操控的便捷性、舒适性

驾驶员手与脚操控的便捷性与控制和显示装置布置位置、驾驶员在触及、抓握和操控过程中身体运动和姿态等密切相关,如果操控过程中较多地以自然姿态而非尴尬姿态工作,那么操控的便捷性是显而易见的。另外,汽车内部其他物品的使用(如茶杯、地图口袋、娱乐和信息系统等)也影响便捷性。

4. 车内和车外的视野

在搜寻道路和车内视觉信息的过程中,眼睛、颈部和躯干之间能否协调运动影响着车内外视野。另外,A柱、B柱、C柱以及内外视镜都会造成盲障区,影响着车内与车外视野。对于复杂道路条件和气象条件,如果车辆照明能够提供自适应的灯光,则将显著改善车内外视野。

5. 车辆服务

车辆服务的便捷性取决于加注燃油（包括能否快速找到加油口、油箱盖能否易于开启）、发动机机油易于检查、前后大灯灯泡易于更换。此外，便捷性还取决于爆胎后轮胎的快速更换、后备厢的开启、行李/物品的装卸的省力与便捷等。

3.4.4 汽车车内布置参考点与尺寸

1. 整车布置的基准线（面）——零线的确定

（1）货车、客车的零线采用车架上平面（车架纵梁上翼面较长的一段），如图 3.56 所示。

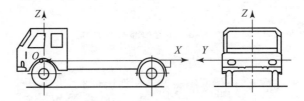

图 3.56 货车的零线及坐标系

（2）客车（承载式车身）的零线采用车身中部地板或边梁上翼面。

（3）轿车的零线采用车身地板平面或通过前轮中心的水平线，如图 3.57 所示。

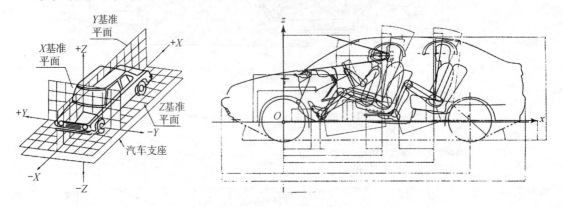

图 3.57 轿车的零线及坐标系

图 3.58 所示为 SAE J287 标准推荐的一种轿车的零线及坐标系确定方法。在这个图中，坐标系坐标原点位于保险杠的前面和地平面下方。原点一旦建立，在总布置图中要一直保持同一个位置。

2. 尺寸代码

在车辆人机尺寸布置时，尺寸代号一般采用大写英文字母 + 数字的形式来表示，其中：W 代表宽度方向的尺寸；H 代表高度方向的尺寸；L 代表长度方向的尺寸；D 代表直径；V 代表容积尺寸；S 代表面积尺寸；PD 代表乘员分配尺寸；SD 代表座椅面方向尺寸；PL 代表踏板长度；PW 代表踏板宽度；PH 代表踏板的高度；TL 代表 H 点长度位置和行程；TH 代表 H 点高度位置和行程。另外，阿拉伯数字 1~99 代表车辆内部空间尺寸，数字 100~199 代表车辆外部空间尺寸，数字 200~299 代表货物或行李尺寸，数字 300~399 代表卡车和

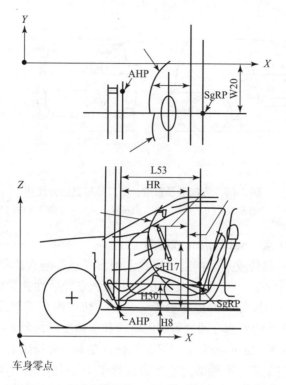

车身零点

图 3.58　SAE J287 标准推荐的一种轿车的零线及坐标系确定方法

MPV 车的内部尺寸，数字 400~499 代表卡车和 MPV 车的外部尺寸，数字 500~599 代表卡车和 MPV 车的货物尺寸，其他具体尺寸代码具体含义参见 SAE J1100—2002《汽车尺寸标准》和 GB/T 19234—2003《乘用车尺寸代码》。图 3.59 所示为车内外尺寸标注，图 3.60 所示为方向盘与前排、第二排布置部分尺寸。

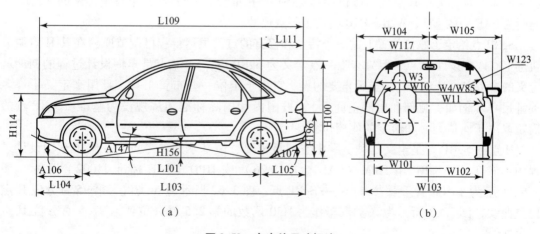

图 3.59　车内外尺寸标注
(a) 主视图；(b) 后视图

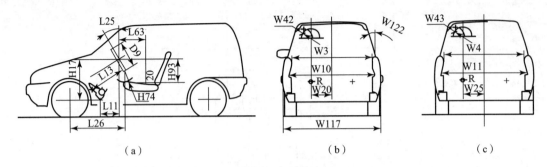

图 3.60 方向盘及前排、第二排布置部分尺寸

(a) 方向盘布置；(b) 前排宽度方向布置；(c) 第二排宽度方向布置

3. 重要参考点：H 点、SgRP 点（或称 R 点）

汽车 H 点是确定驾驶员或乘员在座椅位置上的参考点，是人体躯干与大腿相连的两个旋转点即"跨点"的中心点。它是与操作方便性及坐姿舒适性相关的车内尺寸的基准点，是人机工程校核（设计与评价）的首要参考点，是一切车内布置与设计的基础。驾驶员以正常姿势入座后，其体重的大部分通过臀部由座椅和坐垫支撑，剩下一部分通过脚作用于汽车地板上。在汽车的这种特定的约束坐姿下，驾驶员在操作时身体上部的活动必然是绕通过 H 点的转动，并且 H 点是确定眼椭圆的基准点；汽车 H 点还影响驾驶员的手控界面，并且是许多法规项目的基准，所以正确地确立 H 点对整车设计十分重要。H 点位置模型最初是由 Philippart 等（1984），基于实际车辆在不同乘坐空间参数情况下大多数驾驶员最优乘坐位置试验确定的。

乘坐参考点或座椅参考点 SgRP（或称 R 点）是指座椅上的一个设计参考点，它是座椅制造厂规定的设计基准点。考虑到座椅的所有调节形式（水平、垂直和倾斜），座椅参考点确定了在正常驾驶或乘坐时座椅的最后位置，它表征了当第 95 百分位的人体模型按规定摆放在座椅上时，实际 H 点应与座椅参考点 SgRP 相重合。SgRP 点在车身坐标系的 X、Y、Z 坐标为 SAE 中的 L31、W20、H70 的三个硬点尺寸。

SgRP 点给定了座椅位置上的一个特定和仅有的点。虽然行程可调节座椅在其 H 点调节轨迹上有许多设计 H 点，但只有唯一一点定义为 SgRP 点。SgRP 点是车辆设计过程的初期就定义的参考点，是对于驾驶员最重要的点。它用于定位一些布置工具，且用来定义了许多关键尺寸（例如，腿部和肩部空间等），被国内和国际标准和法规设为基准。SgRP 点的确定取决于座椅型号和给定的座椅位置。

H 点或 SgRP 点是定义驾驶员乘坐空间最重要、最基本的参考点，在整个车辆设计过程中不能变化。SgRP 用 HPM（SAE 标准 J826）或 HPD（SAE 标准 J4002）表示。图 3.61 所示为车内布置重要参考点——SgRP 点，图 3.62 所示为 A 类汽车第 95 百分位 H 点位置曲线，图 3.63 所示为 A 类汽车作为 H30 函数的第 2.5 百分位到第 97.5 百分位 H 点位置曲线。

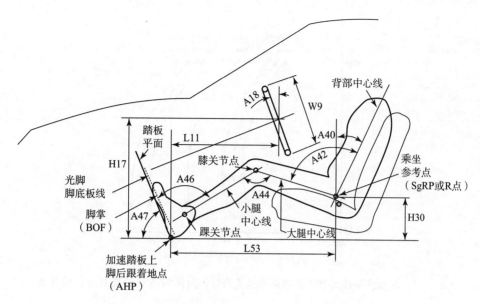

图 3.61 车内布置重要参考点——SgRP 点（或 R 点）

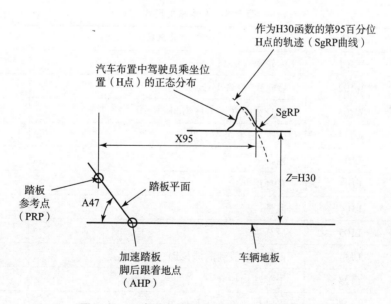

图 3.62 A 类汽车第 95 百分位 H 点位置曲线

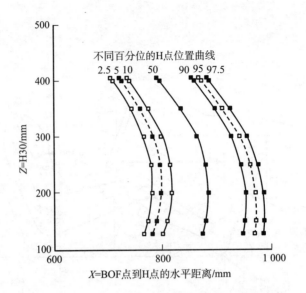

图 3.63　A 类汽车作为 H30 函数的第 2.5 百分位到第 97.5 百分位 H 点位置曲线

4. 与人机布置有关的车内外尺寸

人体布置尺寸见表 3.8。

表 3.8　人体布置尺寸

序号	尺寸代码	尺寸名称	备注
1	W101	前轮距（tread-front）	
2	W102	后轮距（tread-rear）	
3	W103	车身宽度（vehicle width）	
4	W117	前排 SgRP 处车身宽度	
5	L101	轴距	
6	L103	车身长度	
7	L104	前悬	
8	L105	后悬	
9	L114	前轮中心线到前排 SgRP 的距离	
10	L123	上部结构长度	
11	L125	发动机罩 C 点 X 坐标	
12	L126	(front end length) 前端长度	
13	L127	后轮中心线 $-X$ 坐标	
14	L128	前轮中心线 $-X$ 坐标	
15	L129	(rear end length) 后端长度	
16	H101	车辆高度	
17	H106	接近角	

续表

序号	尺寸代码	尺寸名称	备注
18	H107	离去角	
19	H114	发动机罩 C 点离地面高度	
20	H121	后风挡玻璃倾斜角度	
21	H122	前风挡玻璃倾斜角度	
22	H124	到风挡玻璃上部透光口的视角	
23	H136	零 Z 平面到地面（前面）的距离	
24	H138	后背舱面 D 点垂直坐标（Z 轴）	
25	H152	排气系统离地高	
26	H154	油箱离地高	
27	H155	备用轮胎离地高	
28	W3	前排肩部空间	
29	W4	第二排肩部空间	
30	W5	前排臀部空间	
31	W6	第二排臀部空间	
32	W7	方向盘中心 Y 坐标	
33	W9	方向盘最大外缘直径	
34	W20	前排 SgRP 点 Y 坐标	
35	W25	第二排 SgRP 点 Y 坐标	
36	W27	驾驶员头部间隙	
37	W33	第二排座椅乘客头部间隙	
38	W35	驾驶员头部侧向间隙	
39	W36	第二排座椅乘客头部侧向间隙	
40	L7	方向盘与人体腹部之间间隙	
41	L11	加速踏板踝点到方向盘中心距离	
42	L13	刹车踏板上腿部膝盖空隙	
43	L32	第二排 SgRP 点到后轮中心线距离	
44	L34	前排乘员腿部有效空间	
45	L38	驾驶员头部与前风挡玻璃装饰之间间隙	
46	L39	后排乘客头部与后风挡玻璃装饰之间间隙	
47	L40	前排人体躯干（后背）角度	
48	L41	第二排人体躯干（后背）角度	
49	L42	前排乘员髋关节角度	

续表

序号	尺寸代码	尺寸名称	备注
50	L43	第二排乘员髋关节角度	
51	A44	前排乘员膝关节角度	
52	A45	第二排乘员膝关节角度	
53	A46	前排乘员脚踝关节角度	
54	A47	第二排乘员脚踝关节角度	
55	L50	两个 SgRP 点之间距离	
56	L51	第二排乘员腿部有效空间	
57	L52	刹车踏板到加速踏板距离	
58	L53	前排 SgRP 点到脚后跟距离	

5. 座椅布置

座椅布置是车内布置的一个重要环节。座椅布置可以按照以下几个步骤来进行：

1）输入已知整车控制参数及边界条件

首先绘制前/后车轮及地面基准线；绘制底盘系统、动力总成和主要附件轮廓；绘制总高控制线、前/后边界线（控制前/后悬）和总车宽度边界线；确定并绘制出接近角 A106、离去角 A107、最小离地间隙 H156、通过角 A147；确定前地板基准面。

2）踝点的确定

根据前地板基准面的位置并参考同类车型，确定加速踏板中心点的位置，然后放上第 95 百分位的人体模板。接着把脚放在地垫表面上，地垫一般都有压缩，压缩后的地垫厚度一般为 18~20 mm。最后再把脚的 BOF 点挪到与加速踏板中心点重合。BOF 点到脚后跟 AHP 点的距离计算公式：

（1）BOF 点到 AHP 点垂直距离：

$$H = 203\sin(A47) \tag{3.1}$$

（2）BOF 点到 AHP 点水平距离：

$$L = 203\cos(A47) \tag{3.2}$$

以上公式中 A47 是踏板平面角度，其计算公式为

$$A47 = 78.96 - 0.15z - 0.0173z^2 \tag{3.3}$$

其中 $z = H30$。

如果按照 SAE 标准 J4004，则

$$A47 = 77 - 0.08(H30) \tag{3.4}$$

一般来说，BOF 点到脚后跟 AHP 点的直线距离可在 175~203 mm 范围内选择，推荐值为 200 mm，如图 3.64 所示。

3）确定 H 点的位置

布置 H 点的位置时，要尽量使人体模型处于最佳驾驶坐姿状态。人体各关节比较合理的角度

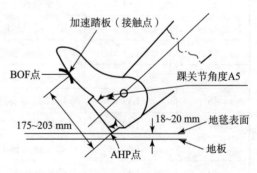

图 3.64 踝点的确定

范围和座椅靠背角度见表 3.9，各角度代号如图 3.65 所示。其中座椅靠背角度 A40 可以按照以下经验值设计：

（1） A 类车：18°~22°。

（2） SUV 车：15°~18°。

（3） B 类车：10°~15°。

表 3.9 角度推荐范围

序号	角度名称	角度代号	角度范围
1	座椅靠背角度	A40	10°~35°
2	肩关节角度	A2	5°~50°
3	肘关节角度	A3	80°~160°
4	髋关节角度	A4	95°~105°
5	踝关节角度	A5	95°~145°
6	膝关节角度	A6	100°~130°
7	手腕关节角度	A7	31°
8	颈椎关节角度	A8	6°

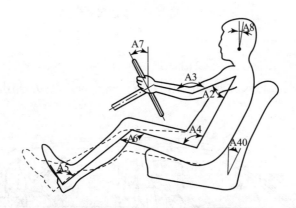

图 3.65 舒适驾驶坐姿的人体关节角度

另外，H 点高度的经验值为 250~300 mm。

4） R 点位置确定

根据设计车型的具体情况，并参考同类车型的布置尺寸，先确定 W20，然后协调调整 H61、L34、H17、L11 和 D9 尺寸，最后确定 H95 即 SgRP（R）点位置，如图 3.66 所示。

5） 确定座椅水平和垂直调节量

以踝点为基准计算若干种百分位人体设计 H 点，再以满足不同比例人群尺寸的需要选定座椅前后水平和垂直调节量。基于 H 点前后运动的座椅轨道调节长度计算公式如下：

（1） H 点向前调节的距离：

$$TL23 = X95 - X2.5$$

（2） H 点向后调节的距离：

$$TL2 = X97.5 - X95$$

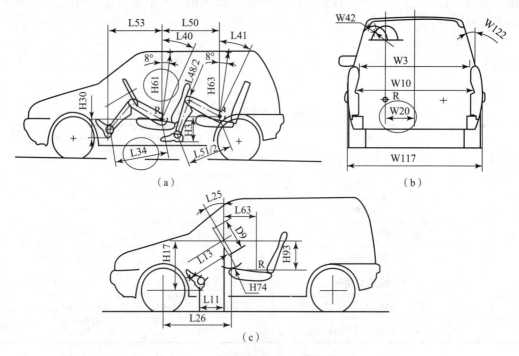

图 3.66 确定 R 点需要的尺寸参数

（3）轨道调节总长度：

$$TL1 = TL23 + TL2$$

图 3.67 所示为满足人体尺寸要求的车内布置，图 3.68 所示为常用的座椅轨道调节长度数据表格。

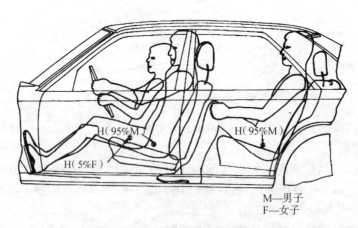

图 3.67 满足人体尺寸要求的车内布置

座椅的高度、坐垫的宽度及靠背的高度需要根据人体的测量尺寸、人体接触坐垫和靠背的体压分布以及由此而成的受载轮廓所决定的。表 3.10 是轿车乘员座椅参数的常用数据。

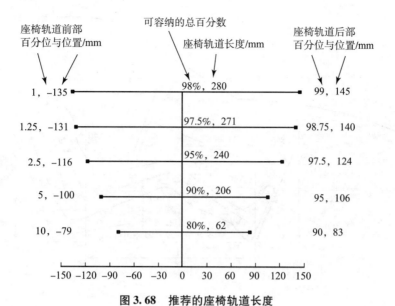

图 3.68 推荐的座椅轨道长度

表 3.10 轿车乘员座椅参数的常用数据

序号	尺寸名称	尺寸代号	最佳范围
1	靠背与坐垫之间的夹角	α	97°~105°
2	坐垫与水平面之间的角度	β	8°~13°
3	坐垫有效深度/mm	D	420~530
4	座椅高度/mm	H	340~530
5	靠背高度/mm	h	510~660
6	坐垫宽度（单座）/mm	E	480~530

3.4.5 车内布置几个关键尺寸

1. AHP 点到 SgRP 点距离

如图 3.69 所示，AHP 点到 SgRP 点的水平距离为 L53，垂直距离为 H30。这两个尺寸是布置座椅及驾驶员的关键尺寸，其中 H30 的经验数值如下：

（1）A 类车（乘用车和轻卡）的 H30 位于 127~405 mm，较小的 H30 意味着较低的车身高，但需要较长的水平空间（L53、X95），如运动型车辆就属于这种情况。

（2）B 类车（中卡和重卡）的 H30 位于 127~405 mm，较大的 H30 意味着较高的驾驶室，水平空间较短（L53、X95），这样货箱可以设计得较长。

2. 坐姿角度

坐姿角度合适与否极大地影响着驾驶员和乘客的乘坐舒适性。如图 3.69 所示，影响人体坐姿舒适性的角度有：躯干角度 A40、髋关节角度 A42、膝关节角度 A44、踝关节角度 A46 和踏板平面角度 A47。

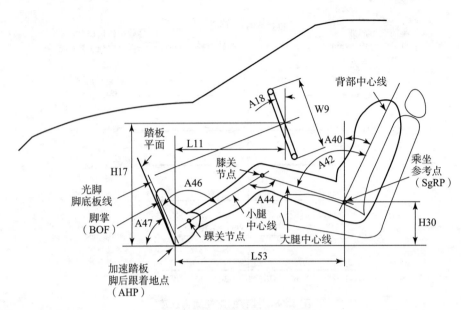

图 3.69　车内布置参考点和尺寸

3. 方向盘位置及尺寸

如图 3.69 所示，方向盘的位置由垂直尺寸 H17、水平尺寸 L11、横向尺寸 W7 以及角度尺寸 A18 确定。方向盘的大小用直径 W9 表示。

4. 出入高度

如图 3.70 所示，驾驶员和乘员进入车辆及上下车溜过座椅面时从 SgRP 点到车门洞上顶边的距离 H11，就是出入高度。

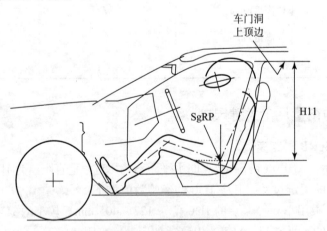

图 3.70　出入高度 H11

5. 腰线高度

按照 SAE J1100 标准的定义，腰线高度是驾驶员的 SgRP 点与 SgRPX 平面（此平面垂直于纵轴，并通过 SgRP 点）上侧窗玻璃底部之间的垂直距离，也就是图 3.71 中的 H25。通俗地说就是侧面车窗下沿的那个平面与 SgRPX 竖直平面的交线。腰线的设计，一方面要考虑驾驶员对于车辆两侧的道路路况的可视性，另一方面是出于对车身美感考虑，而后一方面的考虑逐渐演变出了各家汽车产品的风格特征,且实际的腰线是一条从车大灯后面的部分经过车窗下部到尾灯那一条优美的曲线,如图 3.72 所示的虚线。腰线可以表达汽车产品的动感、力度、柔美等美学设计理念。

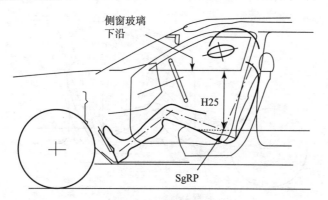

图 3.71　腰线高度

图 3.72　法拉利汽车优美腰线（见彩插）

6. 有效的净空高度 H61

如图 3.73 所示,过座椅上 SgRP 点,向后 8°作斜直线与车内顶篷相交,该交点到 SgRP 点的直线距离,再加上 102 mm,其数值就是有效的净空高度 H61。

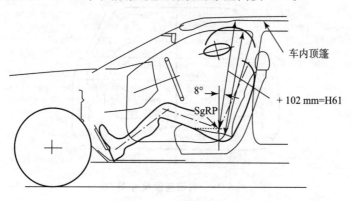

图 3.73　H61 尺寸

7. 腿空间尺寸 L33

如图 3.74 所示，从右脚踝关节中心到运动路径上最远 H 点的最远直线距离，再加上 254 mm（考虑到脚踝点到加速踏板的距离），这个数值就是腿空间尺寸 L33。

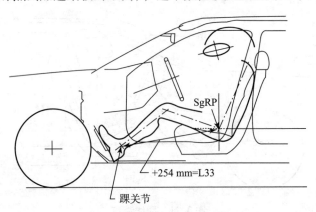

图 3.74　腿空间尺寸 L33

8. 肩部空间尺寸 W3

如图 3.75 所示，在通过 SgRP 点的 X 平面内、在腰线以下和 SgRP 点以上 254 mm 之间区域内，车两侧装饰车门之间的最小截面汽车距离就是肩部空间尺寸 W3。

9. 肘部空间尺寸 W31

如图 3.76 所示，在通过 SgRP 点的 X 平面内且在扶手平面最高点以上 30 mm（如果没有扶手，那么在 SgRP 以上 180 mm）区域内，两侧车门内饰之间的汽车横截面距离，就是肘部空间尺寸 W31。

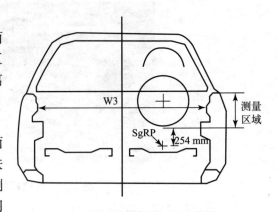

图 3.75　肩部空间尺寸 W3

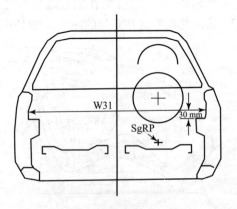

图 3.76　肘部空间尺寸 W31

10. 臀部空间尺寸 W5

如图 3.77 所示，在 SgRP 点以下 25 mm 和 SgRP 以上 76 mm 及 SgRP 的前后 76 mm 区域

内，测量该区域内两侧车门内饰之间的最小横截面距离，就是臀部空间尺寸 W5。

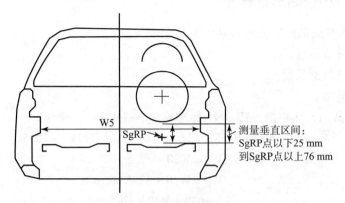

图 3.77 臀部空间尺寸 W5

11. 膝盖间隙尺寸 L62

如图 3.78 所示，测量驾驶员右腿膝关节点和中控台下缘最近的干涉点之间最小距离，再减去 51 mm 就是膝盖间隙尺寸 L62。

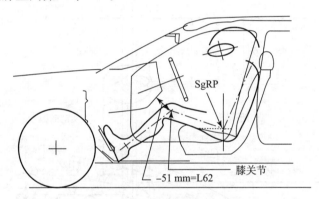

图 3.78 膝盖间隙尺寸 L62

12. 大腿空间尺寸 H13

如图 3.79 所示，测量方向盘边缘的底部与驾驶员大腿中心线之间的最小距离，就是大腿空间尺寸 H13。

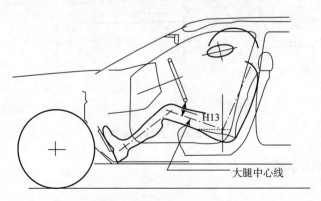

图 3.79 大腿空间尺寸 H13

3.4.6 驾驶员空间布置流程

驾驶员在车内空间的布置流程包括以下几个步骤：
（1）确定驾驶员位置。
（2）决定座椅轨道长度。
（3）确定眼椭圆。
①如图3.80所示，先根据SAE J941标准确定眼椭圆中心位置：

$$X_C = L1 + 664 + 0.587（L6）- 0.178（H30）- 12.5t$$
$$Y_{CL} = W20 - 32.5$$
$$Y_{CR} = W20 + 32.5$$
$$Z_C = 638 + H30 + H8$$

其中（L1，W1，H1）是PRP坐标；L6 = BOF点到方向盘中心的水平距离；$t = 0$ 对应自动挡，$t = 1$ 手动挡。

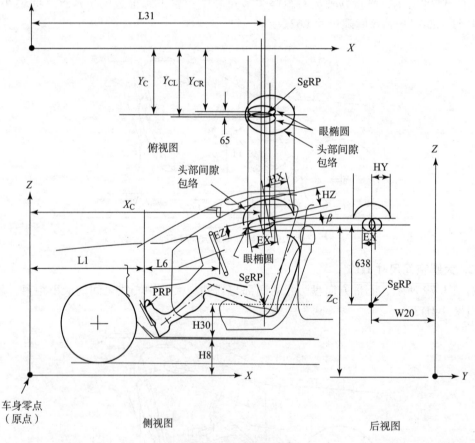

图3.80 眼椭圆位置

②眼椭圆的长轴与短轴。
查表3.11。

表 3.11 眼椭圆的三维尺寸　　　　　　　　　　　　　　　　　　　　　mm

项目		第 95 百分位		第 99 百分位	
		100 < L23 < 133	L23 > 133	100 < L23 < 133	L23 > 133
长轴		173	198	241	267
短轴	俯视	105	105	149	149
	侧视	86	86	122	122

（4）头部空间包络。

头部包络空间尺寸 HX、HY 和 HZ，如图 3.80 所示。对于第 99 百分位，它们分别为 246.04 mm、166.79 mm 和 151 mm。

（5）确定手的最大和最小触及范围。

SAE 标准 J287 提供了手的最大触及范围，如图 3.81 所示。手最小触及范围是矮小驾驶员坐在座椅轨道最前面的点、手以舒适的方式触及控制器。半球形的最小触及包络面的侧视图如图 3.82 所示。

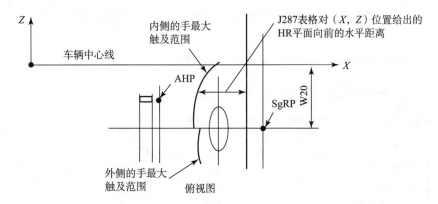

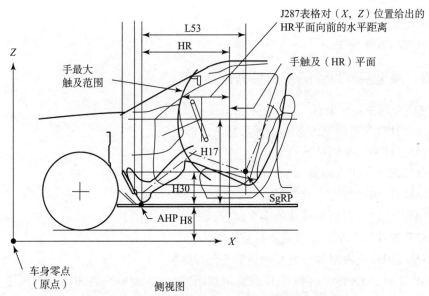

图 3.81　驾驶员手的最大触及范围的俯视图与侧视图

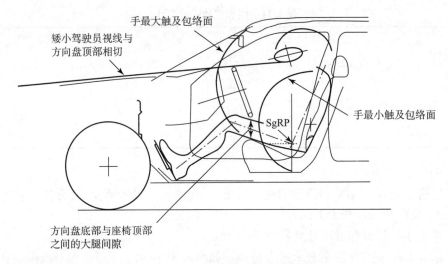

图 3.82 手的最小触及范围的侧视图

（6）确定方向盘位置。

受手的最大最小作业范围、道路的可视性以及大腿间隙等因素制约。

（7）绘图。

绘制的图纸包括侧视图、俯视图、前视图和后视图。

3.4.7 汽车车内布置法规校核

车内布置法规校核包括以下内容：

（1）前视野校核。

（2）后视野校核。

（3）A 柱盲区校核。

（4）仪表板视野校核。

（5）雨刮刮扫区域校核。

（6）内部凸出物校核。

3.4.8 乘坐空间设计的主要参考标准

设计时参考的主要标准有：

（1）SAE J182《车辆三维参考坐标系和基准标记》。

（2）SAE J1100《车辆尺寸》。

（3）SAE J826《H 点装置及工具的设计过程及有关规定》。

（4）SAE J1516《布置工具参考点》。

（5）SAE J1517《驾驶员可选的乘坐位置》。

（6）SAE J941《汽车驾驶员眼点位置》。

（7）SAE J1052《汽车驾驶员及乘员的头部位置》。

（8）GB/T 11563—1995《汽车 H 点确定程序》（注：此标准在 2004 年 10 月 14 日已废止）。

（9）GB/T 19234—2003《乘用车尺寸代码》。

3.5 设计案例分析

MPV 汽车车内布置侧视图如图 3.83 所示。

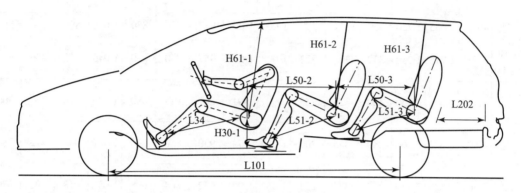

图 3.83　MPV 汽车车内布置侧视图

1. 乘员纵向空间及高度空间设计

1）有关尺寸说明

（1）L103：整车长度，整车最前端及最后端的最大纵向距离。

（2）H100：整车高度，垂直于地面的白车身最大高度。

（3）L101：轴距，前后轮心的纵向距离。

（4）H30-1/2/3：坐高，乘员脚跟点至 H 点的垂直距离，1/2/3 分别表示乘员的排数。

（5）H61-1/2/3：有效头空，乘员 H 点的垂直线偏后 8°方向上，从 H 点至最近干涉面的距离，再加 102 mm，1/2/3 分别表示乘员的排数。

（6）L50-2/3：乘员 H 点的纵向间距，2 表示第一、第二排乘员之间的纵向间距，3 表示第二、第三排乘员的纵向间距。

（7）L34：驾驶员腿部空间，驾驶员脚踝点至 H 点的距离，再加 254 mm。

（8）L51-2/3：后排乘员腿部空间，后排乘员脚踝点至 H 点的距离，再加上 254 mm。

（9）L202：行李舱尺寸，整车 $Y=0$ 中心线上、地毯上方的座椅后部至尾门关门时饰板的最小纵向距离。

2）车内长度和高度尺寸设计

对照对标车数据，提取对应的数据。整车长宽高以及轴距是根据市场定义以及开发策略定义的初始数值。在定义整车参数后，综合考虑零件布置、坐姿舒适等因素，将坐高、头空、座椅间距、腿部空间、后备厢容积大小等参数，定义到一个既满足市场需求又符合设计要求的数值，使得该部分空间处于对标车之间或优于对标车，具体数值见表 3.12。

表 3.12　MPV 汽车人体纵向空间及高度空间参数对照　　　　　　　单位：mm

项目 车型	长	高	轴距	坐姿高度			有效高度			前后 H 点间距		有效腿部空间			行李舱尺寸
	L103	H100	L101	H30-1	H30-2	H30-3	H61-1	H61-2	H61-3	L50-2	L50-3	L34	L51-2	L51-3	L202
某车型	4 745	1 685	2 750	330	354	302	1 000	1 005	947	820	830	1 046	895	860	550
对标车 1	4 685	1 715	2 750	330	374	322	1 028	1 014	957	830	830	1 046	912	866	482
对标车 2	4 525	1 605	2 750	360	325	215	990	991	867	828	680	1 036	876	760	300
对标车 3	4 660	1 500	2 760	280	355	200	1 013	974	930	850	770	1 065	932	773	280
对标车 4	4 565	1 620	2 750	360	333	293	1 055	1 001	932	864	698	1 057	918	792	370

2. 乘员的横向空间及头空

（1）W27-1/2/3：乘员斜向头部空间，从乘员包络最高点做 X 截面的后视图，包络截面线沿水平线偏上 30°方向上，至最近干涉线的最小距离，如图 3.84 所示。

（2）W3-1/2/3：肩部空间，乘员 H 点处做 X 截面，在 H 点以上 254 mm 至腰线的区域内，左右截面线的最小横向距离，1/2/3 分别表示乘员的排数，如图 3.85 所示。

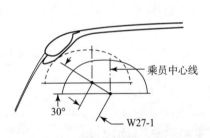

图 3.84　乘员斜向头部空间

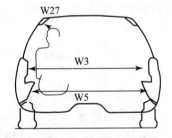

图 3.85　乘员的横向空间及头部空间

（3）W5-1/2/3：臀部空间，乘员 H 点往下 25 mm、往上 76 mm、往前 76 mm、往后 76 mm 的区域内，左右饰板间的最小纵向距离，1/2/3 分别表示乘员的排数，如图 3.85 所示。

（4）对照对标车数据，提取对应数据。然后根据对标车的斜向头部空间，初步定义某车型的头部空间，并分析相关侧围的截面，将头空做到最大，并优于对标车。根据对标车整车宽度，定义初始的肩部空间和臀部空间，做出限制面，约束门内升降机构、玻璃布置、线束、手柄拉手等零部件的布置，做到肩部空间和臀部空间处于对标车之间或优于对标车，具体数据见表 3.13。

表 3.13　MPV 汽车人体头部空间及横向空间参数对照　　　　　　　　　mm

项目 车型	W27（斜向头部空间）			W3（肩部空间）			W5（臀部空间）		
	W27-1	W27-2	W27-3	W3-1	W3-2	W3-3	W5-1	W5-2	W5-3
某车型	114	75	50	1 447	1 444	1 403	1 364	1 340	1 256
对标车 1	69	77	—	1 431	1 438	1 345	1 381	1 372	1 080
对标车 2	99	68	5	1 442	1 397	1 094	1 352	1 300	1 006
对标车 3	55	40	18	1 407	1 406	1 040	1 365	1 472	1 033
对标车 4	75	45	42	1 530	1 550	1 500	1 410	1 550	1 210

思 考 题

1. 汽车车身总布置原则有哪些？
2. 汽车车身总布置内容有哪些？
3. 简述如何布置驾驶员座椅及操纵空间。
4. 简述车身布置的流程。
5. 车身布置校核的内容有哪些？
6. 什么是车身断面？车身断面设计分析分几个阶段？
7. 什么是作业空间？什么是近身作业空间？
8. 试述作业场所布置的原则。
9. 坐姿作业的特点有哪些？
10. 试述坐立姿作业空间的设计要求。

第4章
人体感知与运动特征——驾驶员信息采集与处理

驾驶车辆是一项复杂的信息处理活动。在驾驶车辆过程中,驾驶员连续地获取来自视觉、听觉、触觉、前庭器官、动觉器官和嗅觉器官的信息,处理获得的这些信息,然后做出决策;做出合适的控制动作来保持车辆在道路上的运动,并安全到达目的地。驾车过程中,驾驶员得到的90%信息输入来自他的眼睛。汽车设计人员应该经常考虑设计的汽车要减少驾驶员信息处理失败和犯错的机会。另外,对于驾驶员来说,无论是获取信息、处理信息,还是做出决策、输出响应动作,都需要时间,比如:

(1) 大多数驾驶员看速度表需要 0.5~1.2 s。
(2) 从外视镜看物体需要 0.8~2.0 s。
(3) 挑选电台、调节温度需要 1~4 s。
(4) 驾驶员使用车内设备,其花费时间应设计成少于 1.5 s,且越少越好。

本章将通过人在人机系统中的功能、人的视觉机能与特征、人的听觉机能与特征、人的肤觉和触觉等其他机能与特征、人的神经机能与特征、人的运动系统机能与特征,以及人的运动输出等内容的介绍,来系统地展示人机系统中人体的感知与运动特征。

4.1 人在人机系统中的功能

4.1.1 人是人机系统中的重要"环节"

如果把操作者作为人机系统中的一个"环节"来研究,那么人与外界发生联系的主要是三个子系统,即感觉系统、神经系统和运动系统,如图4.1所示。人的感知响应过程可以

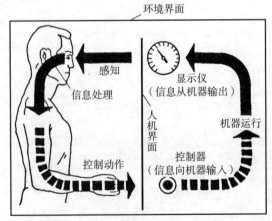

图 4.1 人的感知响应过程四步骤模型

用以下四步骤模型来表示：
(1) 人通过各种感觉器官接受外部刺激。
(2) 经传入神经传给大脑皮层进行信息加工。
(3) 神经中枢做出的决定经传出神经下达给运动器官。
(4) 运动器官做出人体运动响应的过程。

4.1.2 人的感知与反应机能

1. 反射弧

(1) 反射是神经系统调节肌体活动的一种基本形式，是在中枢神经系统参与下，人的机体对来自体内外刺激的规律性反应。反射活动分为非条件反射与条件反射两大类。

(2) 先天生成、出生后无须训练就具有的反射活动，称为非条件反射。

(3) 出生后通过训练而形成的反射活动，称为条件反射。

(4) 反射活动的全部结构组成反射弧，反射弧具有五个基本环节，即感受器→传入神经元→中间神经元→传出神经元→效应器，如图4.2（a）所示。

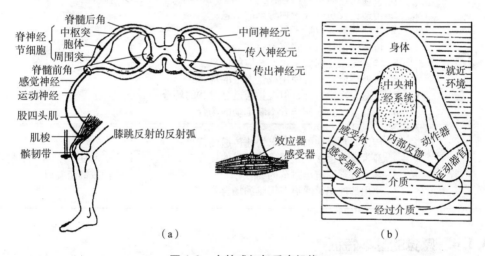

图 4.2 人的感知与反应机能
(a) 反射弧；(b) 信息链

2. 信息链

(1) 人机系统的信息在人的神经系统中的循环过程形成信息链，如图4.2（b）所示。

3. 中枢抑制

在任何反射活动中，中枢内既有兴奋活动又有抑制活动。在某一反射进行过程中，某些其他反射即受抑制。

4. 反射活动具有反馈调节

当一个刺激发动一个反射后，效应器的活动必然又刺激本身或本系统内的感受器发生冲动进入中枢，这个继发性的传入冲动对维持与纠正反射活动的进行有重要作用，即为反馈调节。

4.1.3 感觉通道与信息的协调

人机系统中的最常用的感觉通道是视觉通道、听觉通道和触觉通道,其适用场合参阅表 4.1。

表 4.1 不同感觉通道的适用场合

感觉通道	适用场合	案例
视觉	1. 传递比较复杂的或抽象的信息; 2. 传递比较长的或需要延迟的信息; 3. 传递的信息以后还要引用; 4. 传递的信息与空间方位、空间位置有关; 5. 传速不要求立即做出快速响应的信息; 6. 所处环境不适合使用听觉通道的场合; 7. 虽适合听觉传递,但听觉通道已过载的场合; 8. 作业情况允许操作者固定保持在一个位置上	汽车用车速表、发动机转速表等
听觉	1. 传递比较简单的信息; 2. 传递比较短的或无须延迟的信息; 3. 传递的信息以后不再需要引用; 4. 传速的信息与时间有关; 5. 传递要求立即做出快速响应的信息; 6. 所处环境不适合使用视觉通道的场合; 7. 虽适合视觉传递,但视觉通道已过载的场合; 8. 作业情况要求操作者不断走动的场合	车载喇叭与音响
触觉	1. 传递非常简明的、要求快速传递的信息; 2. 经常要用手接触机器或其装置的场合; 3. 其他感觉通道已过载的场合; 4. 使用其他感觉通道有困难的场合	变速杆、手刹、中控台上各种按键与旋钮

4.1.4 感觉的基本特征

1. 感觉是一个过程

感觉是人脑对直接作用于感觉器官的客观事物的个别属性的反映,感觉也反映人体本身的活动状况。例如,正常的人能感觉到自身的姿势和运动,感觉到内部器官的工作状况,如舒适、疼痛、饥饿等。感觉是一个过程。

感觉可以分为以下三大类:

(1) 接受外部刺激的外感受器,反映外界事物属性的外部感觉,如视觉、听觉、嗅觉、味觉和皮肤感觉。

(2) 接受人体内部刺激的内感受器,反映内脏器官的不同状态的内部感觉,如饥、渴等内脏感觉。

(3) 在身体外表面和内表面之间的本体感受器,反映身体各部分的运动和位置情况的本体感觉,如运动感觉、平衡感觉等。

2. 感觉需要适宜刺激

人体的各种感觉器官都有各自最敏感的刺激形式,这种刺激形式被称为相应的感觉器官的适宜刺激。各种感觉器官的适宜刺激见表 4.2。

表 4.2 各种感觉器官的适宜刺激

感觉类型	感觉器官	适宜刺激	刺激来源	识别外界的特征
视觉	眼	光	外部	形状、大小、位置、远近、色彩、明暗、运动方向等
听觉	耳	声	外部	声音的强弱和高低、声源的方向和远近等
嗅觉	鼻	挥发的和飞散的物质	外部	辣气、香气、臭气等
味觉	舌	被唾液溶解的物质	接触表面	甜、咸、酸、辣、苦等
皮肤感觉	皮肤及皮下组织	物理和化学物质对皮肤的作用	直接或间接接触	触压觉、温度觉、痛觉等
深部感觉	肌体神经和关节	物质对肌体的作用	外部和内部	撞击、重力、姿势等
平衡感觉	半规管	运动和位置的变化	内部和外部	旋转运动、直线运动、摆动等

3. 感觉阈值

刺激必须达到一定强度方能对感觉器官发生作用;同时,刺激强度又不许超过某一最高限,否则不但无效,而且还会引起相应感觉器官的损伤。这个能被感觉器官所感受的刺激强度范围,称为感觉阈值或识别阈值,见表 4.3。

表 4.3 人体主要感觉的感觉阈值

感觉类型	感觉阈值最低限	感觉阈值最高限
视觉	$(2.2 \sim 5.7) \times 10^{-17}$ J;人耳可以感受到的最低声压 2×10^{-5} Pa	$(2.2 \sim 5.7) \times 10^{-8}$ J
听觉	1×10^{-12} J/m² 或 2×10^{-5} Pa	1×10^{2} J/m²
触压觉	2.6×10^{-9} J	—
振动觉	振幅 2.5×10^{-4} mm	—
嗅觉	2×10^{-7} kg/m³	—
温度觉	6.28×10^{-9} g·J/(m²·s)	9.13×10^{-6} g·J/(m²·s)
味觉	4×10^{-7}(硫酸试剂摩尔浓度)	—
角加速度	2.1×10^{-3} rad/s²	—
直线加速度	(1) 减速时 0.78 m/s²; (2) 人体可以感受到的车体振动最小加速度为 1×10^{-6} m/s²	加速时 (49~78) m/s²; 减速时 (29~44) m/s²

4. 适应性

感觉器官经持续刺激一段时间后,在刺激不变的情况下,感觉的敏感性会逐渐降低,感觉将逐渐减小以至消失，这种现象称为适应性。

5. 感觉的相互作用

在一定条件下，各种感觉器官对其适宜刺激的感受能力都将受到其他刺激的干扰影响而降低，由此使感受性发生变化的现象称为感觉的相互作用。例如，同时输入两个视觉信息，人往往只倾向于注意其中一个而忽视另一个。

6. 对比

（1）同一感觉器官接受两种完全不同但属同一类的刺激物的作用，而使感受性发生变化的现象称为对比。

（2）感觉的对比分为同时对比和继时对比两种。

（3）几种刺激物同时作用于同一感觉器官时产生的对比称为同时对比。比如，同样一个灰色的图形，在白色的背景上看起来显得颜色深一些，而在黑色背景上则显得颜色浅一些，这是无彩色对比。再比如，灰色图形放在红色背景上呈绿色，而放在绿色背景上则呈红色，这种图形在彩色背景上产生向背景的补色方向变化的现象称为彩色对比。

（4）几个刺激物先后作用于同一感觉器官时，将产生继时对比现象。例如，左手放在冷水里，右手放在热水里，过一会儿以后，再同时将两手放在温水里，则左手会感到热，右手会感到冷。

7. 余觉

刺激消失以后，感觉可以继续存在一极短时间，这种现象称为"余觉"。例如，在暗室里急速转动一根燃烧着的火柴，可以看到一圈火光，这就是由许多火点留下的余觉组成的。

4.1.5 知觉的基本特征

1. 知觉概念

知觉是人脑对直接作用于感觉器官的客观事物和主观状况整体的反映。知觉分为空间知觉、时间知觉和运动知觉三大类。在生活或生产活动中，人都是以知觉的形式直接反映事物，而感觉只作为知觉的组成部分而存在于知觉之中，很少有孤立的感觉存在。所以，在心理学中就把感觉和知觉统称为"感知觉"。

2. 知觉特征

1）整体性

知觉时，把由许多部分或多种属性组成的对象看作具有一定结构的统一整体，该特性称为知觉的整体性。

在感知熟悉的对象时，只要感知到它的个别属性或主要特征，就可以根据累积的经验而知道它的其他属性和特征，从而整体地感知它。

在感知不熟悉的对象时，则倾向于把它感知为具有一定结构的有意义的整体。

2）选择性

知觉时，把某些对象从某背景中优先地区分出来，并予以清晰反映的特性，称为知觉的选择性。要从知觉背景中区分出对象，一般取决于下列条件：

（1）对象和背景的差别。

（2）对象的运动。

（3）主观因素。

3）理解性

用以往所获得的知识经验来理解当前的知觉对象的特征，称为知觉的理解性。

正因为知觉具有理解性，所以在用知觉理解一个事物时，同这个事物有关的知识经验越丰富，对该事物的知觉就越丰富，对其认识也就越深刻。

语言的指导能唤起人们已有的知识和过去的经验，使人对知觉对象的理解更迅速、完整。

4）恒常性

当知觉的条件在一定范围内发生变化时，人的知觉映象仍然能保持相对不变的特性，称为知觉的恒常性。知觉恒常性是经验在知觉中起作用的结果，人总是根据记忆中的印象、知识、经验去知觉事物的。

在视知觉中，恒常性表现得特别明显。视知觉恒常性主要表现在以下几方面：

（1）大小恒常性。看远处物体时，人的知觉系统补偿了视网膜映象的变化，因而感知的物体是其真正的大小。

（2）形状恒常性。当看物体的角度有很大改变时，知觉的物体仍然保持同样形状。保持形状恒常性最起作用的线索是带来有关深度知觉信息的线索。

（3）明度恒常性。一件物体，不管照射它的光线强度怎么变化，它的明度都是不变的。决定明度恒常性的重要因素是，从物体反射出来的光的强度与从背景反射出来光的强度的比例，只要这一比例保持恒定不变，明度也就保持恒定不变。

因此，邻近区域的相对照明，是决定明度保持恒定不变的关键因素。例如，无论在白天还是在夜空下，白衬衣总是被感知为白的，那是因为它反射出来的光的强度与从背景反射出来的光的强度的比例是相同的。

（4）颜色恒常性。颜色恒常性是与明度恒常性完全类似的现象。因为绝大多数物体之所以可见，是由于它们对光的反射，反射光这一特征赋予物体各种颜色。一般说来，即使光源的波长变动幅度相当宽，只要照明的光线既照在物体上也照在背景上，任何物体的颜色都将保持相对的恒常性。例如，无论在强光下还是在昏暗的光线里，一块煤看起来总是黑的。

（5）错觉。错觉是对外界事物不正确的知觉。总的来说，错觉是知觉恒常性的颠倒。例如，在大小恒常性中，尽管视网膜上的映象在变化，而人的知觉经验却完全忠实地把物体的大小和形状等反映出来。反之，错觉表明的则是另一种情况，尽管视网膜上的映象没有变化，而人知觉的刺激却不相同。错觉产生的原因目前还不很清楚，但它已被人们大量地利用来为工业设计服务。例如：表面颜色不同造成同一物品轻重有别的错觉，已为生产设计部门所利用。小巧轻便的产品涂着浅色，使产品显得更加轻便灵巧；而机器设备的基础部分则采用深色，可以使人产生稳固之感。从远处看，圆形比同等面积的三角形或正方形要大出约1/10，交通上利用这种错觉规定圆形为表示"禁止"或"强制"的标志，等等。

（6）行车中易产生的错觉有以下几种：

①弯度错觉。对于小于半个圆的圆弧，驾驶员往往感觉到的曲率半径总比实际的小，且圆弧越短感到的曲率半径越小。在连续转弯的山路上行驶，即使是同一曲率半径的弯道，驾驶员也会感到比平地转弯容易，所以在行驶中切忌高速连续急转弯。

②光线错觉。太阳光、强反射光、夜晚会车时的对方远光灯的强光都会使驾驶员的视觉一时难以适应而造成光线错觉。另外，在阳光照耀下的林荫道上行驶，在车前玻璃窗上会产生不断变幻的阴影，原野上积雪的反光，进出隧道光线的变化，都容易使驾驶员产生光线错

觉,从而导致操作失误。

③颜色错觉。在繁华闹市的路段上行车时,因周围景物多姿多彩,变幻不定,各种灯光不断闪烁,再加上人流涌动,极易分散驾驶员的注意力,特别是在夜间行驶时,更容易将霓虹灯光错当交通指示灯光;把停驶车辆的尾灯误认为是行驶车辆的尾灯;把前车的刹车灯错看成尾灯等。另外,驾驶员如果戴上各种不同颜色的太阳镜,也易将各种浅色"滤"掉,产生颜色错觉。

④速度错觉。在行车过程中,驾驶员往往是以参照物的相对移动速度来判断车速的快慢来操作车辆的,并不是完全依靠车辆自身车速表的指示针来操作车辆。这样,参照物的多少以及它和驾驶员之间的距离远近就会影响到驾驶员对车速的判断。在建筑物和人口密度相对较大的地区或狭窄道路上行车时,驾驶员往往容易高估车速,而在宽阔的较少参照物的道路上行驶时,则往往容易低估车速。

4.2 视觉机能及其特征

4.2.1 视觉刺激

人视觉的适宜刺激是光。人的两眼可以感受到的光波只占整个电磁光谱的一小部分,其波长为380~780 nm,如图4.3所示。

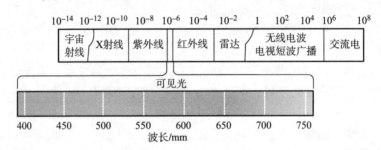

图4.3 光谱(见彩插)

如图4.4所示,一个人眼睛观察到的物体的明暗叫作明度,它等于物体表面反射光亮度加上人的知觉,而亮度等于光源(包括太阳光、各种灯具光源等)的照度乘以物体表面的反射率。

4.2.2 视觉系统

视觉是由眼睛、视神经和视觉中枢的共同活动完成的,如图4.4所示。

眼睛是视觉的感受器官,人眼是直径为21~25 mm的球体,其基本构造与照相机类似。

视网膜最外层细胞包括视杆细胞和视锥细胞,它们是接收信息的主要细胞。

1. 两种细胞工作制

明暗视觉的差别与视网膜上两种视觉细胞的工作特

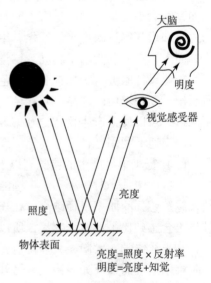

图4.4 亮度与明度

性有关。视网膜的边缘部位以视杆细胞占多数,中央凹处以视锥细胞占多数。

视杆细胞对光的感受性很高,视锥细胞对光的感受性很低。在 $10^{-6} \sim 10^{-2}$ cd/m² 的微弱视场亮度下,只有视杆细胞工作,视锥细胞不工作。随着亮度的不断增加,视锥细胞的作用逐渐增大。当亮度达到 10 cd/m²(亮度单位为坎德拉/米² 或称平方烛光)以上时,视锥细胞将起主导作用,视杆细胞基本上不起作用。

视杆细胞在 507 nm 处灵敏度最大,而视锥细胞在 555 nm 处灵敏度最大。这样,就形成人眼明暗视觉的两种"工作制"。图 4.5 所示为人眼中视杆感受器以及视锥感受器分布情况。

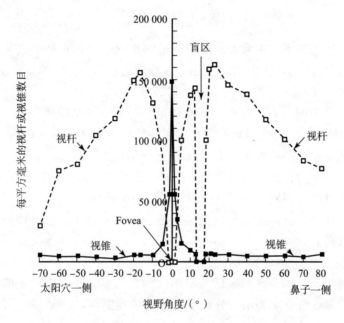

图 4.5 人眼中视杆感受器以及视锥感受器分布情况

2. 视觉的全过程

物体发出的光射入眼睛后,由于眼睛的折光作用而在视网膜上形成物像,在物像所及的部位,由感受细胞吸收光能而发生化学反应,使感受细胞产生一系列的电脉冲信息。这些信息经视神经纤维传送到大脑的视觉域进行综合处理后,形成视觉映象。这种视觉映象的一部分储存在脑细胞中,另一部分消失或刺激其他脑细胞,引起某种行为。

4.2.3 视觉机能

1. 视角与视力

(1) 视角。确定被看物尺寸范围的两端点光线射入眼球的相交角度,其计算公式为
$$\alpha = 2\arctan(D/2L)$$
式中:α 为视角;D 为被看物体上两端点的直线距离;L 为眼睛到被看物体的距离。

(2) 视力。眼睛分辨物体细微结构能力的一个生理尺度,以临界视角的倒数来表示。
$$视力 = 1/能够分辨的最小物体的视角$$
在图 4.6 视力测试中,一个人的最高视力就取决于他能够看清楚的字母"E"中间一横的最小高度。

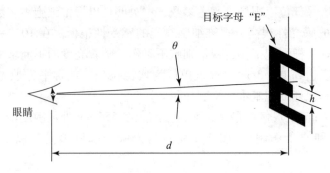

图 4.6　视力测试

（3）在一般照明条件下，正常人的眼睛能辨别 5 m 远处两点间的最小距离所对应的视角为 1′，定义此视角为最小视角。此时视网膜上形成的物像两点间的距离仅为 4～5 μm，相当于一个视锥细胞的直径。

（4）当视角小于 1′时，人眼对观察对象就难于分辨。如果物体很亮，或者当物体与背景的亮度对比极为明显时，则能看清被观察对象的最小视角可略小于 1′。

（5）如果照明不良，即使视角为 1′或略大于 1′也不易看清。

（6）通常所说的视力，是指视网膜中央凹处注视点的视力，称为中心视力。

（7）在中央凹处以外视网膜上各点的视力则称为周边视力。

（8）视网膜上视力的分布主要与视觉细胞的分布状态有关。中央凹处视力最高，偏离中央凹处的视力急剧下降。

2. 视野与视距

（1）视野。视野指人的头部和眼球固定不动的情况下，眼睛观看正前方物体时所能看得见的空间范围，常以角度来表示。分水平视野（单视野/双视野）和垂直视野，如图 4.7 所示。

人的视野分为静视野、注视野和动视野三种。其中：

①静视野：头部固定、眼球静止不动的状态下自然可见的范围。

②注视野：头部固定、眼球转动的状态下注视某中心点时所见的范围。

③动视野：头部固定、眼球自由转动的状态下所见的范围。

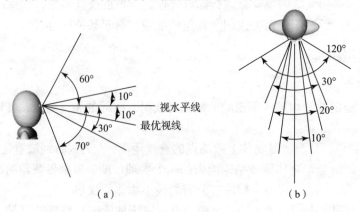

图 4.7　视野范围

正常人双眼的综合视野在垂直方向约为130°（视水平线上方60°，下方70°），在水平方向约为120°，在垂直方向6°和水平方向8°范围内的物体，映象将落在视网膜的最敏感部分——黄斑上，而在垂直和水平方向均为1.5°范围内的物体，映象将落在黄斑中央——中央凹部分。映象落在黄斑上的物体，看得最为清晰，该区域称为最优视野，如图4.8所示。

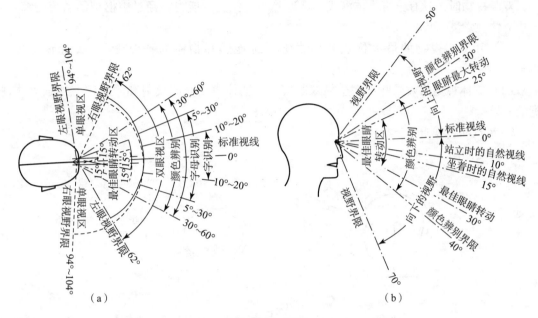

图4.8 视野

在静视野、注视野和动视野的数值范围中，以注视野为最小，静视野和动视野比较接近。在人机工程学中，通常以人眼的静视野为依据设计有关部件，以减轻人眼的疲劳。

（2）视距。视距是指人在操作系统中眼睛至被观察对象的观察距离。几种工作视距推荐值参阅表4.4。人在观察各种显示仪表时，视距过远或过近，对认读速度和准确性都不利。一般应根据被观察对象的大小和形状在380~760 mm选择最佳视距。

表4.4 几种工作任务视距的推荐值

任务\内容	举例	视距离（眼睛至视觉对象）/cm	固定视野直径/cm	备注
最精细工作	安装微电子设备等	12~25	20~40	坐姿，部分地借助视觉辅助工具（小型放大镜和显微镜）
精细工作	安装电子设备、机械产品等	25~35	40~60	坐姿或站姿
中等粗活	从事机械切削加工、印刷文字等	50以下	60~80	坐姿或站姿
粗活	包装、烹调等	50~150	30~250	站姿
远眺	驾驶汽车、船舶和飞机等	150以上	250以上	坐姿

3. 中央视觉和周围视觉

中央视觉——视维细胞（感色能力强、能清晰分辨物体）。

周围视觉——视杆细胞（观察空间范围和正在运动的物体）。

4. 双眼视觉和立体视觉

双眼视物时，具有分辨物体深浅、远近等相对位置的能力，经过中枢神经系统的综合，形成立体视觉。

（1）用双眼视物的最大优点是使视觉系统能感知物体的"厚度"，从而形成立体感觉。

（2）立体视觉的效果并不完全靠双眼视觉，物体表面光线反射和阴影都会加强立体视觉的效果。

5. 色觉和色视野

色视野如图 4.9 所示。

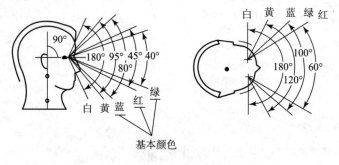

图 4.9　色视野

（1）人的眼睛可以分辨 180 多种颜色。图 4.10 ~ 图 4.12 是有关视野的测试分析结果。

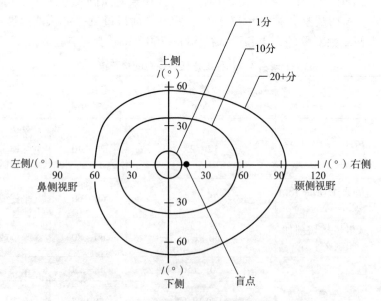

图 4.10　右眼的不同大小目标的正常无色的单眼视野

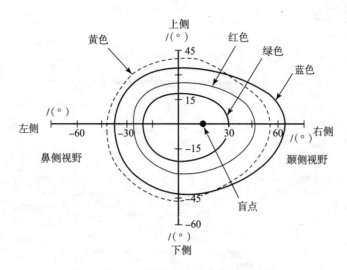

图 4.11　针对不同颜色的右眼视野范围

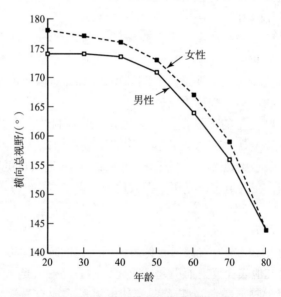

图 4.12　年龄对横向视野范围的影响

（2）一个人如果缺乏辨识某种颜色的能力，则称为色盲；辨别某种颜色能力较弱，称为色弱。

（3）色盲和色弱的人不能从事驾驶汽车、飞机等的工作。

6. 对比感度

人眼刚能辨别被观察对象时，被观察对象与背景的最小亮度对比度，称为临界对比度，临界对比度的倒数，称为对比感度。

对比感度越大的人，能辨别越小的亮度对比度，或者在相同的亮度对比度时，能更清楚地辨别被看对象。在理想情况下，视力好的人，其对比感度约为 100，相应的临界对比度约为 0.01。对比感度与被观察对象的大小、观察距离、照度及眼睛的适应情况等因素有关。

7. 暗适应和明适应

明适应与暗适应曲线如图 4.13 所示。

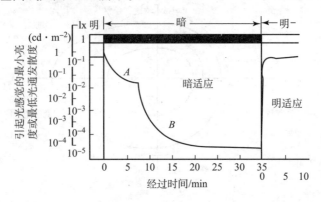

图 4.13 明适应与暗适应

（1）当人从亮处进入暗处时，刚开始看不清物体，而需经过一段适应的时间后，才能看清物体，这种适应过程称为暗适应。

（2）暗适应时，眼睛的瞳孔放大，进入眼睛的光通量增加；明适应时，眼睛的瞳孔缩小，进入眼睛的光通量减少。暗适应时间较长，要经过 4~6 min 才能基本适应，需要在暗处停留 30 min 左右才能完全适应。明适应时间较短，1 min 左右便可完全适应。

（3）与暗适应情况相反的过程称为明适应。

（4）人眼在明暗急剧变化的环境中，因受适应性的限制，视力会出现短暂下降。若频繁出现这种情况，则会产生视觉疲劳，并容易引起事故。为此，在需要频繁改变亮度的场所，可采用缓和照明，以避免光线的急剧变化。例如，在隧道入口处常采用一段缓和照明。由于明适应的时间很短，在隧道出口处可不做其他处理。

8. 眩光

物体表面产生刺眼和耀眼的强烈光线，称为眩光。

由天然光或强烈的人工光源直接照射物体表面而引起的眩光，称为直接眩光；由视野内天花板、墙壁、机器或其他表面反射而引起的眩光，称为反射眩光。

眩光的形成多起因于物体表面过于光亮（如电镀抛光或有光漆表面）、亮度对比度过大、直接强光照射。

1）眩光的危害

眩光的危害在于导致以下几种不舒适的视觉条件：

（1）使眼睛的瞳孔缩小，在视野内亮度一定的条件下，降低了视网膜上的照度。

（2）眩光在眼球媒质内散射，减弱了被看对象与背景间的对比度。

（3）视觉细胞受强光刺激，引起大脑皮层细胞间产生相互作用，使得对被看对象的观察呈现模糊。

2）减少直接眩光的方法

减少直接眩光的方法有减少引起眩光的高亮度面积、增大视线与眩光源之间的角度、提高眩光源周围区域的亮度等。

3）减少反射眩光的方法

减少反射眩光的方法有降低光源的亮度、改变光源的位置或改变作业对象的位置、使反射眩光避开观察者的眼睛、改变刺眼物体表间的性质，使之不反射或少反射、提高周围环境的照度，以减弱反射物与背景间的亮度对比等。

9. 视觉特征

（1）疲劳程度。水平优于垂直。

（2）视线变化习惯。左—右，上—下，顺时针。

（3）准确性。水平尺寸和比例的估计更准确。

（4）观察情况的优先性。左上—右上—左下—右下。视区内的仪表布置必须考虑这一点。

（5）设计依据。以双眼视野为设计依据。

（6）接受程度。直线轮廓优于曲线轮廓。

（7）颜色的易辨认顺序。红、绿、黄、白。

颜色相配时的易辨认顺序：黄底黑字、黑底白字、蓝底白字、白底黑字。

据上述特征，适用视觉的原则参阅图4.14。

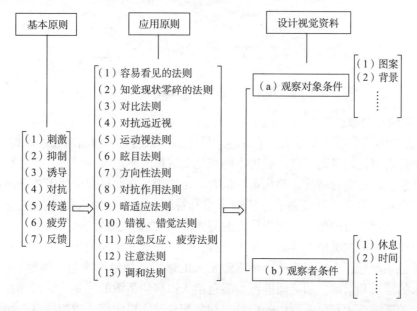

图 4.14　人机工程学的视觉原则

10. 色彩表示

1）色彩体系

为了直观、方便地表示和区别各种不同的颜色，将色调、明度和纯度三个基本要素用字母或数码形式构造成表示色彩的空间立体模型，称为色彩体系（或称色立体）。

目前国际上主要的色彩体系有：孟塞尔（Munsell，1858—1918）色系、奥斯瓦德（Ostwald，1853—1932）色系和日本色研所色系。孟塞尔色立体表示的色调H、明度V、纯度C三要素关系的模型。

2）颜色方程式

$$(C) \equiv r(R) + g(G) + b(B)$$

该方程用三种基色相加的比例来表示某一颜色。

3）色度图

图 4.15 所示为国际照明委员会推荐的标准 CIE 1931 色度图。

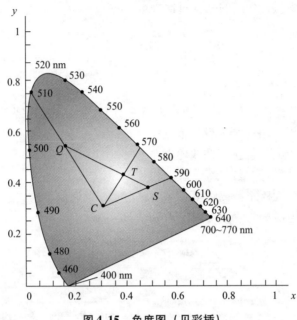

图 4.15　色度图（见彩插）

11. 色彩的心理效应

1）色彩的感情作用：冷暖感、重量感、尺度感、软硬感、情绪感和距离感

实验研究表明，悦目的色彩，通过人的视觉器官传入色素细胞以后，会对神经系统会产生良好的刺激，对心血管系统、消化系统也有一定作用，在此过程中使人体分泌出某种有益于健康的生理活性物质，可以调节血液的流量和神经的传导，使人保持朝气蓬勃的精神状态；反之，杂乱而刺目的色彩，会损伤人的健康和正常的心理情绪。

明度较高而鲜艳的暖色，容易引起人疲劳；明度较低、柔和的冷色，使人有稳重和宁静的感觉；暖色系颜色给人以兴奋感，可以激发人的感情和情绪；冷色系颜色给人以沉静感，可以抑制人的感情和情绪。明亮而鲜艳的暖色给人以轻快活泼的感觉；深暗浑浊的冷色给人以忧郁沉闷的感觉。无彩色系列中的白色与纯色配合给人以明朗活泼的感觉，而黑色产生忧郁感觉，灰色则为中性。

在色视觉传达设计中，要合理地应用色彩的情绪感，造成适应人的情绪要求的色彩气氛。

2）色彩的象征作用

色彩的象征意义随民族、时代、地区、社会、宗教、历史传统和生活环境的不同而有差异，但也有许多共同之处。

3）各国喜爱与禁忌的色彩

由于政治、社会、宗教、历史、文化、教育、风俗习惯等因素的不同，各个国家和地区都会有自己喜爱和禁忌的色彩。为了使产品的色彩设计能够适应国际市场竞争的需要，必须对各个国家和地区对色彩的喜爱和禁忌的情况有所了解。

4）标志颜色应用的意义

标志颜色主要选用红、黄、蓝、绿四色。

作为"国际安全色"，把传播最远、对人的视觉和心理刺激最强烈的红色用于表示危险性最大和法制性最高的禁令类的标志；色泽鲜明的蓝色多用于法制性较强的指示类的标志；把明度较高、色彩艳丽夺目的黄色用于表示警示性的危险标志；把对人的视觉刺激小，给人以舒适、宁静感的绿色用于表示安全类的标志。此外，还将红紫色作为放射能方面的标志色。

对于一些特别的行业标志、性质标志等，也采用一些特定的颜色来表示。例如，以绿色作为邮政业的标志色，以红色作为消防事业的标志色。

根据人对色彩的知觉特点，对操纵器及仪表显示的颜色选择，既要注意颜色的性质，又要注意它所表示的内容和作用，以使每种颜色表示一个确定的意义。

在一般设计中，建议采用下述颜色：带透明透镜或漫射透镜的指示灯采用红、黄、绿、蓝和白色；按钮（在白光下的表面色）采用红、黄（或橙）、绿、蓝、黑、白和灰色。

5) 按钮颜色的选用

红色只允许用于停止按钮和紧急按钮；起动和接通按钮主要使用绿色；反复操作的起动和停止按钮或者接通和切断按钮交替起作用的场合，必须用黑色、白色或灰色标志，不能用红色，也不能用绿色标记；开动时动作、放开后停止的按钮（例如，打字机按钮）必须标以黑白、白色、灰色或绿色，主要用黑色标志，而不得用红色标志；复位按钮必须用蓝、黑、白或灰色标志，但它同时作为停止或切断按钮使用时，则必须用红色标志。

用颜色信号编码来传达信息是常用的信息传递方式。采用颜色编码的信号不宜超过 22 种颜色，若使用过多的颜色，则不能保证不出现混淆和错认。

建议采用以下 10 种颜色为主要的编码色，按其优劣次序排列依次为：黄、紫、橙、浅蓝、红、浅黄、绿、紫红、蓝、粉黄，选用时按所需颜色个数依次选用，上述优劣次序主要表示不同颜色之间互不混淆的程度，并不表示单独呈现时的清晰度。

就单个信号的清晰度而言，蓝、绿灯光信号最为清晰，在同等物理强度下，使人感觉到的亮度最高，受背景的影响也最小，有利于远距离观察。但它与别的颜色信号并用时，不混淆的程度不如黄色和紫色。

红色光波长较长，空气散射较小，所以射程较远，宜于远距离观察。白光消耗功率最少，但白光在远距离观察时将失去它的纯白色，容易混淆，因此一般不采用。橙黄色光在远距离和有雾天气条件下，其色变现象较小，功率损失也较小，所以具有破雾的效果，有利于在远距离和恶劣气象环境中观察。工业中管道传输的各种流动物料采用颜色加以标识，有利于管理、维护和保证生产安全。

12. 视觉的运动规律

（1）眼睛的水平运动比垂直运动快；眼睛沿水平方向运动也比沿垂直方向运动更不易疲劳。

（2）视线的移动习惯于从左到右、从上往下和顺时针方向运动。

（3）人的眼睛对水平方向的尺寸和比例的估计比对垂直方向的尺寸和比例的估计要准确得多。

（4）当眼睛偏离视中心时，在偏离距离相等的情况下，人眼对左上象限的观察最优，其次为右上象限、左下象限，右下象限最差。

（5）两眼的运动总是协调的、同步的，不可能一只眼转动而另一只眼不动，也不可能一只眼睛看，而另一只眼睛不看。

4.3 听觉机能及其特征

4.3.1 听觉刺激

听觉的适宜刺激是声音,声音的声源是振动的物体,人的听感范围:20~20 000 Hz。表4.5列出各种声音的强度。

表4.5 各种声音的强度

声源	声强/dB
火箭发射	180
人的痛觉阈限	140
飞机发动机	120
人声极限	111
汽车鸣笛声	100
对话	60
安静的房间	40
窃窃私语	20
听觉阈限	0

4.3.2 听觉系统

人耳中起主要作用的部位是内耳耳蜗。起辅助作用的部位是外耳、中耳、内耳的其他部分,如图4.16所示。

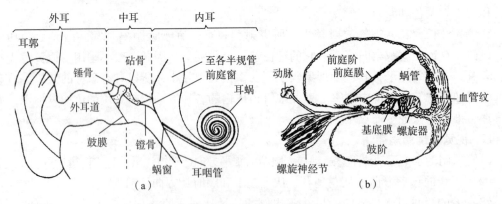

图4.16 人耳听觉系统

4.3.3 听觉的物理特性

1. 频率响应(感受性)

(1) 人耳能听闻的频率比为 $f_{min}/f_{max} = 1:1\ 000$。

(2) 频率感受的上限随着年龄的增长而逐年连续下降,如图 4.17 所示。

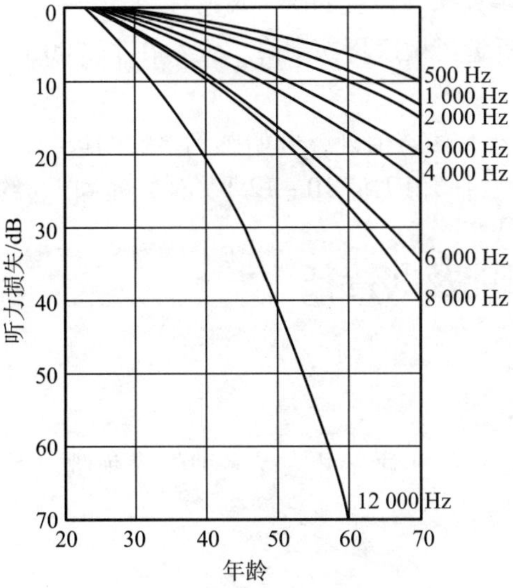

图 4.17 听力损失曲线

(3) 听觉的频率响应特性对听觉传示装置的设计是很重要的。

2. 动态范围（声音的强度）

听觉声强的动态范围 = 正好可忍受的声强/正好能听见的声强

（1）听阈。在最佳的听阈频率范围内，一个听力正常的人刚刚能听到给定各频率的正弦式纯音的最低声强 I_{min}。

（2）痛阈。对于感受给定各频率的正弦式纯音，开始产生疼痛感的极限声强 I_{max}。

（1）与（2）都与频率有关系，是在某一频率下的听阈值或痛阈值。

（3）听觉范围。听觉范围是由听阈和痛阈两曲线所包围的听觉区域，如图 4.18 所示。

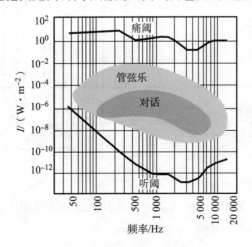

图 4.18 听阈、痛阈与听觉区域

（4）人的听觉特性。

①800～1 500 Hz 频率范围内，听阈无明显变化。

②低于 800 Hz 时，可听响度随着频率的降低明显减小。

③在 3 000~4 000 Hz，人达到最大的听觉灵敏度。

④超过 6 000 Hz 时，听觉灵敏度再次下降，大约在 17 000 Hz 时，听觉灵敏度降至标准值的 1/10。

⑤除 2 000~5 000 Hz 有一段谷值外，开始感到疼痛的极限声强几乎与频率无关。

⑥在 1 000 Hz 时的平均听阈值 I_0 值 10~12 W/m^2，痛阈 I_{max} 约为 10 W/m^2。

4.4 其他感官机能及其特征

4.4.1 肤觉

肤觉是仅仅次于听觉的一种感觉，可感受多种外界刺激，形成多种感觉。肤觉包括触觉、温度觉和痛觉。

1. 触觉

触觉是指能辨别物体的大小、形状、硬度、光滑程度以及表面机理等机械性质的触感。有关人体触觉敏感性和触觉定位能力分别如图 4.19 和图 4.20 所示。

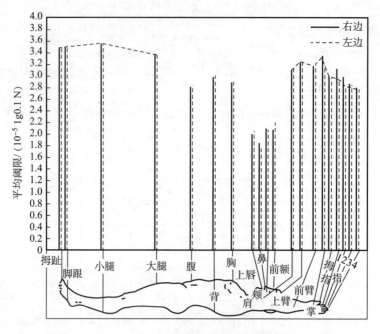

图 4.19 触觉敏感性

能够识别刺激作用于身体的部位的功能称为触觉定位。利用人的触觉特性，设计具有各种不同触感的操纵装置。

1) 触觉的类型

(1) 触-压觉。触-压觉按所受刺激的强度不同，又可分为接触觉和压觉。轻轻地刺激产生接触觉；刺激强度增大就产生压觉。

(2) 触-摸觉。触-摸觉是皮肤感觉与肌肉运动感觉的结合，是在高级神经支配下，

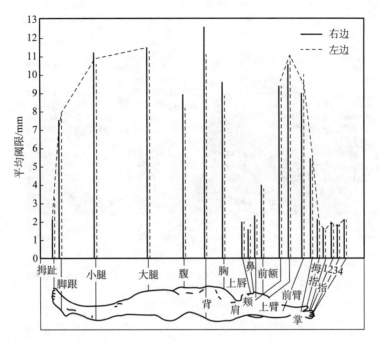

图 4.20 触觉定位能力

通过手的运动感觉与皮肤感觉把信息传给大脑，经大脑综合分析后，判别出肢体与被触摸的物体之间的相对空间位置。图 4.21 是 11 种常见的触觉容易辨认的手柄形状。

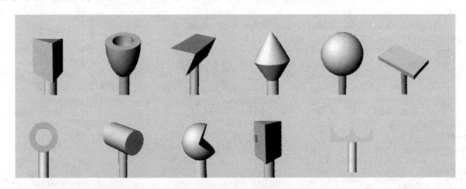

图 4.21 触觉容易辨认的手柄形状（见彩插）

2）触觉编码
（1）大小编码。
（2）形状编码。
（3）位置编码。

3）触觉特性的应用

人的触觉特性的应用，关键问题在于如何选择合适的形状或压力作为触觉的适宜刺激，与此相关的一些实际应用中的技术要领，也需严格掌握。图 4.22 所示为利用人的触觉特性开发的盲人识字板。

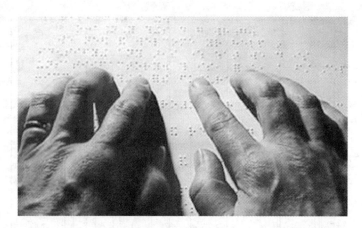

图 4.22　盲人识字板

2. 温度觉

温度觉是冷觉和热觉的合称。它们来源于两种不同范围的温度感受器。人的皮肤能够感受温度的变化（图 4.23）。皮肤的温度大约是 32℃ 或 33℃，在这个温度下，人的皮肤是感觉不到温度的。人的皮肤能够适应从 16℃ 到 40℃ 的温度。

4.4.2　本体感觉

（1）人在进行各种操作活动的同时能给出身体及四肢的位置信息，这种感觉称为本体感觉。

（2）本体感觉系统包括耳前庭系统和运动觉系统。

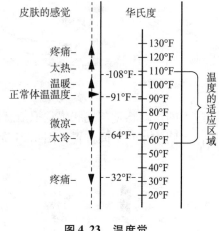

图 4.23　温度觉

（3）耳前庭系统的作用主要是保持身体的姿势及平衡。

（4）运动觉系统能感受并指出身体及四肢的相对位置信息。

4.4.3　平衡觉

（1）平衡觉系统的外周感受器官是前庭器官。内耳迷路中除耳蜗外，还有三个半规管、椭圆囊和球囊，后三者合称为前庭器官，是人体对自身运动状态和头在空间位置的感受器。

（2）当机体进行旋转或直线变速运动时，速度的变化（包括正、负加速度）会刺激三个半规管或椭圆囊中的感受细胞；当头的位置和地球引力的作用方向出现相对关系的改变时，就会刺激球囊中的感受细胞。这些刺激引起的神经冲动沿第八脑神经的前庭支传向中枢，引起相应的感受和其他效应。

（3）前庭器官的功能遭到破坏或者过于灵敏的时候，人们常会出现眩晕、恶心、呕吐、皮肤苍白等症状。如果前庭器官对某种刺激过于敏感可以通过艰苦训练，让前庭器官对之适应，上述症状就不会出现了。海军战士为什么不畏惧海上巨浪颠簸，其原因也在于此。

4.5 神经系统机能及其特征

4.5.1 神经系统

如图 4.24 所示,神经系统是人体最主要的机能调节系统,人体各器官、系统的活动,都是直接或间接地在神经系统的控制下进行的。

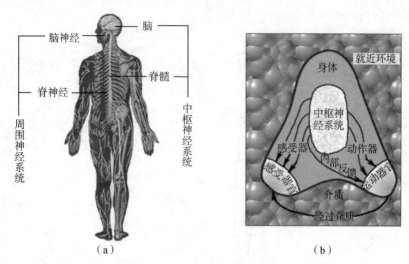

图 4.24 神经系统的基本结构

(a) 神经系统;(b) 信息在神经系统中的循环过程

(1) 中枢神经系统包括脑和脊髓。
(2) 周围神经系统是中枢神经以外全部神经的总称。

图 4.25 所示为神经系统的信息传递情况示意图。

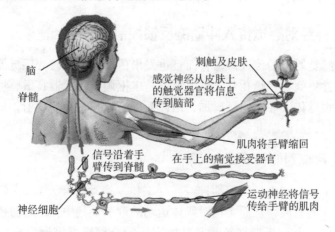

图 4.25 神经系统的信息传递情况示意图(见彩插)

4.5.2 大脑皮质功能定位

大脑皮质是神经系统的最高级中枢。从人体各部经各种传入系统传来的神经冲动向大脑皮质集中，在此会通、整合后产生特定的感觉，或维持觉醒状态，或获得一定情调感受，或以易化的形式存储为记忆，或影响其他的脑部功能状态，或转化为运动性冲动传向低位中枢，借以控制机体活动、应答外部环境刺激。大脑皮质分为以下几个区域：

（1）躯体感觉区，如图 4.26（a）所示。

（2）躯体运动区，如图 4.26（b）所示。

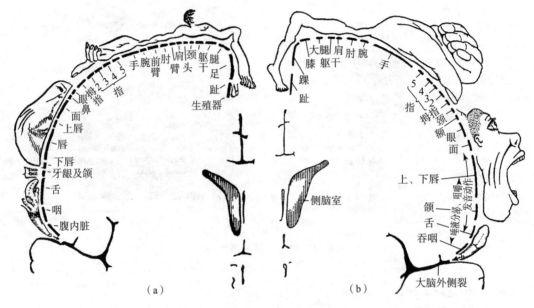

图 4.26 大脑皮质

（3）其他功能区，如视区、听区、嗅区。

4.5.3 中枢神经对感觉传入冲动的反馈控制

中枢不但接收感觉器官的传入冲动，而且也发出传出冲动来改变感觉器官的活动，以调节感觉器官的敏感性。例如，瞳孔对光的反射就是中枢调节视觉器官敏感性的一个反射，当强光照射眼睛时，视觉传入冲动明显增加，由此而发生瞳孔对光的反射，使瞳孔缩小，以减少进入眼球的光通量，对眼睛起着保护作用。

4.5.4 神经系统对躯体运动的调节

在脊髓的前角中，存在大量的运动神经元（α 和 γ 运动神经元），它们的轴突经前根离开脊髓后直达所支配的肌肉，从而实现对躯体运动的调节。其中，α 运动神经元是脊髓运动反射的最后公路。由一个 α 运动神经元及其所支配的全部肌纤维所组成的功能单位，称为运动单位。γ 运动神经元的细胞体分散在 α 运动神经元之间，其细胞体比 α 运动神经元的小。γ 运动神经元的轴突也经前根离开脊髓，支配骨骼肌内的梭内肌纤维。γ 运动神经元的兴奋性较高，常以较高频率持续放电，即使 α 运动神经元无放电，一些 γ 运动神经元仍持续放电。在一般情况下，当α运动神经元活动增加时，γ运动神经元的活动也相应增加，从而调节着肌梭对牵拉刺激的敏感性。

4.6 人的信息处理系统

4.6.1 人的信号处理系统模型

人在人机系统特定操作活动中的作用，可类比为一种信息传递和处理过程，图 4.27 所示为从末端刺激到人的感觉器官的信息输入途径，图 4.28 所示为人的信息处理框图模型。

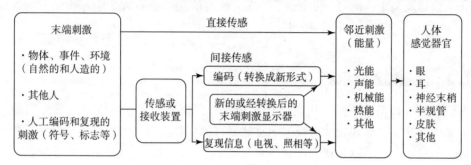

图 4.27　从末端刺激到人的感觉器官的信息输入途径

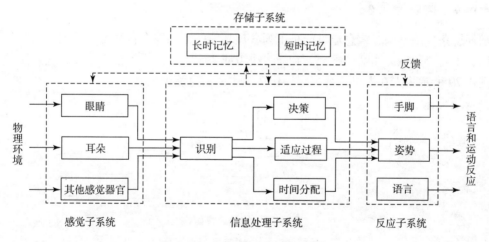

图 4.28　人的信息处理框图模型

4.6.2 信息量

人机系统处理的信息可以是客观世界存在的一切事物通过物质载体所发出的信息、情报、指令、数据、信号和标志等所包含的一切传递与交换的知识内容。按照信息论理论，信息量计量可以按照以下三个公式来计算：

（1）信号源中只有一种信号的信息量

$$H = \log_2 2^n$$

式中：H 为信息量；n 为某信号所包含的二进制码的个数。

(2) 信号源中有 m 种信号，但出现概率相等的每个信号平均信息量为

$$H = \log_2 m$$

(3) 信号源中有 m 种信号，但出现概率不相等的每个信号信息量为

$$H = \log_2 \frac{1}{P_i} = -\log_2 P_i$$

式中：P_i 为信号 i 出现的概率。

如果信号源 S 中含有 n 个相互独立的不同信号，信号 i 出现的概率为 P_i，且有

$$\sum_{i=1}^{n} P_i = 1$$

那么在 n 个信号系列中，信号 i 应出现 nP_i 次。所有信息的平均信息量为

$$H = \frac{-nP_1 \log_2 P_1 - nP_2 \log_2 P_2 - \cdots - nP_n \log_2 P_n}{n} = -\sum_{i=1}^{n} P_i \log_2 P_i$$

4.6.3 信息输入显示器

末端刺激源（即信息源）发出的信息或刺激，在很多情况下需要通过某种类型的显示器加以放大或变换能量形式，才能被人的感觉器官所接收。信息输入显示器分动态和静态两类。另外，信息输入显示器传送的信息可分为以下 8 种类型：定量信息、定性信息、状态信息、报警信息、图像信息、识别信息、字符信息、时间 - 相位信息。

4.6.4 信息流模型

随环境条件的不同，信息流可能是下列各项功能的不同组合：注意、感觉、感知、编码和译码、学习、记忆、回忆、推理、判断、决策或决定、发出指令信息、执行或人体运动响应。图 4.29 所示为人在人机系统特定操作活动中的信息流模型。

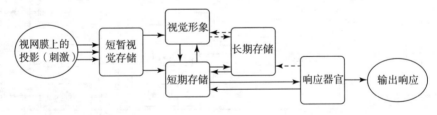

图 4.29 信息流模型

4.6.5 影响信息传递的主要因素及措施

1. 影响信息传递的主要因素

1) 背景噪声

背景噪声干扰人的感觉器官对有用信息的接收，使有用刺激更难于被人所感受。

2) 刺激的速率与强度

刺激的速率指单位时间输入的刺激数；刺激的强度指需要同时注意接收与处理的刺激的类型及数量多少。人体感受刺激的精确度随刺激的速率与强度的增大而降低。

2. 提高信息传递效率与精度的措施

为了解决在信息传递过程中的不利因素，提高信息传递的效率和精度，可从以下几个方面采取措施：

1）刺激的分时输入与处理

（1）尽可能使潜在的信息源数目减至最少。

（2）设法使传感器具有某种"优先选择"的功能。

（3）尽可能把利用短暂记忆或涉及低概率事件的需求降到最少限度。

（4）尽可能将要求个别响应的刺激暂时分开，并使其刺激速率适合于个别响应。

（5）听觉通道的抗干扰能力和耐久性一般要比其他感觉通道更强。

（6）采取一定的办法引导人的注意力。

（7）将有用的刺激信号加以恰当安排。

（8）训练操作人员对某项手工操作的熟练程度。

2）剩余感觉通道的利用

两个或两个以上感觉通道同时用于接收同一个刺激，就是具有"剩余感觉通道"的信息输入方式。适当利用剩余感觉通道，可提高信息传递与接收的效率。E. T. Klemmer 曾对单有视觉输入、单有听觉输入以及同时具有视觉、听觉输入三种情况进行比较试验，结果测得正确响应的百分率如下：

单独利用视觉通道时为 89%；

单独利用听觉通道时为 91%；

同时利用视觉与听觉通道时为 95%。

3）改善刺激与响应之间的协调性

刺激与响应之间在空间、运动和概念上相互关系的协调程度，称为协调性。其中空间协调性指的是物理特征或空间布置上的协调关系，特别是显示器与操纵器之间的空间协调关系。运动协调性主要指的是显示器、操纵器及系统响应的运动方向之间的协调关系。概念协调性主要指的是人们对于具体刺激与响应之间早已形成的固有概念或习惯定型。改善刺激与响应之间的协调性并进行优化，可以提高信息传递的效率和精度。

4）合理选择感觉通道

人的感觉器官各有自身的特性、优点和适应能力，对于一定的刺激，选择合适的感觉通道能获得最佳的信息传递与处理效果。常用的是视觉通道和听觉通道，在特定条件下，触觉和嗅觉通道也有其特殊用处，尤其是在视觉和听觉通道都超载的情况下，专门的触觉传感器贴在皮肤上可作为一种有价值的报警装置。

4.6.6 感觉的信息处理

人的感觉信息处理能力与信息传输速度、信号采样频率、作用在人体感觉器官的刺激维数、信息的编码、人的生理和心理状态、人的技术熟练程度等因素有关。

1. 信息传输速度

$$C = H/T$$

式中：C 为信息传输速率；H 为传输的信息量；T 为信息传输的时间。

（1）人的感觉通道的信息传输速率如图 4.30 所示。

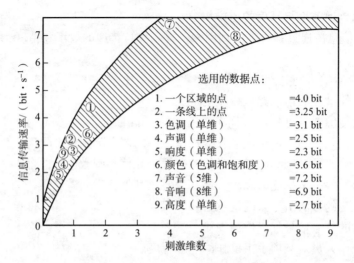

图 4.30　信息传输速率与刺激维数之间的关系

（2）人在看电视时信息传输速率为 70 bit/s；色觉通道信息传输速率为 70 bit/s；阅读时信息传输速率为 43 bit/s。

2. 采样

采样时间间隔取决于刺激的频率。

若刺激的变化频率为 F，则采样时间间隔 $\Delta T = 1/2F$，由此可见，采样频率降低，则采样周期延长。

3. 刺激的维数

（1）感觉的"维"指的是每一种不同的感觉性质（如视、听、嗅、味、触觉，它们各算作一个"维"），或同一种感觉内的每一种不同的特征（如视觉中的形状、颜色、大小、明度等，也各算作一个"维"）。

（2）刺激的维数则是指一个刺激物所包含或发出的感觉"维"数。

4. 编码

经过采样所获得的信息，需要从感觉系统的外周部分传至中枢。为了提高信息传递效率和精度，需要对信息进行编码。编码可以按照传递信息性质的不同，而采取各种有效的编码技术，比如：

（1）辨认工作——编码采用数码、字母、斜线等数字、几何符号。

（2）搜索定位——编码采用颜色、数码、形状等物理、数字、几何符号。

（3）计数工作——数码、颜色、形状等物理、数字、几何符号。

（4）比较或验证——各种方法几乎没有区别。

根据以上分析，可以设计有特殊效果的、高质量的人机界面和显示器，达到较高的信息传输速率。图 4.32 中的控制按钮编码要比图 4.31 编码获得的信息传输效率和精度高。

5. 人的生理和心理状态

由于环境条件的影响及其他主、客观因素的干扰，人的生理和心理状态将发生各种不同的变化，从而影响对信息的接收和处理能力。

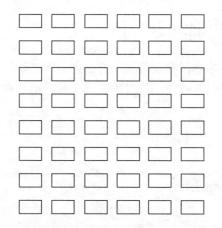

图 4.31　采用简单矩阵几何形状编码的按钮

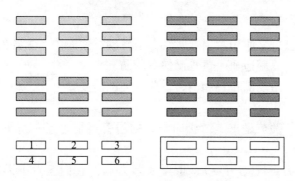

图 4.32　采用了五种颜色、按功能分组技术的编码的控制人机界面（见彩插）

6. 人的技术熟练程度

通过训练提高操作人员的技术熟练程度，能显著提高信息接收和处理的速率与精度。

4.6.7　中枢信息处理与记忆

人的大脑中枢信息处理过程中，记忆机制具有特殊重要的作用。记忆是各种信息处理活动的基础，一般分为三种形式：

（1）感觉信息储存。

（2）短时记忆。

（3）长时记忆。

图 4.33 所示为人的记忆试验曲线，横坐标是检查试验者看到 30 个字后所能记住的字的内容（用字的位置表示），纵坐标是回忆字内容的准确率。

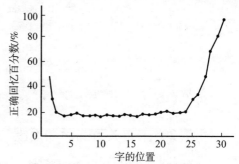

图 4.33　人的记忆试验曲线

4.7 运动系统的机能及其特征

运动系统是人体完成各种动作和从事生产劳动的器官系统。由于肌肉的伸张与收缩牵动骨，通过关节的活动而能产生各种运动。其中：骨是运动的杠杆，关节是运动的枢纽，而肌肉是运动的动力。

人体总共有 206 块骨头，并有肩关节、肘关节、手腕关节、髋关节、膝关节、踝关节、颞下颌关节共计七大关节。

4.7.1 骨的功能和骨杠杆

1. 骨的功能

人体骨骼的功能有以下 5 个：

（1）支撑人体。
（2）保护内脏。
（3）作为运动的杠杆。肌肉牵引着骨绕关节转动，使人体产生各种各样的运动。
（4）造血。骨的红骨髓造血，黄骨髓储藏脂肪。
（5）储备矿物盐。主要储备钙和磷，供应人体的需要。

2. 骨杠杆

（1）在骨杠杆中，关节是支点，肌肉与骨的附着点是力点，而作用于骨上的阻力作用点是阻力点。

（2）根据支点、力点（动力点）、重点（阻力点）它们三者不同的位置分布，骨杠杆分为：平衡杠杆；省力杠杆；速度杠杆，其阻力臂大于力臂，如图 4.34 所示。

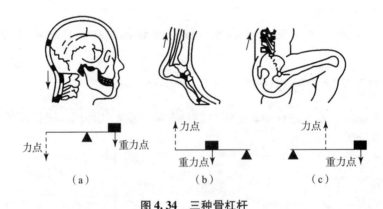

图 4.34 三种骨杠杆
(a) 平衡杠杆；(b) 省力杠杆；(c) 速度杠杆

4.7.2 主要关节的活动范围

人的关节运动包括：角度运动（通常有屈伸和收展两种运动形态）、旋转运动和环转运动。图 4.35 和图 4.36 所示分别为人体上肢关节和下肢关节的活动范围。

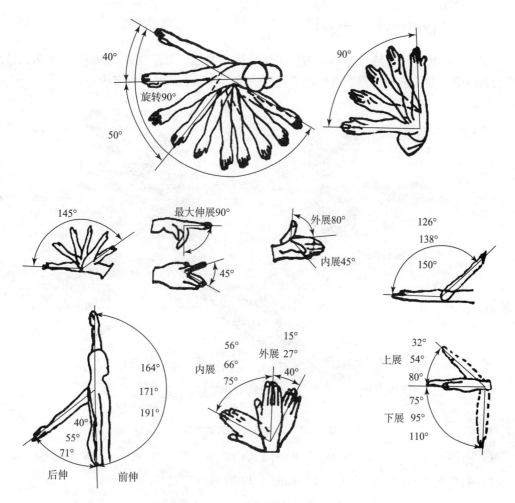

图 4.35 人体上肢关节的活动范围

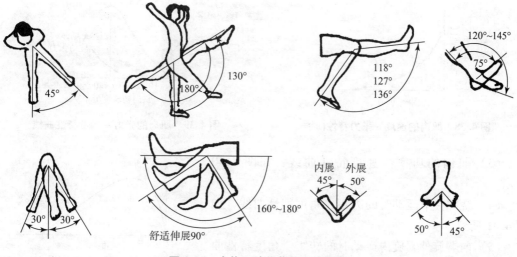

图 4.36 人体下肢关节的活动范围

4.7.3 骨骼肌肉的力学特性

骨骼肌肉的物理力学特性包括收缩性、伸展性、弹性、黏滞性。图 4.37 所示为人体各部分的肌肉图。要了解人骨骼肌肉的力学特性，可以从以下几个方面来进行：

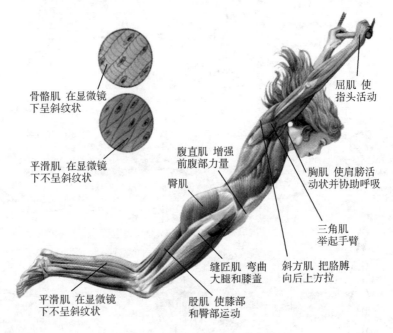

图 4.37 人体各部分的肌肉图

（1）肌肉的速度-张力特性曲线，如图 4.38 所示。
（2）肌肉的张力-长度特性曲线，如图 4.39 所示。

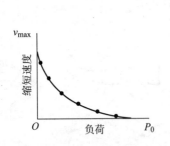

图 4.38 肌肉的速度-张力特性曲线

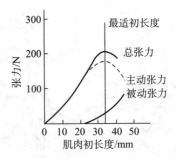

图 4.39 肌肉的张力-长度特性曲线

（3）肌肉的功率-速度特性曲线，如图 4.40 所示。
（4）绕踝关节运动时的力矩-角度特性曲线，如图 4.41 所示。
（5）前臂旋外、旋内运动时的转矩-角度特性曲线，如图 4.42 所示。

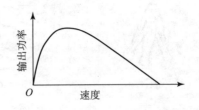

图 4.40 肌肉的功率-速度特性曲线

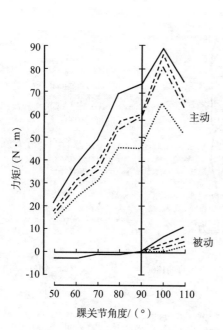
图 4.41 绕踝关节运动时的力矩 - 角度曲线

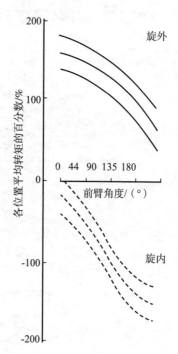
图 4.42 前臂旋外、旋内运动时的转矩 - 角度曲线

（6）肌肉耐疲劳度 - 负荷特性曲线，如图 4.43 所示。

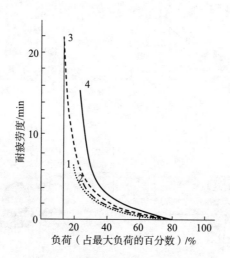
图 4.43 肌肉耐疲劳度 - 负荷曲线
1—手臂、腿和躯干肌肉；2—上肢牵引作业；3—肱二头肌、肱三头肌、中指屈肌、股四头肌；4—躯干肌

4.7.4 肌体的出力范围

人的肌体所能出力的大小取决于以下两点：
（1）人体肌肉的生理特征。
（2）施力的姿势、部位、方式和方向，分别如图 4.44（立姿弯臂出力）、图 4.45（立

姿直臂出力）和图 4.46（坐姿时手臂的操纵力测试方位）所示，相应的出力具体数值参阅有关标准。

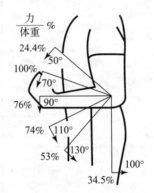

图 4.44 立姿弯臂出力

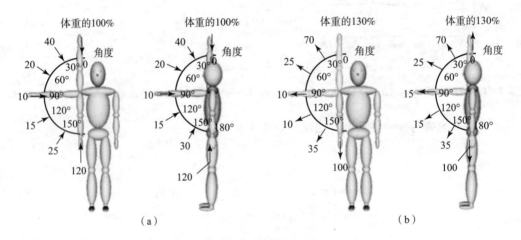

图 4.45 立姿直臂出力

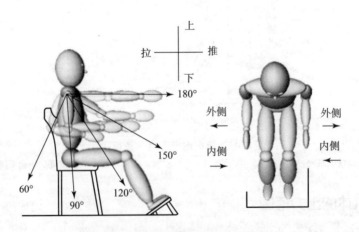

图 4.46 坐姿时手臂的操纵力测试方位

至于手的握力，一般青年人右手平均瞬时最大握力为 556 N，左手为 421 N。右手能保持 1 min 的握力平均为 275 N，左手为 244 N。此外，握力大小还与手的姿势有关：手掌向上时的握力最大,手掌朝向侧面时次之,手掌向下时的握力最小。

图 4.47 所示为工作时人体脚操控踏板出力分析。

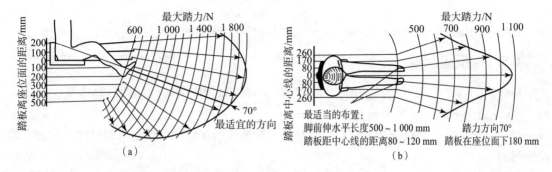

图 4.47 工作时人体脚操控踏板出力分析

4.7.5 肢体的动作速度与频率

人肢体动作速度取决于肢体肌肉收缩的速度,而操作动作速度还取决于动作方向和动作轨迹等特征。动作频率取决于动作部位和动作方法,参阅表 4.6。

表 4.6 人体各部位动作速度与频率限度

动作部位	动作速度与频率
手的运动/（cm·s^{-1}）	35
控制操纵杆位移/（cm·s^{-1}）	8.8～17
手指敲击的最大频率/Hz	3～5
旋转把手与方向盘/（r·s^{-1}）	9.42～29.46
身体转动/Hz	0.72～1.62
手控制的最大谐振截止频率/Hz	0.8
手的弯曲与伸直/Hz	1～1.2
脚掌与脚的运动/Hz	0.36～0.72

4.7.6 人体动作的灵活性

人体动作的灵活性是指人操作设备时的动作速度和频率：
（1）动作速度。肢体动作速度的大小,在很大程度上取决于肢体肌肉收缩的速度。
（2）动作频率。操纵动作的频率与操作方式、动作部位、受控机构的形状和种类、受控件的尺寸和质量等因素有关。

人体的生物力学特性决定人体动作灵活性的特点。人体重量轻的部位比重的部位、短的部位比长的部位、肢体末端比主干部位的动作更灵活。

4.8 人的运动输出

人的运动输出取决于反应时间、运动速度和运动准确性。

4.8.1 反应时间

反应时间（R_T）又称为反应潜伏期，它是指刺激和反应的时间间距，是由反应知觉时间（t_z）和动作时间（t_d）组成的，即 $R_T = t_z + t_d$。

其中，从感觉器官接收外界刺激到运动器官开始执行操纵动作所经历的时间，称为人的反应时间。

只对一种刺激做出一种反应的反应时间，称为简单反应时间。有两种以上的刺激同时输入，而需要对不同的刺激做出不同的反应，或者只对其中某些刺激做出反应的情况，称为选择反应，相应的反应时间，称为选择反应时间。通常，选择反应时间要比简单反应时间长。

影响反应时间的主要因素如下：

1. 刺激的性质

据试验，人对光、声和皮肤刺激的简单反应时间较短，而对气体、温度等刺激的简单反应时间较长。

2. 刺激的强度

同一性质的刺激，其刺激强度越大，则刺激给予神经系统的能量越大，因而反应时间越短。

3. 刺激的多少

同时输入的刺激越多，选择反应的时间越长，因此，应当尽可能去除无用的刺激。

4. 刺激与背景对比的强弱

刺激与背景的对比强，则反应时间短；对比弱，则反应时间长。当然，对比过强也无必要。因此，刺激信号的强弱，应根据背景情况合理设计和调整。

5. 执行动作的运动器官

对同样的刺激，手与脚的反应时间不同，通常手比脚反应快；一般人右手比左手、右脚比左脚反应快。

6. 人的年龄和性别

一般成年人的反应时间随着年龄的增长而延长。例如：以红色信号刺激汽车驾驶员，不同年龄段的驾驶员的反应时间为：18～22 岁，0.48～0.56 s；22～45 岁，0.58～0.75 s；45～60 岁，0.78～0.80 s。同年龄的成年男子的反应时间一般要比女子短。

7. 人的心理准备情况

人对刺激有心理准备时，反应时间较短。对突然出现的刺激，因无心理准备，故反应时间较长。

8. 人的疲劳程度

人在疲劳状态下，感觉机能变差，反应变得迟钝，因而反应时间变长。

4.8.2 运动速度

人的运动速度（即动作速度）与动作特点、目标距离、运动方向、动作轨迹特征等密切相关。

1. 动作特点

动作特点可以用动作的完成时间来间接表示。表4.7是人体各部位动作一次的最少平均时间。

表 4.7 人体各部位动作一次的最少平均时间

动作部位	动作特点		最少平均时间/s
手	抓取	直线	0.07
	旋转	曲线	0.22
		克服阻力	0.72
		没有阻力	0.22
脚	直线		0.36
	克服阻力		0.72
腿	直线		0.36
	脚向侧面运动		0.72~1.46
躯干	弯曲		0.72~1.62
	倾斜		1.26

2. 目标距离

目标远：定位速度慢；目标宽：定位速度快。

3. 运动方向

研究结果表明：通过屈时控制手臂的运动，在左下方和右上方能够运动更快。

4. 动作轨迹特征

（1）连续改变和突然改变的曲线式动作相比，前者快，后者慢。

（2）水平动作比垂直动作快。

（3）直线前进速度比旋转速度快1.5~2倍。

（4）圆形动作比直线动作灵活。

（5）顺时针比逆时针灵活。

（6）前后动作比左右方向动作灵活，手向着身体的动作比远离动作灵活。

4.8.3 运动准确性

运动准确性包括以下几点：

（1）运动速度与准确性。速度越慢，准确性越高，如图4.48所示。

（2）盲目定位的准确性。正前方盲目定位准确性最高，如图4.49所示。

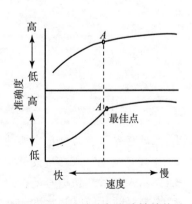

图 4.48 运动速度与准确性的关系

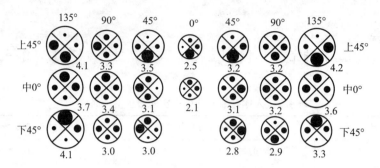

图 4.49 盲目定位的准确性

（3）运动方向与准确性，如图 4.50 所示。由图（d）可见，当横向杆以左右方式颤抖进出箱子时，运动准确性最高。

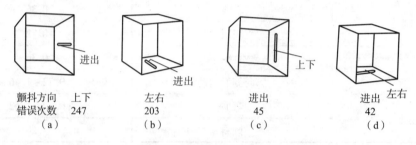

图 4.50 运动方向与准确性

（4）操作方式与准确性，如图 4.51 所示。在展示的五种操作方式中，图（e）的准确性比较高。

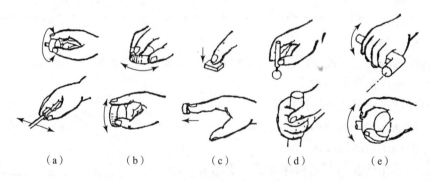

图 4.51 操作方式与准确性

思 考 题

1. 人的视觉机能与特征有哪些？
2. 什么是眩光？在产品设计中如何防治？
3. 介绍人体信息传递与处理模型。
4. 人的神经机能与特征有哪些？
5. 人的运动输出与哪些因素有关？请举例说明。

第 5 章
人机信息界面设计（显示装置设计、操纵装置设计）

显示装置（简称显示器）与操纵装置（简称控制器）是重要的人机信息界面，本章将详细介绍它们的设计原则和方法以及评价内容。

5.1 概述

控制器和显示器的种类多种多样，但控制器和显示器必须设计为一个工作系统，因此，它们的布局（显示器和控制器的位置和方向）尤为重要。另外，控制器和显示器必须按大多数驾驶员所期望的那样放置在预期的位置、无障碍的区域，并做适当标记（即它们满足固定的运动方向）。它们必须和如生理的、视觉的和/或功能分组特性的每一项发生关联。许多控制器和显示器是组合在一起的。例如，许多控制器上设有显示器如识别和设置标签。一些显示器内部包含控制器，如触摸屏。

如图 5.1 所示，控制和显示是操作者（驾驶员）和机械（汽车）之间的界面。因此，控制和显示的设计问题被认为是一个人机界面设计的问题。在设计驾驶员人机界面时，汽车设计师应该牢记以下基本注意事项：

（1）驾驶员在使用控制器和显示器时会倾向于减少他们的心理和生理压力。

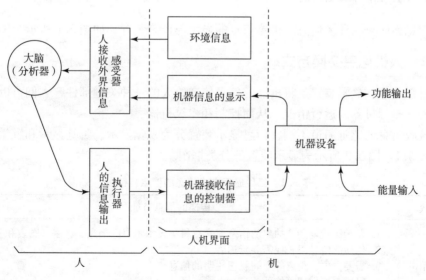

图 5.1 人机信息交换系统模型

（2）人们不喜欢使用他们所不了解的设备。

（3）研究用户人群、用户特点和用户人群的可变性。用户特点（如年龄、熟悉设备与工况、期望、眼睛与手的位置和视觉特征）必须在设计控制器和显示器中考虑到。

（4）研究使用控制器和显示器时的使用条件和驾驶工况。这些条件和工况将提供洞察驾驶员的信息需求、时间约束、环境条件（如光线水平）、驾驶员的任务等，它们是设计控制器和显示器所必要的。

良好控制器的特征有以下几点：

（1）驾驶员应该能够以最小的心理和生理努力迅速地操作控制件。

（2）驾驶员应该只需要很少的眼睛视觉停留就可以完成所需的控制操作（比如，大多数的转向信号操作都不需要用眼睛去查看转向信号操作杆）。

（3）任何控制操作都应该需要最小的手/手指的运动（例如，操作控制不需要手从方向盘上移开）。（注意，免提操作或语音控制命令操作可以减少或消除手/手指的运动。）

良好视觉显示器的特征有以下几点：

（1）驾驶员应该能够以最小的心理和生理努力快速阅读和理解显示内容（也就是获取所需信息）。

（2）驾驶员应该能够通过短时间的扫视便能从视觉显示设备上获得必要的信息。

（3）驾驶员应该不需要任何肢体动作（如包括过多头部和躯干运动的人体倾斜）来获得必要的信息。（注意，听觉设备不需要驾驶员做出任何眼睛、头部和躯干运动。）

5.2 人机控制显示信息界面的形成

人机系统的人机界面指系统中的人、机、环境之间的相互作用的区域。人机界面有信息性界面、工具性界面和环境性界面等。就人机系统效能而言，以信息性界面最为重要。

5.2.1 人机信息界面模型

人机信息界面包括环境信息、机器信息的显示与控制装置，如图5.1所示。

5.2.2 人机信息交换方式

在人机系统中，显示装置是将机器的信息传递给人的一种关键部件，人们可以根据显示信息来了解和掌握机器的运行情况，从而控制和操纵机器。

按人接收信息的感觉通道不同，信息显示装置分为视觉显示、听觉显示和触觉显示，其特征参阅表5.1。图5.2所示为显示装置的分类框图。

表5.1 三种显示方式传递的信息特征

显示方式	传递的信息特征
视觉显示	1. 显示比较复杂、抽象的信息或含有科学技术术语的信息、文字、图表和公式等 2. 传递的信息很长或需要延迟者 3. 需要方位、距离等空间状态说明的信息 4. 以后有被引用可能的信息 5. 所处环境不适合采用听觉传递的信息

续表

显示方式	传递的信息特征
视觉显示	6. 适合听觉传递，但听觉传递负荷很重或已过载的场合 7. 不需要紧迫传递的信息 8. 传递的信息常须同时显示和监控
听觉显示	1. 较短或无须延迟的信息 2. 简单且要求快速传递的信息 3. 视觉传递负荷过重或已过载的场合 4. 所处环境不适合视觉通道传递的信息
触觉显示	1. 视觉、听觉通道负荷过重的场合 2. 使用视觉和听觉通道传递信息有困难的场合 3. 简单并要求快速传递的信息

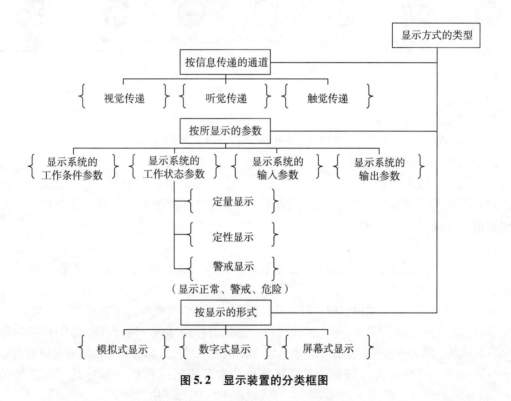

图 5.2　显示装置的分类框图

人机信息交换中，人对机器的控制大多通过肢体活动来实现，依据人体的操作部位，可分为手动、脚动两大类控制器。

5.3　车载视觉信息显示设计

1. 常用的车载视觉信息显示设备

（1）静态符号或图标（用于识别）。

（2）静态文字标签（用于识别、标注单位、设置标签）。

(3) 带刻度和指针的模拟显示。

(4) 条状模拟显示（条状显示）。

(5) 数字显示。

(6) 带图案或摄像机画面的图形显示，如表 5.2 所示的带图案的显示仪表指示灯。

表 5.2　显示仪表中各种指示灯图案

机油指示灯	油量指示灯	车门指示灯	气囊指示灯	刹车盘指示灯	内循环指示灯	雾灯指示灯
手刹指示灯	水温指示灯	发动机指示灯	转向灯指示灯	远光指示灯	VSC 指示灯	玻璃清洁液指示灯
ABS 指示灯	EPC 指示灯	超速挡指示灯	安全带指示灯	电瓶指示灯	TCS 指示灯	示宽指示灯

(7) 可改变的信息显示。

(8) 颜色变化指示器。

(9) 可编程或可重构的显示器（屏幕）。

(10) 听觉显示（哔哔声、铃声、蜂鸣器、语音消息）。

2. 视觉显示装置设计要点

(1) 可发现性和位置。

(2) 可视性。显示设备尤其是像车速表、转速表这样的重要显示装置应放置在一个无盲障视角的区域内。

(3) 易识别。

(4) 易读性。所有有字母和数字的显示设备应在白天、夜晚、黎明/黄昏等条件下可辨认。

(5) 可解释性。显示的内容应进行评估以确保其显示的信息可以正确解释（不混淆），并被大多数驾驶员所理解。应该评估显示设备的类型、布局、刻度/指针、形式、使用的颜色、编码、参照系、周边外观类似的显示设备数量等使用的合理性，以确保显示器的可解释性。

(6) 读取性。驾驶员应该能够非常迅速地读取所需要的信息（最好是一次短暂的扫视）。信息采集时间（例如，阅读时间）和读取误差应进行评估。

3. 控制和显示的布置原则

在确定控制和显示及其相关设备的位置时，必须考虑以下原则：

(1) 使用次序原则：控制和显示设备的布置应按照它们的使用顺序，以减轻眼睛和手部动作。为了可能减少眼睛和手的运动，应该考虑驾驶员眼睛固定位置与手的位置（用于控制操作）先于控制与显示设备位置。

(2) 位置预期原则：控制和显示设备的位置应根据驾驶员预期的位置来布置。要建立控制和显示设备的预期，大容量的车辆必须在细分市场的计划车辆中进行研究，以确定主要设备及经常使用次要控制器的最常用位置。

(3) 重要性原则：被驾驶员感知的重要控制设备应靠近方向盘布置。重要的显示设备应靠近驾驶员前方视线布置。

(4) 使用频率原则：经常使用的控制设备位于方向盘附近布置。经常使用的显示设备应靠近驾驶员前方视线布置。

(5) 功能组合原则：具有类似的功能的控制和显示设备（如灯光控制、引擎控制、气候控制以及音频控制）应进行分组，并集中在一起，以便于寻找和操作。

(6) 时间－压力原则：如果控制设备需要快速使用，并且由于外部环境需求不能根据驾驶员的判断力使用，那么这些控制设备应该位于接近方向盘或突出的区域内（例如，挡风玻璃上突然起雾：需要快速操作挡风玻璃除霜开关；其他车辆不可预期或奇怪的操纵行为：这可能需要快速使用喇叭开关、远光灯开关或危急开关）。

图 5.3 展示了一个具有超过 50 种不同控制单元的中控台。为了减轻驾驶员的工作负荷和混淆，该控制设备分组为七排。较低的两排具有气候控制和座椅温度控制。音频控制分组在中间排。最上面一排包括行程和油耗显示的按钮。控制设备的每一排通过有不同外观（由于材质、纹理和颜色的差异）的边框隔开，而不是通过按钮或旋钮的外观来隔开。连续旋转控制旋钮通过"顺时针增大"的运动方向转换来调节音量、收音机调谐和温度控制。经常使用的收音机开/关按钮、气候控制和风扇控制被放置在靠近驾驶员的左手侧。最不常用的座椅加热控制被放置在中心控制台的底部。

图 5.3　超过 50 种不同控制单元的中控台

5.3.1　视觉－仪表显示设计

按仪表结构形式分为模拟指针活动仪表、模拟指针固定式仪表和数字式仪表，其特点参阅表 5.3。

表 5.3　显示仪表的功能特点

仪表	模拟显示仪表		数字显示仪表
	指针活动式	指针固定式	
信息量	中 指针活动时读数困难	中 刻度移动时读数困难	好 能读出精确数值、速度快、差错少

1. 模拟式显示

模拟式显示装置是用模拟量（刻度和指针）来显示机器的有关参数和状态。其中，指针式仪表是机动车辆上用得最多的。

特点：显示的信息形象化、直观，使人对模拟值在全量程范围内所处的位置一目了然，并能给出偏差量，对于监控作业效果很好。

应用：汽车—车速表、转速表、油量表氧气瓶上压力表等。

2. 数字式显示

数字式显示装置直接用数码来显示有关的参数或工作状态。

特点：认读过程简单、直观，只要对单一数字或符号辨认识别就可以了。认读速度快，精度高，且不易产生视觉疲劳，但不能给人以形象化的印象。

应用：车速表与转速表等、计算器、电子表及列车运行的时间显示屏幕。

3. 两种显示装置对比

数字显示的认读过程比较简单，认读速度较快，认读准确度较高，模拟显示恰恰相反，它能给人以形象化的印象，使人对模拟量在全量程范围内所处的位置及其变化趋向一目了然；对于测量的偏差量，它不但显示偏差的大小，而且显示偏差与给定值的相对关系（正或负，增或减），但其认读速度和准确度均比数字显示的低。

4. 车载仪表

车载仪表是机动车辆上使用最普遍的视觉显示装置，目前主要还是各种仪表和信号灯（表5.2）。仪表是一种广泛应用的视觉显示装置。任何显示仪表、装置，其功能都是将系统的有关信息输送给操作者，因而其人机工程学性能的优劣直接影响系统的工作效率。

车载视觉显示装置设计的人机工程学问题，概括起来有以下三个：①确定操作者与显示装置间的观察距离；②根据操作者所处的位置，确定显示装置相对于操作者的最优布置区域；③选择有利于传递和显示信息、易于准确快速认读的显示器型式及其相关的匹配条件（如颜色、照明条件等）。

5. 仪表的分类

按仪表的功能，大体上可分作下列五类：

（1）读数用仪表。读数用仪表用来指示各种参数和状态的具体数值，要求认读迅速、准确。其中以数字显示为最优（荧光屏显示又比数码管显示更好），圆形指针式仪表次之。

（2）检查用仪表。检查用仪表用来指示各种参数和状态是否偏离正常位置，要求突出指针位置，使之清晰显目。以指针运动式仪表为最优，操作者一眼便可看出指针偏离正常位置的情况。其设计要点是使指针在仪表面上显得十分突出而引人注目，为此在指针偏离正常位置的同时，可使仪表内部照明的颜色或亮度呈现一个明显的变化。

（3）警戒用仪表。警戒用仪表用来指示各种参数和状态是否处于正常范围之内。它所指示的范围一般分为正常区、警戒区和危险区三部分。当指针进入警戒区和危险区时，应及时采取对策。

（4）追踪用仪表。追踪用仪表专为追踪操纵而设置。追踪操纵是动态控制系统中最常见的操纵方式，其目的是通过人的操纵使机器系统按照人所要求的或环境所限定的动态过程工作。

(5) 调节用仪表。调节用仪表只指示操纵装置的调节量,而不指示机器系统的状态或参数。

5.3.2 指针式仪表的设计

1. 刻度盘设计

刻度盘的形状,常用的有圆形、半圆形、直线形、扇形等。

按刻度盘与指针相对运动的情况,有指针运动而刻度盘固定、刻度盘运动而指针固定以及二者都运动的三类,最后一类用得极少。

开窗式仪表显露的刻度少,认读范围小,视线集中,认读时眼睛移动的距离短,因而认读起来迅速准确,效果甚好。

如图 5.4～图 5.6 所示,圆形和半圆形刻度盘的认读效果优于直线形刻度盘;水平直线形优于竖直直线形。

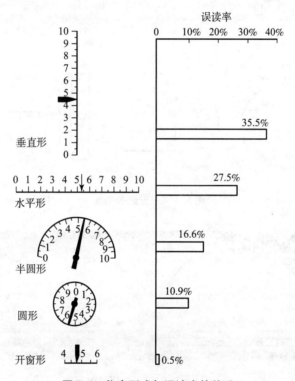

图 5.4 仪表形式与误读率的关系

(1) 当刻度盘尺寸增大时,刻度、刻度线、指针和字符都可随之增大,这样可提高清晰度,但使眼睛的扫描路线变长,不利于认读的准确度和速度,同时也使安装面积增大,布置不紧凑。

(2) 刻度盘尺寸过大或过小都不适宜,应取使认读效果最优的中间值。通常,刻度盘认读效果最优的尺寸是其对应的视角在 2.5°～5°范围内,只要确定了操作者与显示装置间的观察距离,就能据此算出刻度盘的最优尺寸。

(3) 应当注意,设计开窗式仪表时,为了有利于认读,应当使刻度盘无论转到什么位置,都能在观察窗口内至少看得到相邻两个刻有数字的刻度线。

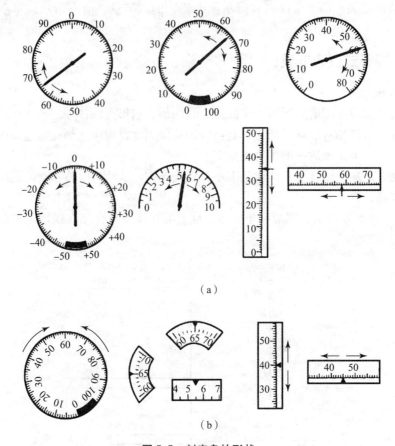

图 5.5 刻度盘的形状

图 5.6 汽车使用的扇形仪表

2. 刻度和刻度线设计

（1）刻度线间的距离称为刻度。

（2）小刻度线的最小间距为 $L/600$，大刻度线的最小间距为 $L/50$。

（3）0.6~1 mm < 人眼直接判读的仪表最小刻度 < 4~8 mm。

（4）刻度线的宽度一般取间距的 5%~15%。

（5）仪表的标数设计原则。刻度值的标注数字应取整数，避免采用小数或分数，更要避免需经换算后才能读出的标度数字。

3. 文字符号设计

用得最多的字符是数字、汉字、拉丁字母及各种专用符号。

1）字符的形状

对字符形状的要求是简单醒目。因此，宜多采用直线和尖角，加强各字体本身特有的笔画，以突出"形"的特征。避免采用草体和装饰形体。

2）字符的大小

在便于认读和经济合理的前提下，字符应尽量大一些。字符的高度通常取为观察距离的 1/200，并可按下式近似计算：

$$H = L\alpha/3\,600$$

式中：H 为字符高度，mm；L 为观察距离，mm；α 为人眼的最小视角，一般取为 $0'\sim 30'$。

字母、数字的宽度和笔画粗细，采用下列比例可获得较好的认读效果：

（1）拉丁字母的高宽比为 5:3；数字的高宽比为 3:2；笔画宽度与字符高度之比为（1:8）～（1:6）。

（2）照明情况和背景亮度对字符粗细有重要影响。低照度、字符与背景的亮度对比较低、观察距离比较大、字符较小以及黑色字符置于发光背景上等情况，字符宜粗，笔画宽对字符高的比值可取（1:5）～（1:6）；黑底白字且亮度对比较大、照度较高及发光字母置于黑色背景上等情况，字符可细，笔画宽对字符高的比值可取为（1:10）～（1:12），甚至更小，一般情况则取折中数据，笔画宽对字符高的比值可取 1:8 左右。

3）数字的立位

（1）刻度线上标度数字的立位应与指针垂直或取正竖立位，使数字正对着操作者，以利于认读。

（2）在刻度盘上，除刻度线和必需的字符外，不应有任何附加的装饰纹样、图形或文字，即使非要表明工作状态不可的文字说明，也要安排适当，使刻度盘简单、清晰、明确，对字符视线集中，达到认读准确而迅速的要求。数字的立位好与不好的示例如图 5.7 所示。

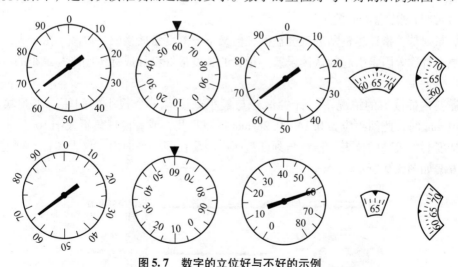

图 5.7 数字的立位好与不好的示例

4）符号和标志

形象符号和几何标志代替文字和数字，有助于提高辨认速度和准确度，如用右箭头 ➡ 表示方向要比用文字"右"标注更易于判别。

符号和标志的形状同它的使用条件有密切关系。简单的符号只有一个形状特征,如三角形;较复杂的符号,除主要特征外,还有 1~2 个辅助特征,如符号外表或内部的箭头、字母等;复杂的符号,除主要特征外,还有若干个组合在一起的辅助特征。

4. 仪表指针设计

1)指针的形状和长度

形状应以头部尖、尾部平、中间等宽或狭长三角形为好;指针与刻度线的间隔宜取 0.1~0.2 cm;指针的针尖应与最小刻度线等宽,指针应尽量贴近表面,减少认读时的误差,指针的基本形状如图 5.8 所示。

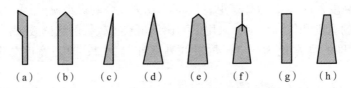

图 5.8 指针的基本形状

2)指针的零位

(1)一般把指针的零位设在时钟的 12 时或 9 时的位置。

(2)许多检查用仪表排列在一起时,应当使它们的指针的零点位置处于同一方向,这样一眼就可看出这组仪表中哪一个或哪几个仪表读数不正常,而无须逐个认读。

3)仪表的色彩

(1)仪表色彩是否合适,将影响认读速度和误读率。

(2)指针的颜色与刻度盘的颜色应有鲜明的对比,而指针与刻度线、字符的颜色则应该一样。荧光涂料的指针,认读效果并不好,但在指针中央涂上一条荧光的细线直至针尖,却有好处。

4)指针与刻度盘面的关系

一般原则是:指针尽量贴近刻度盘面,但又不与刻度盘面接触,以减小由于人的双眼视差和双眼不对称等因素引起的认读误差。指针的长度最好设计成针尖刚刚与最小的刻度相接而又不产生重叠。

在需要内插读数的情况下,针尖最好与最小刻度有一个很小的间距,当观察距离为 460~710 mm 时,此间距应为 0.14~0.28 mm 或更小些,或者使视角不大于 16′。

对精度要求很高的仪表,指针与刻度盘面应装配在同一平面内。仪表指针与刻度盘的结构关系方案如图 5.9 所示。

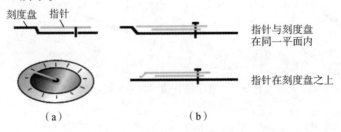

图 5.9 仪表指针与刻度盘的结构关系方案

5. 指针式仪表的颜色匹配

（1）指针式仪表的颜色匹配，重点要考虑仪表盘面部分。为了使盘面部分清晰显眼，应当利用色觉原理进行颜色的搭配。

（2）最清晰的配色是黑底黄字，最模糊的配色是黑底蓝字。在实际使用中，由于黑白两种颜色比较容易掌握以及习惯的原因，经常采用黑底白字或白底黑字。

（3）在匹配颜色时，配置与周围的色调特别不同的颜色时特别醒目，谓之醒目色。醒目色的应用与颜色的搭配有着既相似而又不同的特点。图 5.10～图 5.12 所示为三种比较好的汽车仪表最常用的颜色组合。

图 5.10 汽车仪表最常用的颜色组合
——黑底白字红色指针

图 5.11 汽车仪表最常用的颜色组合
——黑底白字白色指针

图 5.12 汽车仪表最常用的颜色组合——白底黑字红色指针

5.3.3 仪表板的总体设计

1. 仪表板的空间位置

（1）为了保证高工作效率和减轻人的疲劳，仪表板的空间位置应使操作者不必运动头部和眼睛，更不需移动身体位置就能看清全部仪表。

（2）仪表板离人眼的距离最好是 710 mm 左右，其高度最好与眼平齐，板面上边缘的视线与水平视线的夹角不大于 10°，下边缘的视线与水平视线的夹角不大于 45°，如图 5.13 所示。

图 5.13 仪表板的空间位置

（3）仪表板应与操作者的视线成直角，至少不应小于60°，当人在正常坐姿下操作时，头部一般略自然前倾，所以布置仪表板时应使板面相应倾斜。通常，仪表板与地面的夹角为60°~75°。

一般的仪表板都应布置在操作者的正前方。当仪表板很大时，可采用弧形板面或弯折形板面（图5.14）。操作者的巡检视角一般不能大于120°，边缘视线与仪表板的夹角不应小于45°。单人使用的弯折形仪表板，两侧板面与中间板面之间的夹角以115°为最优，两人使用的可增大到125°~135°。另外，仪表板的位置不得妨碍操作者对周围环境的观察。

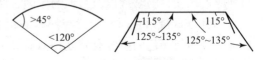

图5.14 弧形和弯折形仪表板

2. 仪表板上的仪表排列

根据视觉运动规律，仪表板面一般应呈左右方向为长边的长方形形状。最常用、最主要的仪表应尽可能安排在视野中心3°范围内，这是人的最优视区。

一般性仪表允许安排在20°~40°视野范围内。40°~60°视野范围只允许安排次要的仪表。各仪表刻度的标数进级系统，应尽可能一致。

仪表的设计和排列还需照顾到它们与操纵装置之间的相互协调关系。当仪表很多时，应按照它们的功能分区排列，区与区之间应有明显的区别。各区之间可用不同颜色的背景；也可用明显的分界线或图案加以区分。性质重要的仪表区，在仪表板上要有引人注目的背景。在仪表板上画出各分区仪表之间功能上的关系（如仪表联系方框图），也有助于认读。

3. 仪表板面的有效认读范围

如图5.15所示，当观察距离为800 mm时，若眼球不动，则水平视野20°范围为最优认读范围，其正确认读时间为1 s左右。

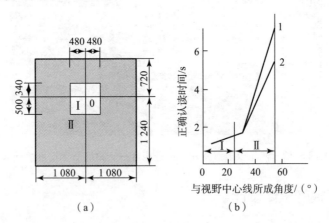

图5.15 仪表板有效认读范围

5.3.4 仪表的照明设计

1. 仪表照明与周围照明的关系

（1）一般说来，周围环境的光照度与仪表照明区的光照度相近时，观察效率较高。周围环境的光照度不宜大于仪表照明区光照度；或周围环境的光照度不宜小于仪表照明区光照度的 1/10。

（2）夜间行驶的车辆，为了保证对车外环境观察的视觉效率，仪表照明的光照度应在能看清指示的前提下尽可能低。

2. 仪表照明的方式

（1）外照明：用灯光照射仪表板。这种照明方式需注意避免外照射光在仪表板、仪表的刻度盘面和仪表玻璃上产生反射光。一般都希望采用间接照明，它对仪表的视觉认读效果较好，受暗适应的影响较小。

（2）透射光：光线由仪表内部照射，透过仪表面而形成发光的仪表面或发亮的刻度。

（3）仪表壳内侧照射：用很小的灯泡，从仪表壳的内侧、仪表面的上方和侧面照射仪表面。

（4）荧光涂料：仪表刻度线和指针使用荧光涂料，能产生不影响夜间视力的荧光，荧光以黄色光最清晰。但荧光毕竟不如灯光清晰，并且荧光在黑暗背景中易产生幻动错觉，观看时间久了还容易引起视觉疲劳。

（5）蚀刻式刻度的侧面光照：用灯光从玻璃仪表面的侧面照射，光线在蚀刻的刻度线上产生折射和反射，使仪表面上的刻度表现为发光似的记号，而仪表的其他部分则很暗。这种照明方式能使刻度十分清晰。

3. 仪表照明的强度

黑夜里，仪表照明的合适的光照度约为 0.1 lx。仪表照明的最低光照度不宜小于 0.03 lx。

4. 仪表照明的颜色

在最接近日光的光线下，人对仪表的视觉效率最高。有时为了保证操作者观察周围黑暗环境中其他物体的能力，仪表照明不能太亮，需要选择一种不影响暗适应的光线颜色。红光是一种对暗适应影响极小的光照，但它也有一些缺点：对人眼来说，单色的红光排除了使用颜色信号的可能。红光下人的视力不如白光下的视力，且红光使人眼的调节能力降低，单一光谱的红光耗费功率也太大。近年来仪表照明明显地倾向于使用弱的白色光。图 5.16 所示为无照明的仪表，图 5.17 所示为有照明的仪表，图 5.18 所示为透射光照明仪表，图 5.19 所示为白色光照明仪表。

图 5.16　无照明的仪表

图 5.17　有照明的仪表

图 5.18 透射光照明仪表（见彩插）

图 5.19 白色光照明仪表（见彩插）

5.4 车辆驾驶员的眼椭圆

如图 5.20 所示，眼椭圆是汽车车身布置及相应法规校核的重要工具之一。本节将详细介绍驾驶员眼椭圆的概念、测定方法、画法以及在车身设计中的应用。

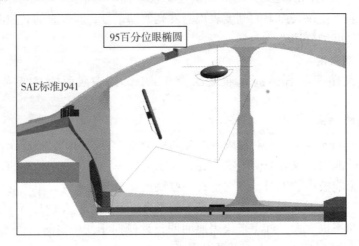

图 5.20 车身布置中使用的眼椭圆

5.4.1 车辆驾驶员眼椭圆的概念

运用统计的观点和方法研究驾驶员的视点分布规律，发现车辆驾驶员的视点分布图形是呈椭圆状，故称为驾驶员眼椭圆，如图 5.21 所示。汽车驾驶员眼椭圆的确立为研究汽车视野性能提供了科学的基准。

5.4.2 眼椭圆的测定方法

眼椭圆的测定需在相当大的室或厅内进行。在室或厅的一面墙上设有宽银幕，银幕前方一定

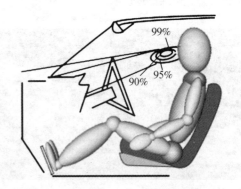

图 5.21 不同百分位人群的眼椭圆侧视图

距离处停放测定用的汽车，银幕中央安设一架照相机，在汽车驾驶员旁侧一定距离处设置第二架照相机，两架照相机等高，并且光轴互相垂直。眼椭圆的测定如图 5.22 所示。

被测驾驶员在明确了测定要求后，将座椅按自己身材调整到舒适位置，以正常驾驶姿态入座。当银幕上放映出事先拍摄好的市区街道交通景象时，驾驶员如同在此交通情况下行车，进行相应的观察与操作。此时两架照相机便同步拍摄被测驾驶员眼睛在汽车车身坐标系中位置的照片。由于两架照相机的光轴在同一水平面内，且互相垂直，故可根据照片确定眼睛在车身坐标系中的位置。

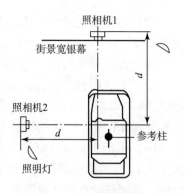

图 5.22 眼椭圆的测定

根据对 513 名驾驶员的测定结果，对测量数据沿 X 轴（车身前、后方向）和 Z 轴（车身高度方向）分别作正态分布检验，查明沿上述两方向的分布均系正态分布。数学上可以证明：这种双变量的正态分布的等百分比线的轮廓是个椭圆。

5.4.3 眼椭圆的画法和眼椭圆样板

在汽车车身设计中，常将各种百分位的眼椭圆事先制作成样板，以便车身布置或校核之用。下面将详细介绍眼椭圆的画法。

（1）画出眼椭圆正视图的坐标轴线 $XX-ZZ$ 和俯视图的坐标轴线 $XX-YY$，如图 5.23 所示。

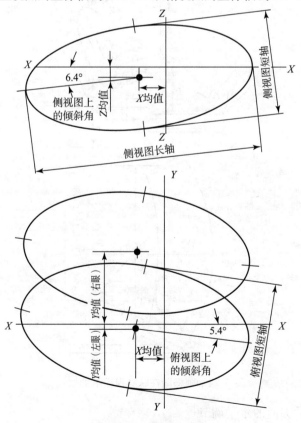

图 5.23 眼椭圆的画法

（2）根据选定或给定的汽车驾驶座椅 H 点前后方向水平调节量的大小，由第 3 章的内容查得眼椭圆中心在其自身坐标系中的坐标位置值，然后分别在正视图和俯视图上标出椭圆中心的位置。

（3）确定眼椭圆的长轴和短轴的方向。在眼椭圆正视图上，椭圆长轴 XX 的方向与坐标轴线 $XX-ZZ$ 成 $-6.4°$（长轴前方向下倾斜）夹角；在眼椭圆俯视图上，椭圆长轴的方向与坐标轴线 XX 成 $5.4°$（长轴前方向外倾斜）夹角。

（4）根据选定或给定的汽车驾驶座椅 H 点水平调节量的大小及选定的人群百分位数，由表 3.11 查得眼椭圆长轴和短轴的长度。然后分别在正视图和俯视图上画出椭圆的长轴和短轴。椭圆长轴在两个视图上的投影可认为等长；而椭圆短轴在两个视图上的投影不等。

（5）根据椭圆中心的位置及椭圆长、短轴的位置和长度，按几何作图法，分别在正视图和俯视图上画出眼椭圆，如图 5.23 所示。

（6）按照画出的眼椭圆，制作眼椭圆样板。

5.4.4 眼椭圆样板在车身视图上的位置的确定方法

眼椭圆样板在车身视图上的位置应如图 5.24 所示。图中标注的关键符号说明如下：

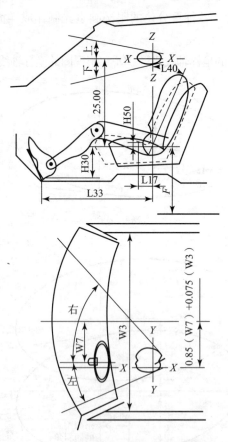

图 5.24 眼椭圆在车身视图中的位置

L17：H 点的前后方向的水平调节量。

L40：座椅靠背角。

L33：H 点至加速踏板踵点的水平距离。
H30：H 点至加速踏板踵点的垂直距离。
H50：H 点的垂直调节量。
W3：H 点向上 254 mm 处的驾驶室最小宽度。
W7：方向盘中心离汽车纵向对称平面的距离。

5.4.5 眼椭圆在汽车车身设计中的应用

1. 风窗玻璃刮扫面积和部位的确定

风窗玻璃刮扫面积和部位的确定，应以驾驶员眼椭圆为基准。风窗玻璃的刮扫区域如图 5.25 所示，风窗玻璃各区域的刮净率要求如图 5.26 所示。

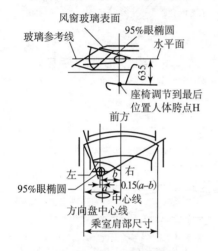

图 5.25 风窗玻璃的刮扫区域

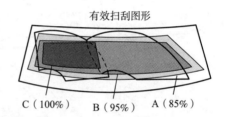

图 5.26 风窗玻璃各区域的刮净率要求（见彩插）

2. A 柱盲区与视区

方向盘一侧的风窗玻璃框架立柱称为 A 立柱，是形成驾驶员前方视野盲区的主要结构因素之一。与盲区相对应的可见视区，可以分为以下几类：

（1）直接视区。驾驶员无须借助汽车后视镜可直接看到的区域。

（2）间接视区。驾驶员借助汽车后视镜能看到的区域，也就是后视野。

（3）单眼视区。驾驶员用左眼或右眼单独观察时所能看见的区域。

（4）双眼视区。驾驶员用左、右两眼同时观察时，两眼都能看见的区域。

（5）两单眼视区。左、右眼分别单独观察时所能看见区域的叠加，即两单眼视区的合成。由于两单眼视区中的重叠部分就是上述双眼视区，因此双眼视区包含在两单眼视区之中。

（6）双眼盲区。左、右眼不能同时都看见的区域。

A 立柱形成的盲区的作图法如图 5.27 所示，驾驶员的视区与盲区如图 5.28 所示。

3. 车内后视野的确定

在尝试布置内后视镜时，需要校核车内后视镜（平面镜）的尺寸与布置位置是否符合标准。图 5.29 所示为确定车内后视野的作图法。

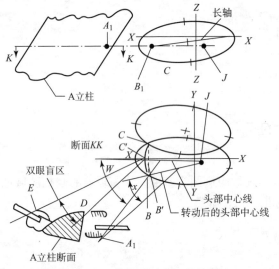
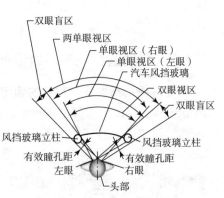

图 5.27　A 立柱形成的盲区的作图法

图 5.28　驾驶员的视区与盲区

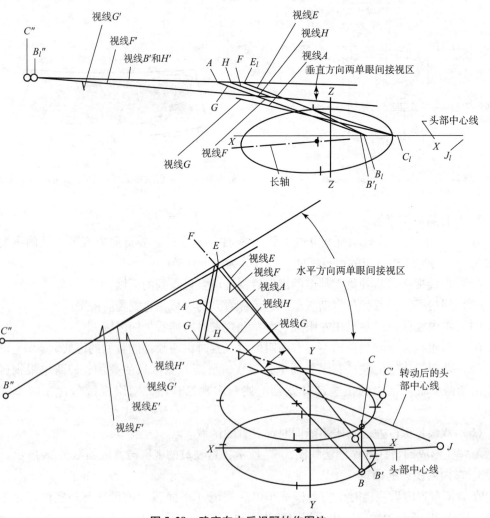

图 5.29　确定车内后视野的作图法

5.5 汽车后视镜设计

5.5.1 后视镜概述

汽车后视镜反映汽车后方、侧方和下方的情况，使驾驶者可以间接看清楚这些位置的情况，它起着"第三只眼睛"的作用，扩大了驾驶者的视野范围。汽车后视镜属于重要安全件，它的镜面、外形和操纵都颇讲究。后视镜的质量及安装都有相应的行业标准，不能随意。

后视镜以安装位置划分，有外后视镜、下后视镜和内后视镜三种。以用途划分，外后视镜反映汽车后侧方，下后视镜反映汽车前下方，内后视镜反映汽车后方及车内情况。用途不一样，镜面结构也会有所不同。一般后视镜镜面主要有两种，一种是平面镜，顾名思义镜面是平的，用术语表述就是"表面曲率半径 R 无穷大"，这与一般家庭用镜一样，可得到与目视大小相同的映像，这种平面镜常用作内后视镜；另一种是凸面镜，镜面呈球面状，具有大小不同的曲率半径，它的映像比目视小，但视野范围大，好像照相机"广角镜"的作用，这种凸面镜常用作外后视镜和下后视镜。图 5.30 所示为蓝鸟多功能内后视镜，图 5.31 所示为蓝鸟外后视镜。

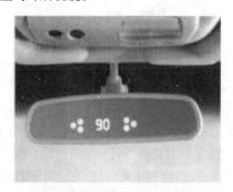

图 5.30　蓝鸟多功能内后视镜

图 5.31　蓝鸟外后视镜

轿车及其他轻型乘用车一般装配外后视镜和内后视镜，大型商用汽车（大客车和大货车）一般装配外后视镜、下后视镜和内后视镜。

后视镜有一个视界问题，就是指镜面所能够反映的范围。业界有视界三要素提法，即驾驶者眼睛与后视镜距离、后视镜尺寸大小和后视镜曲率半径。这三要素之间有一定关系，当后视镜距离和尺寸相同，镜面曲率半径越小，镜面反映视界越大。当镜面曲率半径相同，镜面尺寸越大，镜面反映视界越大。

现在已经迈入新世纪，先进配备使得汽车更聪明、更安全，但是位在车侧两边的左、右后视镜和位于车室内的中央后视镜，无论看来多碍眼，没有一部车少得了它们。曾经有很多概念车使用摄影机来掌握车子外围的情况，但似乎功能上都还不及那两片薄薄的镜子，每部量产车都还是乖乖地装上后视镜。即使左、右后视镜正是行车风切声的主要来源之一，也因为处于车身两边最外侧的位置而特别容易碰撞而毁损，长久以来很多汽车工程师都很想用别的配备来取代它的功能，但是到目前为止，没有一家车厂办得到。

5.5.2 对后视镜的基本性能要求

1. 后视镜的视野角度

后视镜的视野角度取决于镜面大小、镜面曲率以及镜与视点间的距离。具体要求车外后视镜安装在第 95 百分位眼椭圆上边缘水平切线之上或下边缘水平切线之下的位置，以使头部和眼睛的总转动量不超过 60°，并且应避开风窗玻璃上不能刮刷到的部分或 A 立柱遮挡区域。另外，要求车内后视镜安装在第 95 百分位眼椭圆上边缘水平切线之上或下边缘水平切线之下的位置。后视镜的左右单眼总视野如图 5.32 所示。

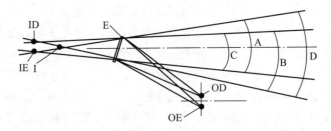

图 5.32　后视镜的左右单眼总视野

E—内后视镜；OD, OE—驾驶员眼点；ID, IE—单眼虚像；I—左、右眼总虚像；
A—左眼视角；B—右眼视角；C—双眼视角；D—左、右单眼总视角

2. 后视镜的反射率

按 GB 15084—2006《机动车辆后视镜的性能和安装要求》（注：此标准自 2007 年 1 月 1 日开始实施，现已废止）第 5.2 节规定的方法测定的数值，不得小于 40%。反射率越大镜面反映图像越清晰。反射率大小与镜内表面反射膜材料有关。汽车后视镜反射膜一般用银和铝为材料，最小反射率 80%。高反射率会有副作用，如夜间行车在后面汽车前大灯照射下，经内后视镜反射会使驾驶者产生眩目感，影响行车安全。因此内后视镜一般采用棱形镜，虽然镜面也是平的，但其截面形状棱形，利用棱形镜表面反射率与里面反射率不一样的特点，达到无眩目要求。白天采用反射率 80% 银质或铝质里面反射膜，晚上则用反射率 4% 左右表面玻璃。为此，晚上只需略为将白天位置内后视镜转动一下角度。

3. 后视镜的失真率

虽然镜面曲率半径越小视野范围越大，但同时镜面反映物体变形程度也越大，这有些像"哈哈镜"，往往会造成驾驶员错觉。从行车安全角度出发，有一个映像失真率问题。行业标准规定，平面镜失真率不得大于 3%，凸面镜失真率不得大于 7%，要求不能反映有歪曲变形实物图像。因此，镜面曲率半径有限制范围，行业标准规定外后视镜曲率半径为 $R1\,200$，内后视镜曲率半径为无限大（平面镜）。

4. 后视镜的有效面积

车内后视镜，允许遮挡部分的总和占规定视野的 15% 以下；车外后视镜，允许遮挡部分的总和占所规定视野的 10% 以下。

5. 后视镜的耐气候性

后视镜的耐气候性包括耐高温、耐低温、耐湿空气、防水等性能。

6. 后视镜的缓冲性能

后视镜在遭到撞击时，应具有移位或脱落的功能。

7. 后视镜的安装

驾驶员眼睛与后视镜距离，就是后视镜安装位置，直接影响后视镜视界、清晰程度和汽车轮廓尺寸，对行车安全很重要。因此，后视镜安装位置要达到行业标准视界要求；后视镜应尽可能靠近驾驶员眼睛，应方便驾驶员观察，头部及眼球转动小。

后视镜应安装在车身上下振动最小位置上。以现在的轿车为例，外后视镜主要装配在前车门上，控制方式有电动式和手动式。电动式外后视镜镜片后面装有驱动机构，它由小型可逆式直流电动机、减速齿轮、电磁离合器组成，驾驶员在车内控制开关对外后视镜进行上下左右调整，调整范围在30°以内，并可折叠。手动式外后视镜多采用杠杆式，驾驶员在驾驶座上摆动车门上相应小手柄，即可上下左右调整镜面角度，手动后视镜结构比较简单，装在经济型轿车上。

外后视镜外形轮廓不但影响到车身的外观，也影响到车身尺寸，行业标准有轿车外后视镜的安装位置不得超出汽车最外侧 250 mm 的规定。同时，由于一般轿车的速度高，风阻和噪声是设计者要考虑的重要问题，因此外后视镜外形轮廓要符合空气动力学，用圆滑的线条尽量减少风阻及风噪。

5.5.3 后方视野的评价方法

图 5.33～图 5.35 所示为用作图法得到的汽车内外后视野区域范围。在得到了汽车内外后视野后，就可以按照法规进行视野评价。后方视野的评价方法，分感觉评价（定性评价）和试验评价（定量评价）两种。

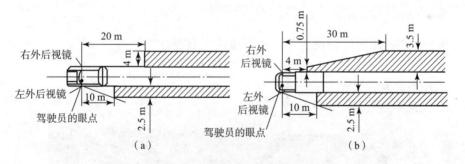

图 5.33 汽车外后视镜的后方视野区域

（a）总质量小于 2 000 kg 的 M1 和 N1 类汽车的外后视镜的后视野区；
（b）总质量大于或等于 2 000 kg 的 M1 和 N1 类汽车以及其他 M 和 N 类汽车的外后视镜的后视野区

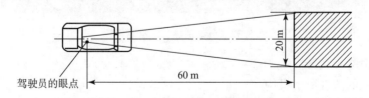

图 5.34 汽车内后视镜的后方视野区域

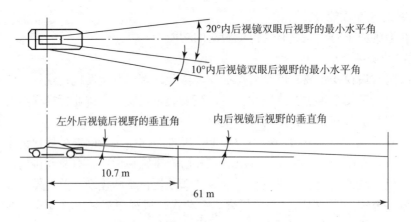

图 5.35 轿车的后方视野区域

另外，在视野评价的时候经常要用到眼点的概念。GB 15084—2006 中规定驾驶员的眼点为：通过汽车制造厂确定的驾驶员设计乘坐位置中心，作一个平行于汽车纵向基准面的纵向垂直平面，从该平面内的驾驶员 SgRP 点（即 R 点）向上 635 mm，作垂直于该平面的一条直线段，在此直线段与该平面的交点的两侧各 32.5 mm 处（总距离为 65 mm）作两个点，即为驾驶员的眼点，也称驾驶员视点，如图 5.36 所示。

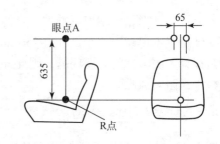

图 5.36 GB 15084—2006 中规定驾驶员视点

5.5.4 汽车后视镜新功能的研究和开发

目前国内外汽车主机厂和供应商正在积极研发具有新功能的汽车后视镜，这些新功能包括：

（1）远距离调节后视镜角度。

（2）后视镜加热除雾，如图 5.37 所示。

图 5.37 自动加热、除雾后视镜

（3）后视镜除灰装置。

（4）后视镜的清洗甩水机构。

（5）防眩目后视镜，如图 5.38 所示。

（6）新型多曲面、无盲区后视镜。这是一种全新概念的车辆外置后视反光镜，它利用光学原理，对机动车前、后、左、右的不同视野角度，准确地使不同的曲率面在同一块后视

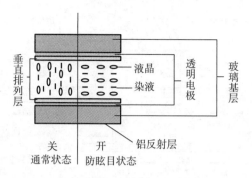

图 5.38　液晶防炫目后视镜

镜中复合而成。这种多曲面、无盲区后视镜具有以下特点：

①可视角度比一般后视镜大 20°~60°。

②曲率半径符合国际标准要求，且失真度、反射率等也达到国际标准。

③有很强的距离感，可依据所视物体的远近而改变其在镜面中的大小，判断出与这一物体的距离。

④能够真实地体现物体的影像，克服眩晕感。

多曲面、无盲区后视镜将驾驶员的视野扩大到了一个新的水平，其横向、纵向视野扩大了 3 倍以上。

（7）后视摄像 - 防撞系统。图 5.39 所示为装在汽车尾部的倒车雷达，它有助于提高倒车时的防撞性能。

图 5.39　倒车雷达

5.6　改善车辆视认性的途径

5.6.1　驾驶室（车身）人机界面的合理设计

合理设计驾驶室（或车身）人机界面可以提高车内视觉显示装置的视认性，扩大车外直接视野范围。其中车外直接视野范围包括以下几项：

（1）前方视野，如图 5.40 所示。

（2）前上方视野，如图 5.41 所示。

（3）动态前方视野。

（4）侧方视野。侧方视野是指驾驶员通过侧门风窗等直接可见的视野范围。由于大客车、货车的视点位置高，因此对侧方视野的要求显得比轿车更重要一些。

（5）全周视野。全周视野主要用于轿车。因为轿车经常要进出停车场地，或在拥挤的街道上行驶，所以驾驶员需要环视前后左右，这就要求轿车的全周视野要好。全周视野主要

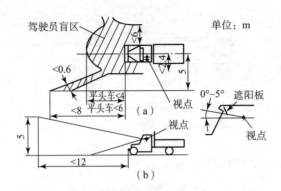

图 5.40 对左置方向盘货车前方视野的尺寸要求

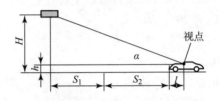

图 5.41 前上方最小视角

与前、后风窗玻璃尺寸，A柱、B柱、C柱尺寸和结构，前、后机罩的高度和角度，以及座椅、头枕的布置有关。

视角速度的定义如下式，各参数见图 5.42。

$$w = \sqrt{\left(\frac{d\theta}{dt}\right)^2 + \left(\frac{d\phi}{dt}\right)^2}$$

式中：w 为视角速度（rad/s）；θ，ϕ 分别为视线的角度（rad）。

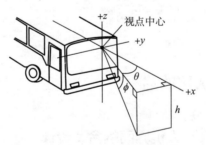

图 5.42 视角速度的定义

如图 5.43 所示，当 $y=0$ 时，视角速度有如下公式：

$$w = \frac{hv}{x^2 + h^2}$$

$w \leq 2$ rad/s 为舒适的驾驶视野范围；$2 < w \leq 4$ rad/s 为不舒适的驾驶视野范围；$w > 4$ rad/s 为具有恐怖感的驾驶视野范围。

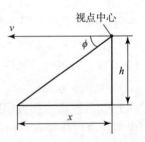

图 5.43 $Y=0$ 时视角速度的定义

5.6.2 恶劣天气条件下保持良好视野的技术措施

在恶劣天气条件下若要保持良好视野，必须采取一些技术措施，这些技术措施包括刮水、洗涤、除霜和除雾。

1. 刮水、洗涤

（1）雨天行车时，为了洗净、刮掉风窗玻璃外表面的雨水、泥污，保持良好的视野，汽车上一般都装有风窗刮水器和风窗洗涤器。

（2）GB 15085—2013《汽车风窗玻璃刮水器和洗涤器　性能要求和试验方法》中规定了对 M1 类汽车的风窗玻璃刮水器、洗涤器的性能要求。

2. 除霜、除雾

（1）除霜装置是用来溶化风窗玻璃内外表面上的霜和冰，使之恢复清晰视野的装置。

（2）除雾装置是用来清除风窗玻璃内表面上的水蒸气凝结物，使之恢复清晰视野的装置。

（3）除霜、除雾装置的型式通常有暖风机、空调机以及风窗玻璃内部镶嵌电阻丝等几种。

5.6.3 改善驾驶员视认性与视野的高新技术应用

为了扩展或/和增强车辆驾驶员的视觉功能，以进一步改善车辆的视认性能、视野性能及回避危险性能，基于现代高新技术的各种辅助装置和系统正在车辆和交通工程领域得到了日益广泛的应用。例如，全球定位系统（global positioning system，GPS）、智能视觉系统、摄像－监视系统、雷达－监控系统、超声波监控系统、红外线监控系统、智能车辆公路系统（intelligent vehicle highway system，IVHS）、智能交通运输系统（intelligent transportation system，ITS）等。这些新装置的基本特点是综合运用计算机、电子、自动控制和人工智能等各种先进的技术以提高车辆的自动化、智能化水平。这些在全世界比较领先的新装置包括以下几种：

（1）美国研制的一种发射无线电波的探测器，通过车载嵌入式系统处理区分车外一定距离处的不同物体；法国的雷诺和标志汽车在自动引导车上装设一种通过雷达探测 30～80 m 的障碍物，并在显示屏上显示障碍物，并通过激光测距仪、摄像机和后视镜使驾驶员能看清 30 m 范围内行人过马路情况的装置。

（2）英国研制的一种汽车安全装置，也采用雷达探测前方车辆的车速与车距，以保持前后车间的安全距离。

（3）日本三菱汽车公司开发的新一代汽车装有先进的雷达探测系统和人工智能系统，能自动识别红、绿灯和交通标志，探测前方道路的障碍物和道路状况。

（4）日本马自达汽车上设计的激光防撞系统，可以通过激光扫描雷达仪探测 140 m 内的汽车和 60 m 内的行人，并由蜂鸣器向驾驶员及时发出警告。

（5）德国博世公司研制的一种光学装置，能射出好几束光，它们照亮不同方向。考虑城市道路只需照得亮，而高速公路上应该达到宽、远、亮，同时左前灯不宜过亮，故灯光光束分为城市道路、高速公路和一般公路三个档次。

5.7 听觉信息传示装置

5.7.1 概述

听觉信息传示装置是利用示警信号（声音）来传达信息，其设计必须考虑人的听觉特性，以及装置的使用目的和使用条件。

特点：可快速有效地传递简单和短促的信息，反应快、方向不受限制。

应用：蜂鸣器、铃、角笛和汽笛、警报器。

5.7.2 言语传示装置

言语传示装置是用语言在人与机器之间传递信息。

特点：可以更为细致、明确地指导操作者的各种操作行为。

优点：可使传递和显示的信息含意准确、接收迅速、信息量较大。

缺点：易受噪声干扰。

应用：语音导航、车载广播、车载电视、车载电话等装置。

言语传示装置设计应注意以下几点：

（1）语言清晰度与语言的强度之间的关系。图 5.44 展示了语音强度和清晰度之间的非线性关系。

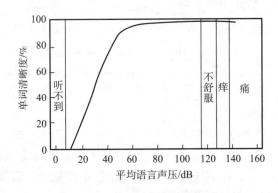

图 5.44　语音强度和清晰度的关系

（2）噪声环境中的语言通信，具体要关注以下几点：

①环境干扰噪声的声级。

②通信距离的影响：声音距声源的距离每增加 1 倍，语言声级下降 6 dB。

③车载环境或工作环境的吸声条件。

④混响时间的影响：如果混响时间≥1.5 s，那么语言清晰度就会下降。

5.7.3 听觉传示装置

1. 音响传示装置设计

（1）在有背景噪声的场合，音响传示装置的声音频率应设计在噪声掩蔽效应最小的范围内。

(2) 设计使用断续的或音调有高低变化的声音信号，可以更能引起人的注意。对于报警装置，最好设计成视、听双重报警。

(3) 音响信号传播距离远和穿越障碍物时，应加大声音强度，并使用低频信号。

(4) 在同一个工作环境内，音响装置不宜过多，以免造成各信号间相互干扰。

2. 言语传示装置设计

(1) 当显示内容较多、采用显示装置不能满足要求时，采用一个言语传示装置即可达到目的。

(2) 用于指导检修和故障处理工作场合。

(3) 用于监控与追踪作业场合。

5.8 操纵装置设计

5.8.1 操纵装置的类型和选择

1. 操纵装置的类型

在人机系统中，操纵装置（又称控制装置、调节装置）是指通过人的动作（直接或间接）来使机器起动、停车或改变运行状态的各种元件、器件、部件、机构以及它们的组合等机构。其基本功能是把操作者的响应输出转换成机器设备的输入信息，进而控制机器设备的运行状态。

操纵装置的设计，应使操作者能在其一个作业班次内，安全、准确、迅速、舒适、方便地持续操纵而不产生疲劳。为此，设计者必须充分考虑人体的体形、尺度、生理特点、运动特征和心理特性，以及人的体力和能力的极限，才能使所设计的操纵装置达到高度的宜人化。图 5.45 所示为操纵器类型，图 5.46 所示为常用的操纵装置的形态。

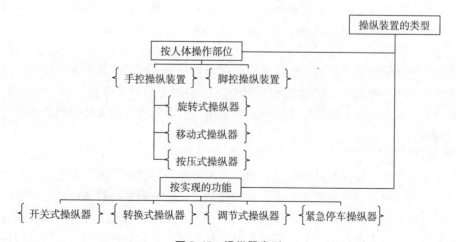

图 5.45 操纵器类型

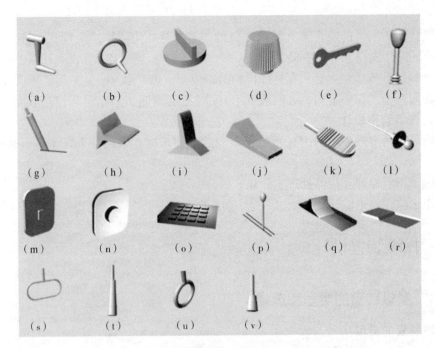

图 5.46　常用的操纵装置的形态

（a）曲柄；（b）手轮；（c）旋塞；（d）旋钮；（e）钥匙；（f）开关杆；（g）调节杆；（h）杠杆电键；（i）拨动式开关；（j）摆动式开关；（k）脚踏板；（l）钢丝脱扣器；（m）按钮；（n）按键；（o）键盘；（p）手闸；（q）指拨滑块（形状决定）；（r）指拨滑块（摩擦决定）；（s）拉环；（t）拉手；（u）拉圈；（v）拉钮

2. 操纵装置的选择

1）脚踏板

脚踏板适用于动作简单、快速、需要的操纵力较大的调节。能较长时间保持在调节位置上，可用于两个或几个工位的调节和无级调节。脚控操纵器一般适用于需要连续进行操作，而且用手又不方便的场合，或手的任务量太大，且需要的操纵力较大的场合。在坐姿、有座椅靠背的条件下宜选用脚控操纵器。

2）手闸

手闸适用于操纵频率较低的场合，可进行两个或数个工位的调节及无级调节。当阻力不大时，可用作为两个终点工位之间的精确调节。手闸的工位容易保持，并且可以看见和触及。若有多个滑动操纵器需要用单手同时操纵，则可用手闸进行快速精确调节，并且能保持在调节的工位上。

3）变速杆

变速杆是汽车变速器操纵杆的简称，也是汽车变速器总成的一部分，也是汽车人机交互的共同部分。变速杆可以改变变速器中齿轮的传动比，使车辆的行驶速度变化，驱动力也随之变化，它是使运动部件从某一速度变换为另一速度的工具。变速杆分为手动挡和自动挡。手动挡汽车、左置式方向盘的车辆，变速器操纵杆安装在驾驶座的右侧位置或方向柱上。

（1）手动挡汽车变速杆。各车型手动挡变速器的挡位数和位置不尽相同，但挡位排列的原理基本一致：前进挡按由上至下，先左后右的顺序递增；倒挡在左上或右下角位置；横向中间为空挡，如图 5.47 所示。操作手动变速器变速杆时，手自然握住手柄，两眼应注视前方,左手握稳方向盘,在右脚松抬加速踏板的同时,左脚踩下离合器踏板,右手用手腕、肘关节的力量将变速杆前推或后拉,以实现摘挡或挂入某一选定的挡位。

(2) 自动挡汽车变速杆(图5.48)

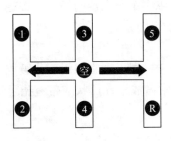

图5.47 手动挡挡位　　　　　　　　图5.48 自动挡挡位(见彩插)

①起动发动机前,必须使操纵手柄位于"P"挡、"T"挡或"N"挡。

②发动机运转时,将操纵手柄挂入任何挡位之前,都应先踩下行车制动踏板。

③在需要检查运转的发动机前,务必将操纵手柄置于"P"位置,并将驻车制动器拉至极限位置。

④行驶中,误将操纵手柄挂入"N"挡位,应立即抬起加速踏板,再将操纵手柄置于所需挡位,继续加速前进。

⑤下陡坡时,应主动将操纵手柄置于低挡,以便利用发动机怠速牵阻作用将车速控制在较低范围内。

4) 手轮

手轮适用于细微调节和平稳调节,并用于无级调节、三工位或多工位的分级开关。手轮很适宜于保持在一个位置上,要求精确地调节。但为了避免无意识操纵,手轮要有联锁或保险装置。

5) 方向盘

方向盘是一种特殊的手轮,它是汽车、轮船、飞机等的操纵行驶方向的轮状装置。方向盘一般是通过花键与转向轴相连,其功能是将驾驶员作用到方向盘边缘上的力转变为转矩后传递给转向轴。使用直径大些的方向盘转向时,驾驶员作用到方向盘上的手力可小些。转向传动轴在转向器与转向轴之间作为连接件有利于转向器通用化,补偿制造与安装时产生的误差,使转向器、方向盘在整车上的安装更合理。

6) 曲柄(摇把)

曲柄适用于用力大、移动幅度大而精度要求不高的调节,主要用于无级调节。曲柄的优点是操纵转矩较大,适应范围较广,其形状确保操作者不可能产生无意识的操作,安全性较好,但它受空间限制较大。

7) 旋钮

旋钮适用于用力较小且变化细微的连续调节或三种状态以上的分级调节,可广泛用于粗调或细调。

8) 按钮

按钮适用于安装空间受限制或要求单手同时快速操纵多个操纵器的场合。为了防止无意识操纵，可采取适当的结构措施，且作用力（或阻力）设计成 1.8～5.3 N。另外，只允许有两个工位。

9）按键

按键适用于安装空间受限制或要求单手同时快速、准确地操纵多个操纵器的场合。按键可根据用途不同，选用不同颜色，便于识别。另外，只允许有两个工位。

10）旋塞

旋塞既适用于无级调节，又适用于分级开关。若调节范围小于一周，则旋塞用于分级控制时可以有 2～24 个工位（例如，旋转量程选择开关）。旋塞通常做成指针形状或带有指示标记，各个工位有指示数值，以利于提高操纵的准确性。

11）钥匙

钥匙适用于对安全有特殊要求，不允许产生非授权的和无意识的调节的场合，比如发动机的点火开关就是一把钥匙。钥匙尤其适用于保持在一个工位上的操纵要求。

12）开关杆

开关杆适用于要求能保持并精确调节的场合，可用于两个或多个工位的操纵，也可用于多个运动方向及无级调节。

13）拨动式开关

拨动式开关适用于快速调节、占据空间小、单手操纵几个操纵器的场合。视其结构不同，可调节两个或三个工位。

14）摆动式开关

摆动式开关最适宜于空间小的情况下，对几个操纵器用单手同时进行快速操纵，且要求可见和可触及相应工位的场合，只能用于两个工位。

15）键盘

键盘由几个或几十个按钮开关或按键组成，其按键组合应符合国家标准或国际标准。键盘主要适用于安装空间受限制、便于集中控制的场合。

16）指拨滑块

指拨滑块分两类，一类是人手施加的力通过滑块与手指间的摩擦来传递，它只允许有两个工位，适用于安装空间受限制且可看见工位的场合，也适用于要求防止无意识操纵的场合；另一类是滑块所受的力通过滑块的突起形状来传递，它允许有两个、几个工位及无级调节，适用于要求可以看见和触及的操纵，并能快速调节和保持在调节位置的场合。

17）牵拉式操纵器

牵拉式操纵器适用于两个、几个工位及无级调节，它要求有恰当的结构设计（如行程、标记等），适宜用于要求能保持调节位置，并能进行快速精确调节的场合。

18）触摸屏

如图 5.49 所示，触摸屏显示器有一个控制面覆盖在显示屏的上部，因此它可以通过手指触摸操作，无须任何额外的输入控制装置。触摸区域可以直观地显示，并可以作为控制器。触摸控件是最直接的形式，因为信息显示和控制都在其显示屏上。因此，它们有成为直观的、理想的、自然的控制器的潜力（就像用手指指着一样）。

19）旋钮开关

旋钮可以设计成不同的形状和大小，并用指针或标记（例如，旋转前照灯开关、拇指

图 5.49　触摸屏

旋转控制器、环形开关），它们可以安装在不同的表面上及在不同的方向上（例如，旋转前照灯被安装在转向杆的末端）。SAE 标准 J1139（SAE，2009）提供了在不同的安装方位上开关的操作方向的规范。旋钮控制可以是连续的或离散的（定位型）。连续旋钮可以在它操作范围内的任一位置上设置，而间断旋钮可以在定位位置中的任一处设置。

图 5.50 显示了空调控制器的一个连续旋钮温度开关。它集成了一个短时按钮"打开和关闭"的自动温度控制功能。旋转控制开关也被 5 个短时按钮环绕，它们用以设置不同的温度控制模式。每种模式选择按钮（除了关闭按钮）还有一个小的 LED 来指示其状态。

图 5.50　旋钮开关

20）多功能开关

如图 5.51 所示，多功能开关是一种集成了多种操作功能的开关（例如，可以拉或推的旋钮开关，可以像操纵杆一样移动的旋钮开关；可以不同的组、布局和方位布置的按钮）。为了表示各种可用的功能，控制器上的视觉标签和附加提示（例如，形状、纹理、颜色和方位）或它们的相关显示，一般对于成功完成控制是非常重要的。

图 5.51　多功能开关

21）声控开关

声控开关是一个语音识别系统，可以识别驾驶员所说的话，并根据编程功能设置系统的功能。因此，原则上语音控制不需要驾驶员进行任何的手或身体动作（免提操作）来操作控制（除了打开声音控制）。

5.8.2 汽车操纵装置设计中的人机工程学问题

1. 符合人机工程学的操纵装置设计的一般原则

（1）操纵装置要适应于人的生理特点，便于大多数驾驶员使用操作。

（2）操纵装置的运动方向要同汽车或发动机的运行状态相协调。

（3）操纵装置要容易辨认。

（4）尽量利用自然的操纵动作或借助操作者身体部位的重力进行操纵。

（5）在条件许可的情况下，尽量设计多功能的操纵装置，如图 5.51 所示。

（6）操纵装置如方向盘、变速杆、手刹灯的造型设计，要求尺寸大小适当、形状美观大方、式样新颖、结构简单，并且给操作者以舒适的感觉。

2. 操纵装置的形状和式样

（1）操纵装置的形状同它的功能之间最好有逻辑上的联系，以利于辨认和记忆，如方向盘是圆环状，很容易与转向功能发生联系。

（2）操纵装置的式样应便于使用，有利于操作者用力。

（3）有定位或保险装置的操纵装置，其终点位置应有标记或专门的止动限位装置。

（4）分级调节的操纵装置应有中间各挡位置标记和定位、自锁、连锁装置，如变速杆和手刹等。

（5）脚控操纵装置不应使踝关节在操作时过分弯曲。

（6）当操纵装置数量很多，而又难以单纯用形状来区分时，可在操纵装置上刻以适当的符号，作为辅助标志。这些符号最好用手或脚感触即可辨别。

3. 操纵装置的大小

诸如方向盘、变速杆和踏板等操纵装置的尺寸大小应适合于驾驶员的手或脚进行操作。常用操纵装置的尺寸范围及优先选用规范，可查阅 GB/T 14775—1993《操纵器一般人类工效学要求》中的 5.2 节及相应的图、表数据。

4. 操纵装置的布置

（1）诸如方向盘、变速杆和踏板等操纵装置的排列应适合人的操作习惯，按照合理的操作顺序和逻辑关系进行安排。

（2）操纵装置应优先布置在驾驶员的手或脚活动最灵敏、辨别力最好、反应最快、用力最强的空间范围和合适的方位上。当这些空间范围不够用时，则按操纵装置的重要性和使用频率依次布置在较好或次要的位置上。

（3）联系较多的操纵装置应尽可能安排在邻近位置，并同操纵器的编码相适应。

（4）当操纵装置很多时，应按照它们的功能分区布置，各区之间用不同的位置、颜色、图案或形状进行区分。

（5）操纵装置应尽可能布置在人的视野范围内，借助视觉进行识别。

（6）诸如制动踏板这样的紧急操作用的操纵装置，必须与其他操纵装置分开布置，安排在最显眼而又最方便操作的位置，以确保驾驶员操纵准确及时。

（7）操纵装置的总体布置要力求简洁、明确、易操作及造型美观。

（8）如图 5.52 所示，诸如离合踏板、加速踏板和制动踏板等操纵装置的空间位置和分布应尽可能做到在盲目定位时有较高的操纵工效。

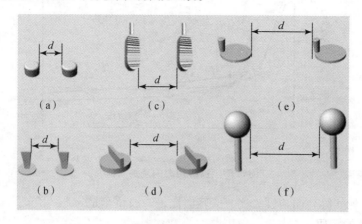

图 5.52　各种操纵装置之间的内侧间隔距离

5. 操纵力和操纵位移

（1）操纵阻力。操纵装置的操纵阻力主要由摩擦阻力、弹性阻力、黏滞阻力、惯性阻力等部分构成。

（2）最大操纵力。最大操纵力既取决于操纵器的工作要求，又受限于操作者在一定姿势下所能产生的最大出力。常用操纵器的操纵力要求可查阅 GB/T 14775—1993《操纵器一般人类工效学要求》中的 5.4 节及相应的表格中的数据。

（3）最优操纵力：一般推荐最优操纵力的范围为：

手操纵 5~20 N；

手指操纵 2~5 N；

脚操纵 45~90 N（一般踏板的阻力在 50 N 左右）；

脚尖操纵 20~45 N。

从省力的角度出发，在不同的用力条件下，以使用最大肌力的 1/2 和最大收缩速度的 1/4 操作，能量利用率最高，人较长时间工作也不会感到疲劳。

影响最优操纵力的主要因素有以下几点：

①操纵装置的结构型式及其位置。

②人体的姿势。

③操纵装置的性质和使用要求。

④静态施力操纵。

⑤操纵装置的用力梯度和差别阈值（图 5.53）。

6. 操纵位移

操纵器位移参数的设计，主要是确定操纵器的适宜增益。操纵器的增益，有两种含义：

1）显示－操纵比

显示－操纵比是显示器的指示量与操纵器的操纵量之间的比值。

2）响应－操纵比

响应－操纵比是机器系统的实际变化量与操纵器的操纵量之间的比值，比如方向盘转过

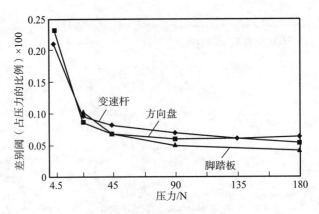

图 5.53 操纵用力的差别阈值

的角度与汽车车轮实际转向角度之比——转向比,一般轿车是 8∶1,客车是 12∶1。

7. 操纵装置的编码

将操纵装置进行合理编码,使每个操纵器都有自己的特征,以便于操作者确认不误,是减少操作差错的有效措施之一。编码方法有以下几种:

1) 形状编码

形状编码要注意尽可能使各种形状的设计反映操纵器的功能要求,使人能看出此种形状的操纵器的用途。另外,还要尽可能考虑到操作者戴手套也能分辨形状和方便操作。

如图 5.54 所示,常用旋钮的形状编码分为以下三类:

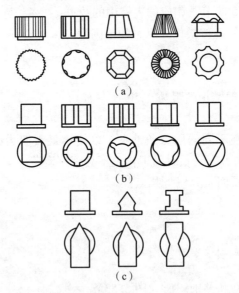

图 5.54 常用旋钮的形状

(1) 多倍旋转旋钮(控制范围超过 360°)。
(2) 部分旋转旋钮(控制范围不超过 360°)。
(3) 定位指示旋钮(旋钮的操纵受临界位置的定位控制)。

2) 大小编码

若设计师想让操作者仅凭触觉就能正确辨认出不同尺寸的操纵装置(例如,圆形旋钮），则它们相互之间的尺寸差别必须足够大（如圆形旋钮的尺寸必须相差20%以上）。对于旋钮、按钮、扳动开关等小型操纵装置，通常只能划分大、中、小三种尺寸等级。因此，大小编码方式的使用效果不如形状编码有效，使用范围也较为有限。

3）位置编码

操纵装置的安装位置也常被用来起编码作用。例如：汽车上的离合器踏板、制动器踏板和加速踏板，就是以位置编码相互区分。另外，在不用眼睛看而仅用手摸进行操作时，对垂直排列布置的操纵器的操作准确性优于水平排列布置。相邻操纵器间应有一定的间距以利于辨别，此间距一般不宜小于125 mm。

4）颜色编码

操纵装置的颜色编码，一般不单独使用，而要同形状或大小编码联合使用。颜色只能靠视觉辨认，而且只有在较好的照明条件下才能看清楚，所以它的使用范围也就受到限制。人眼虽然能辨别很多颜色，但用于操纵装置编码的颜色，一般只使用红、橙、黄、蓝、绿5种颜色，色样多了，反而容易混淆。

操纵装置的功能与其颜色之间有一定的匹配关系。停止、断开功能的操纵装置宜用红色；起动、通电功能的操纵装置宜用绿色、白色、灰色或黑色；起、停两用功能的操纵装置宜用黑色、白色或灰色，忌用绿色和红色；复位功能的操纵装置宜用蓝色、黑色或白色。

5）标志编码

在操纵装置上面或侧旁，用文字或符号做出标志以标明其功能。标志编码要求有一定的空间和较好的照明条件。标志本身应当简单明了，易于理解。文字和数字必须采用清晰的字体。

5.8.3 手控操纵装置的设计

1. 旋转式操纵装置的设计

旋转式操纵装置通常都是用单手操纵。按其使用功能可分为：多倍旋转手轮、摇把、十字把、旋钮等（控制范围超过360°，如图5.55所示）、部分旋转旋钮（控制范围不超过

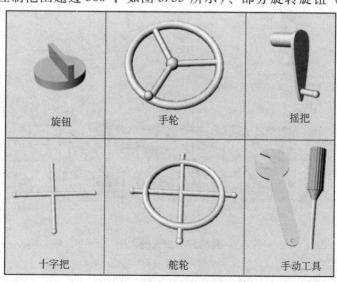

图 5.55　旋转式操纵装置

360°)、定位指示旋钮（旋钮的操纵受临界位置的定位控制）三类。前两类用于传递一般的信息，第三类用于传递重要的信息。

1）旋钮的设计

（1）旋钮的形态。如图 5.56 所示，旋转角度超过 360°的多倍旋转旋钮，其外形最好设计成圆柱形或锥台形；旋转角度小于 360°的部分旋转旋钮，其外形最好设计成接近圆柱形的多边形；定位指示旋钮最好设计成简洁的多边形，并标注刻度或工作状态。为保证操作时手与旋钮间不打滑，可将旋钮的周边加工出齿纹或多边形，以增大摩擦力。对于带凸棱的指示型旋钮，手握和施力的部位是凸棱，因而凸棱的大小必须与手的结构和操作运动相适应，才能提高操纵工效。

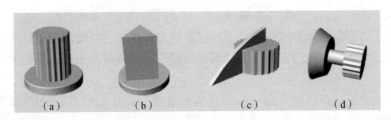

图 5.56 旋钮的形态

（2）旋钮的大小

如图 5.57 所示，旋钮的尺寸大小应根据操作时使用手指和手的部位来确定。通常，旋钮的尺寸是按操纵力来确定的，尺寸太大或太小，都会使操作者感到不舒适。为防止操作者的手指无意识地接触到不打算操纵的那层旋钮而产生误动作，相邻层的旋钮直径之间的差别和每一层旋钮的厚度不可太小；上层旋钮的直径和厚度都不可太大。图 5.58 所示为同心三层旋钮。

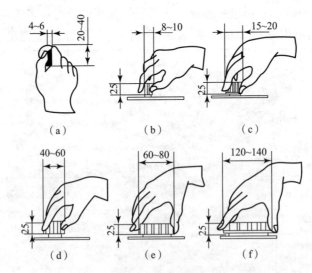

图 5.57 旋钮的大小

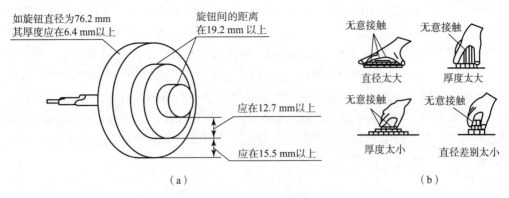

图 5.58 同心三层旋钮

2) 手轮和曲柄的设计

(1) 手轮和曲柄的回转直径。机床上刀具进给用的小手轮直径为 60~100 mm；汽车、拖拉机、工程机械方向盘的直径在 330~600 mm 范围内；另外，GB 5911—1986《转向盘尺寸》（注：此标准自 1986 年 12 月 1 日开始实施，现已废止）中规定了 350 mm、380 mm、400 mm、425 mm、450 mm、475 mm、500 mm、550 mm 八种方向盘直径的标准规格。手轮和曲柄上握把的直径为 20~50 mm。

(2) 手轮和曲柄操纵力。单手操作为 20~130 N，双手操作不得超过 250 N。

(3) 手轮和曲柄的安装位置，如图 5.59 所示。

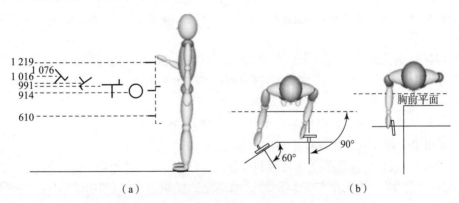

图 5.59 一般机械设备操作用手轮和曲柄的安装位置

2. 移动式操纵装置的设计

常用的手控移动式操纵装置有：操纵杆、手闸、扳钮开关和指拨滑块等。

1) 操纵杆的设计

(1) 操纵杆的形态和尺寸。操纵杆的直径一般为 22~32 mm，球形圆头直径为 32 mm。若采用手柄，则直径不宜太小，否则会引起肌肉紧张，长时间操作容易产生痉挛和疲劳。

操纵杆的长度与其操纵频率有关，操纵杆越长，动作频率应越低。当操纵杆长度为 30 mm、40 mm、60 mm、100 mm、140 mm、240 mm、580 mm 时，对应的最高操纵频率应为 26 $\min^{-1}$、27 $\min^{-1}$、27.5 $\min^{-1}$、25.5 $\min^{-1}$、23.5 $\min^{-1}$、18.5 $\min^{-1}$、14 $\min^{-1}$。

(2) 操纵杆的行程和扳动角度。如图 5.60 所示，为了适应人的手臂特点，尽量做到只用手臂而不移动身躯就可完成操作。对于短操纵杆（150～250 mm），行程为150～200 mm，左右转角不大于45°，前后转角不大于30°；对于长操纵杆（500～700 mm），行程为300～350 mm，转角为10°～15°。通常操纵杆的动作角度为30°～60°，不超过90°。

如图5.61所示，当手执握手柄时，施力和转动手柄都是依靠手的屈肌和伸肌共同完成的。而手掌上指球肌和大、小鱼际肌的肌肉最丰厚，手掌心的肌肉最少，指骨间肌和手指部分则布满神经末梢。因此，手柄的形状应当设计成使其被握住的部位与掌心和指骨间肌之间留有适当间隙，以减轻掌心和指骨间肌的受力，改善手掌的血液循环状况，保证神经不受过强的压迫。

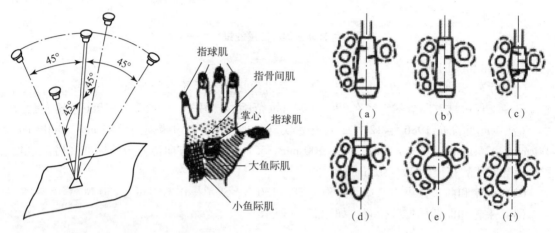

图 5.60　操纵杆的行程和扳动角度　　图 5.61　手柄形式和着力部位的比较

（3）操纵杆的操纵力。操纵力最小为30 N，最大为130 N，使用频率高的操纵杆，操纵力最大不应超过60 N。例如，汽车变速杆的操纵力为30～50 N。

（4）操纵杆的位置。

当操纵力较大、采用立姿操作时，操纵杆手柄的位置应与人的肩部等高或略低于肩部的高度；当采用坐姿操作时，操纵杆手柄的位置应与人的肘部等高。

2）常用移动式操纵装置的工作行程和操纵力

手柄的适宜操纵力的大小与手柄距地面的高度、操纵方向、使用的左右手不同等因素有关。

3）手柄的形状和尺寸设计

对手柄设计的基本要求是：手握舒适、施力方便、不打滑，且动作可控。手柄的形状和尺寸应根据手的结构和生理特征进行设计。

如图5.61所示，当手执握手柄时，施力和转动手柄都是依靠手的屈肌和伸肌共同完成的。而手掌上指球肌和大、小鱼际肌的肌肉最丰厚，手掌心的肌肉最少，指骨间肌和手指部分则布满神经末梢。因此，手柄的形状应当设计成使其被握住的部位与掌心和指骨间肌之间留有适当间隙，以减轻掌心和指骨间肌的受力，改善手掌的血液循环状况，保证神经不受过强的压迫。

4）手控运动用力与花时排序

手控的下列5种运动，根据增加的用力程度、体力消耗和操作时间排序：

(1) 手指。
(2) 手指、腕关节。
(3) 手指、腕关节、前臂。
(4) 手指、腕关节、前臂、上臂。
(5) 手指、腕关节、前臂、上臂和身体。

另外，手腕运动可能比手指运动更会令人疲劳。如果掌心长期受压、受振，则可能会引起难以治愈的手部痉挛，至少也容易引起疲劳和操纵定位不准确，从而造成交通安全隐患与事故。

3. 按压式操纵装置的设计

按压式操纵装置，按其外形和使用情况，大体上分为两类：按钮和按键。它们一般只有两种工作状态，如"接通"与"切断"，"开"与"关"，"起动"与"停车"等。

1) 按钮的设计

在操作过程中，按钮必须能够可靠地复原到初始位置，并且对系统的状态给出显示。按其工作方式，按钮有单工位与双工位两种型式。

按钮的形态，一般应为圆形或方形，为使操作方便，按钮表面最好设计成凹形。按钮的尺寸应根据人的手指端的尺寸和操作要求而定。

用食指按压的圆形按钮，直径为 8~18 mm；用拇指按压的圆形按钮，直径为 25~30 mm，压力为 10~20 N；用手掌按压的圆形按钮，直径为 30~50 mm，压入深度为 10 mm，压力为 100~150 N；方形按钮的边长为 10~20 mm；矩形按钮以 10 mm×10 mm、10 mm×15 mm 或 15 mm×20 mm 为宜，压入深度为 5~20 mm，压力为 5~15 N；按钮应高出台面 5~12 mm，行程为 3~6 mm，按钮间距为 12.5~25 mm，最小不得小于 6 mm。

2) 按键的设计

使用按键的优点是节省空间、便于操作、便于记忆，且使用熟练后，不用视觉也能快速操作。按键有机械式、机电式和光电式，各种型式的按键设计都必须适合人的使用。

5.8.4 脚控操纵装置的设计

1. 脚控操纵装置的型式和操纵特点

脚控操纵装置有两种类型：脚踏板和脚踏钮。如图 5.62 所示，脚踏板分为直动式、摆动式和回转式（包括单曲柄式和双曲柄式）。直动式中，有以脚跟为支点的脚踏板，如汽车的加速踏板，如图 5.63 所示；有脚悬空的脚踏板，如汽车的制动踏板，如图 5.64 所示。

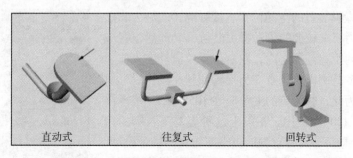

图 5.62 脚踏板的型式

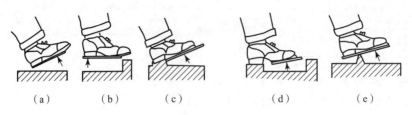

图 5.63 加速踏板

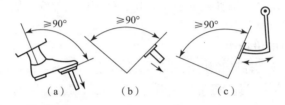

图 5.64 制动踏板

2. 脚控操纵装置的适宜用力

脚控操纵装置在坐姿操作的情况下,当脚蹬用力小于 227 N 时,膝关节角以 107°为宜;当脚蹬用力大于 227 N 时,膝关节角以 130°为宜。

用脚的前端进行操作时,脚踏板上的允许用力不宜超过 60 N;用脚和腿同时进行操作时,脚踏板上的允许用力可达 1 200 N;对于快速动作的脚踏板,用力应减少到 20 N。

在操纵过程中,操作者往往会将脚放在脚踏板上,为了防止脚踏板被无意碰移而发生误操作,脚踏板应有一定的起动阻力,该起动阻力至少应当超过脚休息时脚踏板的承受力。

3. 脚控操纵装置的设计

脚控操纵装置的设计应以脚的使用部位、使用条件和用力大小为依据。如图 5.65 和图 5.66 所示,脚踏板多采用矩形或椭圆形平面板,脚踏钮多采用圆形或矩形。

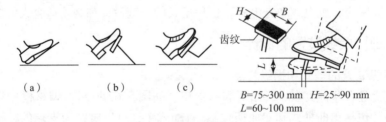

图 5.65 脚踏板的尺寸

另外,脚控操纵装置的空间位置直接影响脚的施力和操纵效率。对于蹬力要求较大的脚动操纵装置,其前后位置应设计在脚所能及的距离范围之内,左右位置应设计在人体中线两侧各 10°~15°范围内。还有应当使脚和腿在操作时形成一个施力单元。为此,膝关节的夹角应在 105°~135°范围内(图 5.67),并以 120°为最优。在以上这种姿势下,脚的蹬力可达 2 250 N,是轿车驾驶室脚踏板空间布置的推荐设计。对于蹬力要求较小的脚控操纵装置,为了使坐姿操作时脚的施力方便,膝关节的夹角以 105°~110°为宜。

图 5.66 汽车脚踏板的具体形状

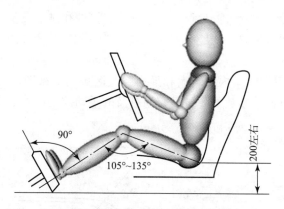

图 5.67 轿车驾驶室脚踏板的空间布置

4. 车辆操纵器的系统布置

(1) 操纵器的排列应适应人的操作习惯,按照合理的操作顺序和逻辑关系进行安排。车辆的离合器踏板,习惯定型用左脚操纵,向下踩为分离;制动器踏板,习惯定型用右脚操纵,向下踩为制动。

(2) 车辆上的方向盘、变速杆、离合器踏板、制动器踏板及加速踏板等,均应布置在驾驶座位前方最优区域内;其他操纵器可适当布置在驾驶座位两侧或相对较次要的位置。另外,除考虑人体运动器官外,布置区域还需注意视觉的要求。

(3) 如图 5.68 所示,制动器踏板与加速踏板应相互邻近,间距为 100～150 mm。或离合器踏板、制动器踏板、加速踏板(及油门)的布置位置应设计在人体中线两侧各 10°～15°范围内。

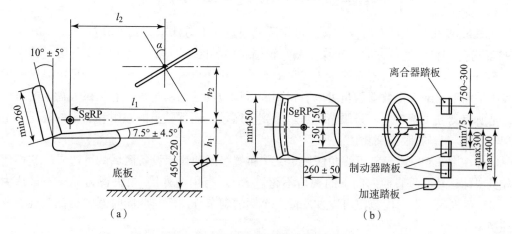

图 5.68 车辆操纵装置的系统布置

5.9 控制和显示设计的主观评价

5.9.1 合理布置手动控制装置与显示装置

根据定位乘坐参考点、加速踏板点、踏板参考点和方向盘(见第 3 章)确定了车辆布置中的驾驶员位置以后，车辆布置工程师应建立放置控件和显示设备的区域。控制和显示区受制因素有：①最大到达区域；②最小到达区域；③穿过方向盘的可见区域；④35°下视角区域。

图5.69显示了布置在汽车内的最大和最小触及区域的侧视图。因此，最大和最小触及区域之间的空间便是布置大多数驾驶员很容易触及的手动控制设备的空间。

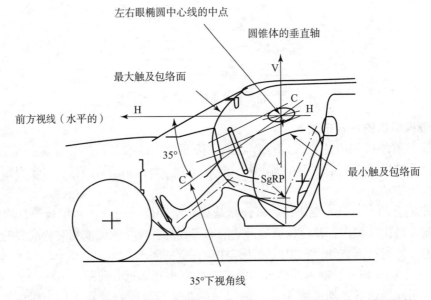

图5.69 最大触及边界、最小触及边界、35°下视角线及透过方向盘的可视性
（在侧视图中表示了穿过乘坐基准点的垂直平面）

在图5.69中，透过方向盘定义的可见区域通过如下方法求得：驾驶员视线（虚线）从第95百分位眼椭圆通过方向盘轮缘内侧、轮辐和中心区域，然后投影到仪表盘（其中包括有：车速表、油量表等仪表）平面上。SAE标准J1050与附录D（SAE，2009）提供了确定仪表盘平面上、绝大多数驾驶员可以看得到的区域边界的画图过程。它是仪表盘上的一块面积，是所有驾驶员至少用一只眼睛都可以看到的区域，而驾驶员的左眼和右眼的视线分别与第95百分位左、右眼椭圆相切。

同样在图5.69中，35°下视角区域定义了布置控制和显示设备区域的下边界，它们使得驾驶员眼球运动在垂直面内向下的视角不超过35°。有用的外周/中央视力的极限被认为在30°~35°范围内，该角度范围可以发现前方车辆的刹车灯，而与此同时驾驶员低头观看显示或控制设备。

5.9.2 控制和显示设备的评价对照表

由于在设计和评估每个控制或显示设备时有许多的问题和原则要考虑，所以采用了一套对于人机工程学家来说是有效方法的综合对照表。表5.4提供了一个评估控制设备对照表。对照表中的问题是根据与发现、识别、理解、伸手、抓握和操作控制设备有关的步骤进行分组的。评分方案也可以通过将适当的权重分给每个组中的每个问题、定量比较不同的控制设备符合人机工程学的特质来研究。评分权重可以根据属性如控制的重要程度（使用的紧迫性）、使用频率和未正确找到或非正确使用控制设备所带来的后果来确定。表 5.5 提供了评价显示设备的一个类似对照表。

表 5.4 控制装置评价对照表

编号		问题
可发现性	1	控制装置很容易被发现吗？
	2	控制装置是否位于预期区域内？
	3	在正常的操作姿势下控制装置是否可见？
	4	为了看到控制装置，是否需要头部和躯干运动？
	5	在夜间正常操作姿势下，控制装置是否看得见？
识别	6	控制装置是否按逻辑放置和/或分组，以加快其识别？
	7	控制装置有无适当的标签？
	8	标签是否可见？
	9	在正常的操作姿态下，标签是否可读（易读性如何）？
	10	夜间标签是否照亮？
	11	在夜间正常操作姿态下，标签是否可读（易读性如何）？
	12	可否通过触摸来识别？
	13	能否从与靠近它的其他控件中区别开来？
可解释性	14	控制装置是否与其他控制功能相混淆？
	15	不熟悉的操作者能否猜测控制装置的操作？
	16	该控件的形状是否传达/提示动作方向？
	17	该控件是否和同类型的大多数其他控件的工作类似？
	18	控制分组符合逻辑吗？
	19	控制装置是否放在了一组具有同样基本功能的控件中？
	20	在 2~3 英寸①范围内是否存在类似外观或触感的其他控制件？
控制装置位置、触及和抓握	21	控制装置是否位于最舒适的可触及距离内？
	22	到达控制装置是否需要操作员的手腕过度弯曲/转向？
	23	控制装置的目标区域是否足够大，以快速达到？
	24	是否不需要复杂的/复合的手/脚运动，就能达到控制件？
	25	是否不需要身体倾斜就能触及控制件？
	26	在无须别扭的手指/手运动方向的情况下，能否抓握控制件？
	27	在抓握控制件的时候，是否有足够的运动间隙？
	28	当驾驶员指甲长（15 mm）的时候，是否有足够的抓握间隙？
	29	是否有足够的驾驶员的手和手指关节活动的空间？
	30	冬季戴手套抓握控制件是否有足够的间隙？

① 1 英寸 = 2.54 cm。

续表

编号		问题
控制装置位置、触及和抓握	31	是否有足够的脚部间隙（如果是脚踏控制）？
	32	控制件是否位于恰当的位置？
	33	控制装置的位置是否设得太高？
	34	安装位置的位置是否太低？
	35	安装位置的位置是否太远？
	36	控制装置是否太靠近驾驶员？
	37	是否设置得太靠左？
	38	是否设置得太靠右？
	39	控制件是否布置在有利于方便操作的方向上？
	40	是否其他控件组合或集成？
	41	控制装置的位置是否随其他控制装置设置的改变而改变？
是否易于操作	42	是否可以快速操作？
	43	能否不用眼睛或短短的一扫视来操作？
	44	控制件的操作是否是一系列操作控制的一部分？
	45	控制操作是否不需要读取两个以上的字或标签？
	46	是否可以不看显示屏就可以操作？
	47	是否没有过多的力/力矩，就可以轻松操作？
	48	对完成的控制动作，是否提供视觉、触觉或者声音的反馈？
	49	是否提供即时反馈（没有过多的时间滞后）？
	50	控制动作时，是否没有过多的死角、间隙或滞后？
	51	当控制件运动通过它的行程时，是否有足够的空间间隙提供给操作的手/脚？
	52	在控制件操作过程中是否需要重新抓握控制件？
	53	控制操作是否没有过度的惯性或阻尼？
	54	控制操作的方向是否满足常规的运动方向？
	55	是否需要一个以上的同步动作来操作控制件？
	56	屏幕/显示运动方向是否和控制移动的方向兼容？
	57	所显示的动作的量级是否与"恰当的"控制动作相关？
	58	戴手套的手是否容易操作控制件？
	59	有长指甲的驾驶员是否容易操作控制件？
	60	控制装置的表面纹理/感觉是否方便其操作？
	61	用很少的记忆容量（5个或更少的条目）能否完成操作动作？
	62	控制装置的表面是否圆滑，以减少尖角和抓握的不适度？

表 5.5　显示装置评价对照表

序号		问题
可发现性	1	显示装置很容易被发现吗？
	2	显示装置位于预期区域吗？
	3	正常的操作姿势下可以看见显示吗？
	4	为看见显示，需要头部和躯干运动吗？
	5	在夜间正常操作姿势下，显示是否照亮和可见？
识别	6	显示装置是否按逻辑放置和/或分组，以方便它的识别？
	7	显示装置有无适当的标签（比如，单位显示）？
	8	标签是否可见（没有遮挡或没有被炫光或反光遮挡）？
	9	在正常的操作姿势下，标签是否读出（易读性如何）？
	10	夜间标签是否照亮？
	11	在夜间正常的操作姿势下，标签是否读出（易读性如何）？
	12	可否通过外观来识别显示（比如，时钟）？
	13	能否从靠近它的其他显示装置中区别开来？
可解释性	14	显示装置会与其他显示装置相混淆吗（比如，外观相似）？
	15	不熟悉的驾驶员能否猜中显示装置的功能？
	16	与控制件有联系的显示能表达其功能吗？
	17	该显示装置和同类型的大多数其他显示装置的工作类似吗？
	18	显示装置分组符合逻辑吗？
	19	显示装置能否放置在一组具有同样功能的显示或控制件中？
	20	在 2~3 英寸的范围内是否存在有类似外观的显示装置？
	21	是否存在编码方法（颜色、形状、轮廓等）以提高其可理解性？
	22	显示是否位于最舒适的可视距离内？
	23	显示是否靠近驾驶员主视线（在 35°下视角锥体上方）？
	24	显示区域是否大到足以容纳所显示的信息？
	25	是否出现显示混乱？
	26	显示是否位于"刚刚好"的位置？
	27	显示装置是否布置得太高？
	28	显示安装位置是否太低？
	29	显示安装位置是否太远？
	30	显示是否太靠近驾驶员？
	31	显示是否设置得太靠左？
	32	显示是否设置得太靠右？
	33	显示是否布置在适宜观察的方向上？

续表

	序号	问题
易用性	34	是否可以快速读取显示？
	35	如果显示包含以下评价： 数字、刻度和指针是否容易读取（考虑：数字的终点、级数、位置、方向、大小和字体； 刻度标志：主要/次要的尺寸、指针长度/宽度、数字被指针遮挡等)？
	36	在有晴天阳光直射显示器时是否能读取信息？
	37	是否需要显示装置？（它是否发挥有用功能？）
	38	显示装置的信息读取是一系列读取步骤的一部分吗（例如，菜单)？
	39	显示装置能否提供与显示信息有关的其他感官（如声音、振动、触觉）线索？
	40	是否提供控制动作或状态改变的即时反馈（无过多时间延迟)？
	41	是否刷新过慢或无法快速显示（迟钝、衰减或滞后)？
	42	在显示功能中，对于微小变化显示装置是否过于敏感？
	43	运动的显示方向是否满足常规运动方向？
	44	多个同步控制动作都需要利用该显示器吗？
	45	屏幕/显示装置的运动方向是否与有关的控制运动兼容？
	46	所显示的动作量级与有关的控制运动是否"恰当好"？
	47	显示是否易于老年人在晚上轻松地阅读？
	48	背景表面/纹理/显示装置色彩是否方便其可读性？
	49	显示的信息量是否能用很少的记忆容量（5个或更少的条目）来理解？
	50	显示表面或附近是否提供了外部或内部光源发出的明亮、令人不舒适的反光？

5.10 小结

本章介绍了控制和显示设备设计中的一些基本考虑。这些基本考虑因素有诸如心理和生理努力的最小化、显示器的可视性、可读性与识别、可触及的控制设备等，这些都适用于设计机械设备与汽车手动控制和显示装置的界面。随着科学技术的进步，机械设备尤其是汽车驾驶员人机界面设计水平一直在稳步提高。近期在可重构显示器、触摸屏、安装在方向盘处的多功能控制器、语音控制、数据存储硬盘以及蓝牙通信方面的发展，允许我们在融合更多特色到控制和显示设备上有了更多的选择。有了这些技术，驾驶员对于新车载功能的喜好和要求也大幅增加。

思 考 题

1. 介绍控制和显示设备评价内容。
2. 举例说明显示装置的设计原则和方法。
3. 说说方向盘的设计原则和方法。
4. 介绍汽车踏板的设计原则和方法。
5. 叙述如何设计汽车视镜。

第 6 章
汽车视野

6.1 概述

视野就是驾驶员能够观察汽车周围 360°范围内、其视线到车外不同物体从左到右（方位）、从上到下（垂直或海拔）的视角范围。（与控制和显示可视性有关的车内视野问题由第 5 章介绍）由于像立柱、视镜、仪器面板、方向盘、引擎盖、窗口下沿（称为汽车车身腰线）和头枕这样的汽车结构和部件的原因，部分驾驶员视野被遮挡了。

早在 20 世纪 60 年代，美国福特汽车公司 J. F. Meldrum 等在 SAE 资助下对驾驶员眼睛位置分布规律进行了大量试验统计。此后 SAE 主持了多项关于驾驶员眼睛位置分布的统计研究，通过总结获得眼睛在车身坐标系中的分布其俯视图和侧视图都成椭圆形的结论，就此制订了眼椭圆这种视野分析设计的工具。它的实际意义就是驾驶员以正常的驾驶姿势入座后，他们的眼睛位置在车身坐标系中的统计分布图形，如图 6.1 所示。

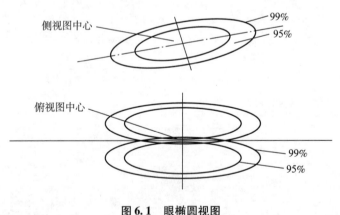

图 6.1 眼椭圆视图

在 SAE 标准中的眼点是通过第 95 百分位眼椭圆获得的，它是以此为基准而被确定的。驾驶员眼点实际意义就是两只眼睛在车身空间坐标系中的位置。SAE J941 MAR2010 分别规定了 A 类汽车的 P 点（头部转动点）和 E 点（驾驶员眼点）。这两个点的规定也就避免了在视野分析中眼点求取的烦琐过程。

在 A 类汽车中，P 点和 E 点的确定过程如下：

P 点的确定。我们把 P 点人工地分为 P_1、P_2、P_3、P_4 四个点，这是由于不同的视野分析研究导致的。检测分析 A 柱视野盲区范围应使用 P_1、P_2 两点。

对于向我国这样的左舵国家来说,应用 P_1 点来检测分析在驾驶员左侧的 A 柱视野盲区。应用 P_2 点来检测分析右侧的 A 柱视野盲区。检测分析内外后视镜视野时应用 P_3、P_4 两个点。相应的 E 点和 P 点相对位置以及 P 点位置确定如图 6.2 和图 6.3 所示。

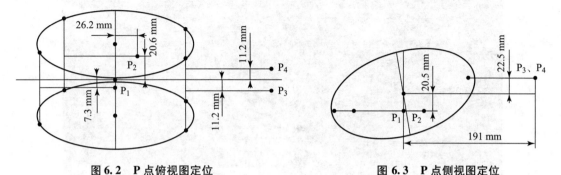

图 6.2　P 点俯视图定位　　　　　图 6.3　P 点侧视图定位

按照 SAE 标准,根据不同的车型（A 类车、B 类车）、驾驶员性别比例（50/50、25/75～75/25、任意）、座椅位置（可调、固定,如表 6.1 和图 6.4 所示）、人体百分位（第 95 百分位、第 99 百分位）、人体尺寸（男女的身高均值、身高标准差、坐高均值）和座椅靠背角等因素,采用一定的方法计算眼椭圆尺寸及眼椭圆在车内位置,并基于这些数据,设计人员就可以进行驾驶员视野设计和校核工作了。

表 6.1　驾驶员视野设计与校核采用的基本参数

驾驶员工作空间尺寸	尺寸范围	
	A 类汽车	B 类汽车
座椅基准点 H 点到踝点的垂直高度（H30）	127～405 mm	405～530 mm
H 点高度调节量（TH23）	0～50 mm	0 mm
座椅水平调节量（TL23）	≥100 mm	≥100 mm
方向盘直径（W9）	<450 mm	450～560 mm
躯干角（靠背角）（A40）	5°～40°	11°～18°

注：A 类汽车通常包括：小型乘用车、多功能车和皮卡车等；B 类车通常包括：载货汽车、大客车和多功能车（MPV）。

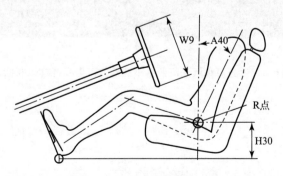

图 6.4　驾驶员工作空间尺寸

图 6.5 所示为夜晚实际道路上汽车近光灯照射下的前方视野,图 6.6 所示为夜晚实际交

叉路口汽车近光灯和远光灯照射下的前方的可见视野。通过对此类汽车视野和 A 柱盲障角的分析，完成驾驶员的视野评估。

图 6.5 近光灯照射下的前方视野（见彩插）

(a)

图 6.6 近光灯和远光灯照射下的前方可见视野（见彩插）

(a) 远光灯

(b)

图 6.6 近光灯和远光灯照射下的前方可见视野（见彩插）（续）
(b) 近光灯

6.2 视野类型

驾驶员的视野可以按照下面来分类：①直接视野和间接视野；②单视野和双视野。

直接视野就是驾驶员移动他的眼睛和头部所见的区域，其包括：①前视野（通过前风挡玻璃）；②后视野（通过后风挡玻璃直接向后看）；③侧面视野（直接通过左右两侧窗口看到的区域）。间接视野就是驾驶员通过如内视镜、外视镜，或通过显示屏展现摄像视觉的成像工具，或用其他传感器（如盲区探测系统、备用传感器）探测物体位置所间接看到的视野。

单视野就是仅用一只眼所看到的区域。图 6.7 表示从左眼到右眼水平视野的人体头部俯视图。左眼视野（用 L 表示）就是左眼的单视野。类似地，R 表示右眼的单视野。两单眼视野就是左、右单视野之和（L+R）。双眼视野（B）就是两只眼睛看到的共同区域（仅是 L 和 R 的重叠区域）。图 6.8 是通过直接、间接和外周视野得到的 360°可视性。

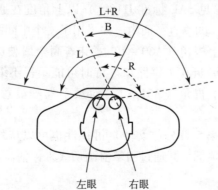

图 6.7 左眼单视野（L）、右眼单视野（R）、双眼视野（B）、左、右单眼视野之和（L+R）

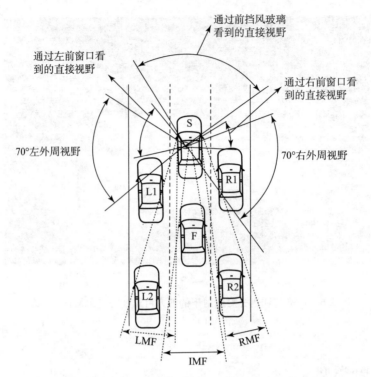

图 6.8　通过直接、间接和外周视野得到的 360°可视性

6.3　前视野评估

为了确定汽车设计是否提供了满意的前视野，汽车设计师必须完成许多分析来评估不同驾驶员的要求和需求。和前视野有关的一些重要问题介绍如下。

6.3.1　前上视角和前下视角评估

正如图 6.9 所示，一般从第 95 百分位眼椭圆画切线（在侧视图中）到挡风玻璃的顶端和底部（DLO，即仅有透明部分没有被黑油漆覆盖）来确定高驾驶员眼点（第 95 百分位眼位置）的向上视角（A60 - 1）和矮驾驶员眼点（第 5 百分位眼位置）的下视角（A61 - 1）。（其上视角和下视角的定义参见 SAE 标准 J1100。）以上角度在通过驾驶员中心线［即通过驾驶员乘坐参考点（SgRP）］的垂直平面内，并采用了一个中间眼椭圆来测量。角度是相对于水平位置测量的，较小的上视角（A60 - 1）意味着高个驾驶员在察看安装在高处目标时会遭遇困难（比如，高个驾驶员在十字路口等待时可能不得不缩着脖子看安装在高处的交通信号灯）。另外，较小的下视角（A61 - 1）对矮个驾驶员意味着在引擎盖区域可视性不足。

矮个驾驶员（第 2.5 或第 5 百分位女性）可视性也可以从驾驶员眼点位置起，通过方向盘顶部、仪器仪表面板台顶部，并通过引擎盖画切线来评估。

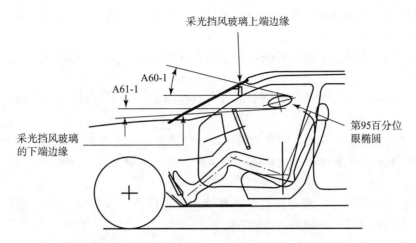

图6.9 高驾驶员上视角（A60-1）和矮驾驶员下视角（A61-1）

6.3.2 引擎盖之上和之外的可视性

引擎盖之上和之外的可视性有以下几点：

（1）道路表面的可视性（从前保险杠到可视道路表面最短纵向前向距离，也称为地面拦截距离）对大多数驾驶员来说是非常至关重要的。这个问题对矮个驾驶员来说可能更糟。一般来说，大多数驾驶员希望也喜欢看到引擎盖的末端、车辆的前端和最近距离的道路。由于在美国（20世纪80年代中期以后）引入了带低前端的空气动力学汽车设计，因此许多原来习惯于带可见前端角长形引擎盖的驾驶员抱怨不能看到引擎盖的末端。

（2）引擎盖视图提供了更好的车辆航向相对于道路的感知，为汽车在车道航向保持和停车提供了轻松的感觉

注意：赛车在驾驶员中心线的引擎盖上具有很宽的喷涂条纹，来为驾驶员在他们的外周视野中提供高度可视性的汽车头部提示。

（3）由于带长形引擎盖的原因，在重卡上的驾驶员遭遇了较大的道路盲障。如果盲障大到足以把位于引擎盖前部的一辆小型汽车（比如自行车棋手、运动型汽车）隐藏起来，那么问题就会相当严重。当卡车行驶在一辆小型汽车后面，并在十字路口等灯时，这类问题经常会出现。

6.3.3 矮小驾驶员视野问题

矮小驾驶员是指驾驶员的坐姿眼高低（5%及以下）和/或大腿短（5%及以下）。这样的矮小驾驶员遭遇的可视性问题归结如下：

（1）方向盘（盘缘顶部）和仪表面板［或仪表台，造成较低的下视角（A61-1）］引起的道路盲障。

（2）不能看到引擎盖的任何部分（引擎盖的前端不可见）。

注意：在靠近引擎盖前端设置一个可提升的引擎盖装饰件，从而为保持车辆航向提供有用的信息。同样的，提供引擎盖端角或前挡泥板端的可视性（通过在一些卡车长引擎盖上插上"旗杆"）可以减轻停车和车道航向保持的难度。

(3) 外视镜可能阻碍前方直接视野（外视镜上边缘应该放置在低于女性第 5 百分位眼点至少 20 mm 位置上）。

(4) 对于矮个驾驶员来说，驾驶员所见道路（越过引擎盖）的最近距离要大于驾驶员所见道路长度。

(5) 在倒车时矮个驾驶员将遇到低的后可视性问题（尤其是后箱舱面点高和后部头枕高的汽车）。

注意：可以做一个许多乘员布置工程师认可的检查，就是当矮个驾驶员向后转过头来、在直接后视野中倒车或在观察车内后视野倒车时，矮个驾驶员能否看到 1 m 高的目标（模拟一个儿童）。

(6) 由于矮个驾驶员（腿短）在座椅导轨上坐得靠前，因而与高个驾驶员相比，驾驶员侧的 A 柱在前方视野中将带来更大的盲障。

(7) 与高个驾驶员相比，矮个驾驶员由于更靠前的乘坐位置造成察看外视镜需要转头角更大。对于有关节炎的矮小驾驶员来说，该问题更严重（特别对于转头角范围较小的老年矮小女性驾驶员）。

6.3.4 高个驾驶员问题

高个驾驶员是指驾驶员的坐姿眼高较高（95% 及以上）和/或大腿较长（95% 及以上）。这样的高个驾驶员遭遇的可视性问题归结如下：

(1) 放在较高位置的外部目标及放在上视角（图 6.6 中的 A60-1）以上的目标，可能给高个驾驶员带来视障（比如，高个驾驶员在十字路口必须缩脖子察看上方的交通信号灯）。靠近挡风玻璃顶部的可视性更受到遮阳板和/或使用遮阳漆的挡风玻璃的限制。

(2) 内视镜可能阻碍高个驾驶员直接的前方视野。因此，内视镜的下缘应该放在至少高于第 95 百分位眼点 20 mm 的位置上。

(3) 高个驾驶员由于更靠后的乘坐位置，因而坐得离视镜更远。因此，与其他驾驶员的视镜视野相比，视镜提供给高个驾驶员的视野较小。

(4) 高个驾驶员可能会遇到更大的侧面可视性问题，因为：①在直接侧面视野中 B 柱盲区更靠前（因为与其他驾驶员相比，高个驾驶员坐在更靠后的位置）；②当采用侧面视镜时，具有更向前的外周知觉区域。

6.3.5 遮阳板设计问题

遮阳板设计问题有以下几点：

(1) 遮阳板在下拉状况（称为下拉高度）下的下缘和它的长度应该设计成防止太阳光从挡风玻璃和侧视镜、从不同的太阳光角度直接照到驾驶员眼睛上。

(2) 遮阳板下拉高度应该可调，且应该具备下拉到适应矮小驾驶员的需求。

(3) 如果遮阳板铰链机构变得松懈，那么遮阳板可能偶尔摇摆和下拉，因而造成前视野盲区。这种盲区对高个驾驶员尤其严重。

6.4 后视野校核

在车身布置图上,确定了代表驾驶员眼睛分布位置的眼椭圆后,即可做出驾驶员的实际视野范围,进行前视野、后视野、内后视野的校核。

根据相关国家标准,对汽车驾驶员后视野的基本要求如下:

(1) 驾驶员一侧外后视镜后视野规定了驾驶员借助后视镜必须看见水平路面上一段宽度至少为 2.5 m 的视野区域,如图 6.10 所示。

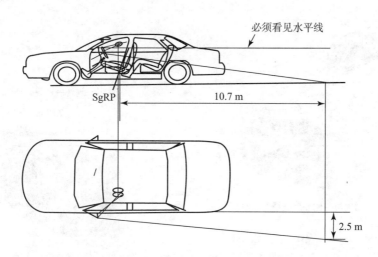

图 6.10 乘用车驾驶员侧外后视镜后视野的要求

(2) 乘客一侧外后视镜后视野规定了驾驶员借助外后视镜必须能在水平面路面上看见一段宽度至少为 4 m 的视野区域,如图 6.11 所示。

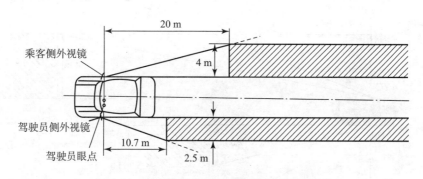

图 6.11 乘用车乘客侧外后视镜后视野的要求

(3) 内后视镜的视野规定了驾驶员借助内后视镜必须能在水平路上看见一段宽度至少为 20 m 的视野区域,如图 6.12 所示。

(4) 驾驶员、乘客两侧外后视镜的视野校核。图 6.13、图 6.14 所示为从两个角度观察驾驶员、乘客两侧外后视镜对后视野进行三维空间校核的示意图。从这两张图可以看出某车外后视镜所能达到的视野范围(图 6.13 中可见区域标注了可见尺寸)。

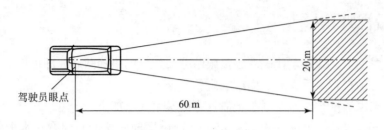

图 6.12　法规内后视镜视野区域示意图

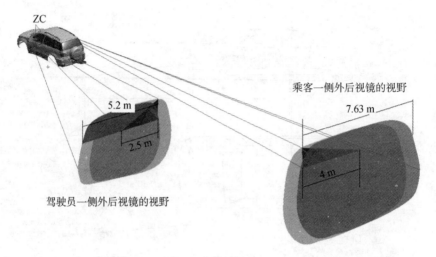

图 6.13　某车驾驶员、乘客两侧外后视镜后视野的后视示意图（见彩插）

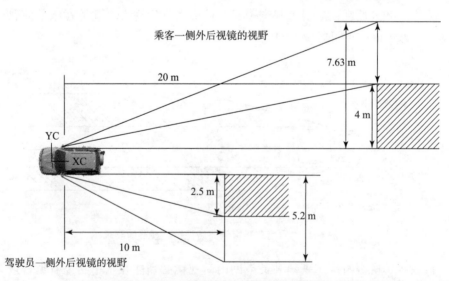

图 6.14　某车驾驶员、乘客两侧外后视镜后视野的俯视示意图

由图 6.13 和图 6.14 可见，驾驶员借助左外后视镜能在水平路面上看见一段宽度为 5.2 m（法规要求 2.5 m）的视野区域：其右边与汽车纵向基准面平行，且与汽车左边最外侧点相切，并从驾驶员眼点后 10 m 外延伸至地平线。

同样由图 6.13 和图 6.14 可见，驾驶员借助右外后视镜能在水平路面上看见一段宽度为 7.63 m（法规要求 4 m）的视野区域：其左边与汽车纵向基准面平行，且与汽车右边最外侧点相切，并从驾驶员眼点后 20 m 处延伸至地平线。

另外，还需校核驾驶员借助外后视镜看到的规定视野区域中有没有障碍物，是否满足法规要求。

（5）内后视镜的视野校核。如图 6.15 所示，驾驶员借助内后视镜能在水平路面上看见一段宽度为 26 m（法规要求 20 m）的视野区域，其中心平面为汽车纵向基准面，并从驾驶员眼点后 60 m 处延伸至地平线，满足法规要求。

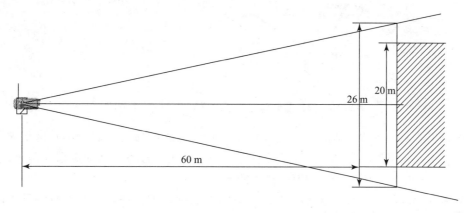

图 6.15　某车内后视镜的视野

另外，还需校核驾驶员借助内后视镜看到的视野区域中障碍物有高位制动灯及后排座椅头枕，它们遮挡部分总和约占规定视野多少，是否满足法规要求。

6.5　盲障角度

6.5.1　A 柱盲障角

在 SAE 标准 J1050 的附录 C 中（SAE，2009）提供了测量 A 柱造成的盲区步骤。图 6.16 表示了通过画左右立柱横截面的切向视线来获得双眼盲区角度。

在 A 柱上做两个水平截面 S_1、S_2。将 S_1、S_2 截面投影在 P 点所在的水平面内，双目障碍角在该平面内测量校核，如图 6.16 所示。E_1 和 E_2 的连接线绕 P_1 旋转，使 E_1 至左 A 柱的 S_2 截面外侧的切线与 E_1、E_2 连接成直角，从 E_1 向左 A 柱的 S_2 截面外侧作切线和从 E_2 向左 A 柱 S_1 截面内侧作切线，从 E_2 点作前一切线平行线，与后一切线所成的平面视野角度即为驾驶员（左）侧的 A 柱双目障碍角。

E_3 和 E_4 的连接线绕 P_2 旋转，使 E_1 至右 A 柱 S_2 截面外侧的切线与 E_3、E_4 连接成直角，从 E_3 向右 A 柱 S_1 截面内侧做切线和从 E_4 向右 A 柱 S_2 截面外侧作切线，从 E_3 点作后一切线平行线，与前一切线所成的平面视野角度即为乘客（右）侧的双目障碍角（图 6.16）。

由图 6.16 可见，驾驶员侧的 A 柱双目障碍角 3.4°，小于 6°。因两侧 A 柱相对于汽车纵向铅垂面是对称的，根据法规要求右侧不需要校核。

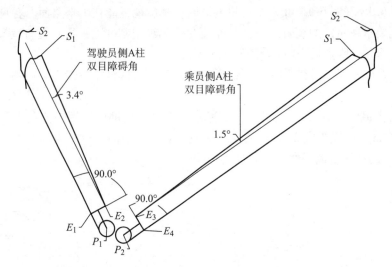

图 6.16 双目障碍角在 P 点水平面内的校核示意图

FMVSS 128（在 1978 年制定，后来又废止了）设定过 6°作为 A 柱双眼盲区最大许可角度。这个要求现在仍然被许多汽车设计师看作为一条设计 A 柱不成文的规则（应该注意到，欧洲标准中测量立柱盲区的步骤与上面描述的 SAE 测量步骤是不一样的）。

在实际驾驶过程中，驾驶员一侧的 A 柱盲区是驾驶员前方视野盲区中影响最大的，由于此立柱的阻挡，驾驶员常常需要转动眼睛和头来观察左前方的交通状况，容易引起疲劳，对行车不利。我国制定了 GB 11562—2014《汽车驾驶员前方视野要求及测量方法》，并规定每根立柱双目障碍角度不超过 6°。图 6.17 表示了汽车在十字路口左转向时由左右 A 柱造成的盲区。

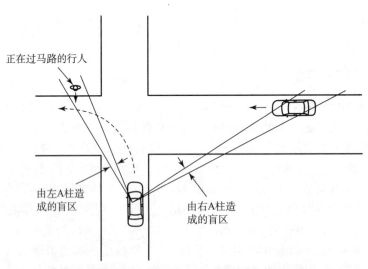

图 6.17 在十字路口左转向时由左右 A 柱造成的盲区

对于轿车来说，除了前面介绍的 A 柱盲区外，还有 B 柱盲区、C 柱盲区和 D 柱盲区等，如图 6.18 所示。

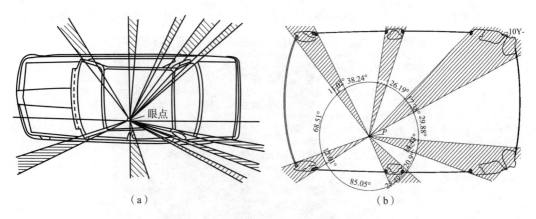

图6.18 轿车各立柱形成的视野盲区

6.5.2 仪表板障碍视野

通过作图法确定方向盘在仪表板上形成的盲区,如图6.19所示,根据盲区图可以看出组合仪表在盲区之外,满足法规要求。

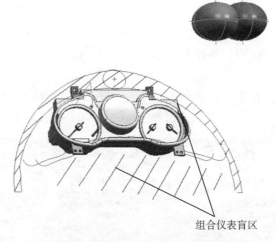

图6.19 仪表板(组合仪表)视野校核

6.6 视野测量

对试验样车的驾驶员前视野(包括上下视野、左右视野)、A柱盲障角进行测试,验证理论设计值,以确保设计中的车辆当被目标人群中具有不同视觉特性驾驶员驾驶、用于不同驾驶条件时不会造成视觉问题。

视野测试流程如下:

(1)制作圆柱环状银幕支架,圆柱半径可以取20 m左右(对于轿车,可以取10 m),支架高度应大于等于整车高度的两倍。

(2)将画有网格的银幕悬挂到圆柱环状银幕支架上。

（3）把光源放在可以调节前后距离与垂直高度的座椅支架上，如图 6.20 所示。

图 6.20　调节到驾驶员眼点位置的光源

（4）把测试样车停在离环状银幕一定距离处，要求车辆的中心线垂直平面通过圆柱中心，在车辆停稳后，测量驾驶员的 SgRP 点到银幕的距离。

（5）调节座椅支架，使光源位于第 95 百分位男子的眼点位置。

（6）关闭作业场所其他无关灯光，打开驾驶员眼点位置的光源，测量汽车风挡玻璃上下与左右边缘、遮阳板、A 柱在前方银幕的投影面积。

（7）根据测量的投影面积，计算大个子驾驶员前视野（包括上视野、左右视野）、A 柱盲障角。

（8）调节座椅支架，使光源位于第 5 百分位女子的眼点位置（对于商用汽车，此眼点位置可用第 50 百分位女子的眼点位置来代替），如图 6.21 所示。

图 6.21　投影法视野测量（见彩插）

（9）测量投影面积，计算小个子驾驶员前视野（包括下视野、左右视野）、A 柱盲障角,如图 6.22 所示。

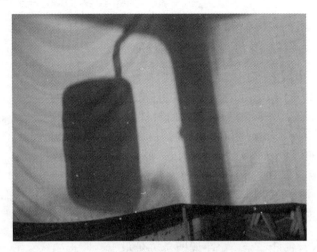

图 6.22 外视镜及 A 柱在银幕上的投影

(10) 整理驾驶员前视野(包括上下视野、左右视野)、A 柱盲障角测量结果,并与理论设计值进行对比。

6.7 小结

为驾驶员提供良好的视野是非常重要的,也是必需的安全需要。驾驶员能够实现的视野取决于驾驶员在车内布置、内外视镜的布置以及汽车外部设计中开窗的综合。因此,在设计过程中,驾驶员的视野必须经常评估,以确保本章提到的可视性要求得到满足,以适应小百分位和最大百分位驾驶员的驾乘。

在顾客使用了他的汽车后,汽车的可视性问题可能很快被注意到:首先,由方向盘、立柱、窗户或头枕引起的盲区太大,在夜晚或白天还出现了不需要的反射;其次,内视镜或外视镜尺寸太小;还有车身的大小与可视度的优劣并没有直接的关系,等等。

对于汽车人机工程师来说,尽管每个人的坐姿和视角习惯都不尽相同,他们对汽车视野的要求也各不相同,但在汽车研发的起始阶段,得到市场用户对可视性问题的反馈、并进行认真分析的重要性不应该被低估。我们认为汽车视野在达到安全法规标准的同时又确保车身时髦的外形,才是最优的选择。

思 考 题

1. 什么是汽车视野?它的影响因素有哪些?
2. 什么是汽车盲障角?它的影响因素有哪些?
3. 汽车视野分析及校核中的眼点位置如何确定?
4. 介绍汽车内外视野的法规要求的具体内容。

第7章 灯光与照明

7.1 概述

作为汽车的三大安全件之一,汽车照明系统是最主要的主动式安全装置,这些设备给在晚上驾驶的人提供可见性,同时也可将各种驾驶条件下车辆本身的状态信息传递给其他驾驶员。对传统汽车照明系统的改进和创新也日益成为全世界汽车厂商研究的热点问题。因此,如何使汽车照明智能化,驾车更安全、更舒适就成为一个十分紧迫而又有重大现实意义的课题。

车辆前向照明系统让驾驶员看清道路条件、交通控制设备、路线导航标志以及道路上的目标物。信号、标志灯与照明设备给驾驶员提供了可视性,并把车辆运行状态及特征信息传递给其他驾驶员。本章将介绍前照灯与信号灯的分类、特点,以及它们的设计原理和方法。

7.1.1 分类

1. 外部灯具和照明设备

外部灯具和照明设备主要有前照灯、雾灯、牌照灯、制动灯、转向信号灯、示位灯(或示宽灯)、小灯等。外部灯具一般采用白色、橙黄色和红色。汽车外部灯具和照明设备如图7.1和图7.2所示。

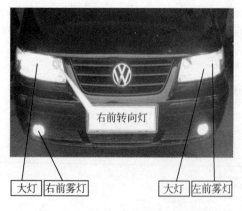

图7.1 汽车前外部灯具和照明设备

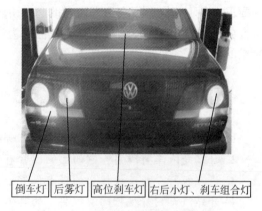

图7.2 汽车后外部灯具和照明设备

1）道路照明设备

（1）前照灯（也称大灯或头灯，如图7.3和图7.4所示）。前照灯包括远光灯（2个，法规要求）和近光灯（2个，法规要求）、前雾灯（2个，黄色，法规要求，如图7.5所示）。

图7.3　汽车前大灯

图7.4　汽车前大灯局部细节图

图7.5　汽车前雾灯

（2）后雾灯（1个，左侧，红色，法规要求，如图7.6所示）。

（3）辅助前照灯。

（4）倒车灯［1个（在车右面）或2个，白色，法规要求，如图7.7所示］。

图7.6　汽车后雾灯

图7.7　汽车倒车灯

（5）牌照灯。牌照灯用以照明汽车后牌照，确保车后20 m处可以看清牌照，灯光一般为白色，如图7.8所示。

2）信号和标志灯

（1）转向灯。转向灯发出明暗交替的闪光信号，灯光为橙色，在夜间天气良好的情况下，转向信号灯应在300 m距离处可见；在阳光下，应在30 m距离处可见。

图 7.8 汽车牌照灯

（2）危险警告灯。所有转向灯打开、闪烁，以示警告。

（3）刹车灯。刹车灯安装在车尾，踩刹车时发出较强红光，要求刹车灯的生理可见度，在阳光下距离 30 m 可见，夜间良好天气距离 300 m 可见，如图 7.9 所示。

（4）示位灯（或示宽灯）。示位灯在标志车辆的行位。前部：小灯，黄，强制；后部：尾灯，红，强制；侧面：琥珀色。在夜间天气良好的情况下，前位灯和后位灯应在 300 m 距离处可见，如图 7.10～图 7.13 所示。

图 7.9 汽车刹车灯

图 7.10 汽车示宽灯（前部）

图 7.11 汽车示宽灯（后部）

图 7.12 汽车示宽灯（侧面）

（5）示廓灯（也称角灯）。示廓灯标志车辆轮廓，车高 3.0 m 以上都要装示廓灯，且应保证夜间良好天气时距离 300 m 处可见，如图 7.14 所示。

图 7.13 汽车示宽灯（前面）

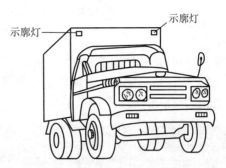
图 7.14 汽车示廓灯（前面）

（6）驻车灯。跟刹车灯不同，驻车灯是车的四个小灯，分布在四个角，在夜间驻车时打开。要求驻车前，车尾150m远处能确认灯光信号，且前灯为白色，后灯为红色。

（7）应急、报警和服务车辆警示与警告灯。这几个灯用来标示车辆特殊类型，一般装在车顶；灯光采用红蓝白三色，比如蓝色、黄色、红色或者白色闪光灯或者旋转警告灯；报警闪光灯的闪光频率应为（1.5±0.5）Hz，起动时间不大于1.5 s。危险报警闪光灯应保证白天距离100 m处可见，如图7.15和图7.16所示。

图 7.15 警车的警示灯（前面）

图 7.16 救护车的警示灯

（8）标志灯。标志灯包括侧面标志灯以及反光灯。
（9）日间运行灯。
3）安全照明/便捷照明
（1）视镜下面的泛光灯、货灯（在卡车卧铺上）。
（2）运行车灯（为卡车或运动型多功能车设计）。
（3）反射器。反射器具有较高反射系数。汽车必须装设后反射器，车长大于10 m 的机动车以及汽车列车和轮式拖拉机车组的挂车还必须装有侧反射器。反射器应能保证夜间在正面前方150 m 处用汽车前照灯照射时，在照射位置就能确认其反射光。

2. 车内灯和照明设备

1）照明显示（包括图形和标记）和控制
（1）内部显示。
（2）控制设备的照明标记。
（3）显示和控制的照明灯（或者是发光二极管LED）。
（4）警报及指示灯。警报及指示灯包括机油压力灯、燃料灯、充电灯、远光指示灯、雾灯指示灯等。

2）车内照明

（1）顶灯。顶灯用于车室内部照明，并监视车门是否可靠关闭，如图7.17所示。

（2）阅读灯。阅读灯一般安装在乘员席前部或顶部，聚光时不会给驾驶员产生眩目现象，如图7.18所示。

图7.17 车内顶灯

图7.18 阅读灯

（3）踏步灯/便捷灯（比如安装在仪器面板下、用来照亮踏步与地板的灯，门灯或者是遮阳板）。

3. 其他灯具和照明设备

（1）发动机以及货物区域灯具。

（2）汽车后备厢灯。汽车后备厢灯用于监控后备厢是否打开或关闭。

（3）门灯。门灯装在轿车外张式车门内侧底部，开启门时，警示后来行人、车辆。

其他灯具和照明设备如图7.19~图7.21所示。

图7.19 仪表照明灯

图7.20 踏步灯（见彩插）

图7.21 警报及指示灯

7.1.2 对灯具和照明的基本要求

对灯具和照明的基本要求有以下几点：
（1）除前照灯的远光灯以外，其他灯光不得眩目，左右两边灯具要规格一致，安装对称。
（2）前位灯、后位灯、示廓灯、牌照灯和仪表灯应能同时启闭，当前照灯关闭或发动机熄火时仍能点亮。
（3）任一条灯光路线出现问题，不得干扰其他线路工作。
（4）危险警报灯要独立控制。
（5）灯光亮度要符合国家标准，且可靠。

7.1.3 灯具与照明的研究内容

灯具与照明的研究内容有以下几点：
（1）夜晚驾驶问题包括：目标探测、不利条件和不舒服眩光评估。
（2）前照灯光束设计。
（3）评估前照灯系统的方法。
（4）信号和标志设备。
（5）信号照明的评估方法。
（6）汽车照明的重要研究。
（7）改善汽车照明的未来趋势和研究问题。

7.2 前大灯及设计

7.2.1 前照灯

前照灯的目的就是照亮车辆前方道路，使得驾驶员能够看清前方足够远的人行道、交通控制设备（如车道、标记、反射标志）和其他交通目标物（如道路上的目标物、其他车辆以及行人），使其能在夜晚安全驾驶。设计的近光束照明灯对于对面交通流的驾驶而言，可以使其驾驶员的致盲和不舒适感降到最低；设计的远光灯照明是用来在对面没有驶来车辆（即对面没有行驶车辆）时提高可视性。

与前照灯设计有关的基本人机工程学问题有以下几点：
（1）观察者车辆到目标物的距离能探测（即目标可视性或探测距离）、识别（即目标识别距离）。
（2）迎面驶来其他车辆的前照灯光线对该车驾驶员的影响。车前照灯的光线会产生两种影响：一是不舒适影响，二是失去能力影响。不舒适影响降低了视觉舒适度，这是正常的心理反应。它可能影响驾驶员的驾驶行为，比如驾驶员会避开正视光源，或请求迎面驶来车辆驾驶员把远光束前照灯切换到近光束车前照灯，从而让光线变暗。失能光线的影响是物理性的，因为它影响了眼睛功能，且降低了驾驶员视野中目标的可视性。
（3）可视性与光线之间的折中，即如果增强一辆车前照灯光输出来改善该车驾驶员的可视性，那么增加的光输出也会增加迎面驶来车辆驾驶员的不适感和失能。因而，近光灯模式的设计要同时考虑到一方驾驶员的可视性和光线对迎面驶来车辆驾驶员的影响。

7.2.2 前大灯照明设计

为了设计或评估前照灯，必须掌握与驾驶员必须看到的目标物的特征和位置有关的数据，目的使驾驶员能在夜晚条件和许多（车辆）驾驶员（及行人）存在，并且充斥着许多强光源的条件下安全驾驶。前照灯照明设计必须考虑以下几点：

（1）驾驶员必须能看清道路前方 2 s 时间以维持横向控制（Bhise 等，1977）。[注意：汽车以 100 km/h（即 62 英里①/时）的速度行驶]，在 2 s 的时间内，汽车可以行驶 56 m（180 英尺②）。因此，为了使驾驶员能够以 100 km/h 的速度行驶在车道上，前照灯照明必须保证驾驶员看清前方至少 56 m 以内的道路。

（2）驾驶员必须能看清足够远处静止（比如坑洼）和移动的目标物（比如行人和其他车辆），以免发生碰撞。

注意：目标的可视距离必须大于驾驶员从识别目标物到完成操纵车辆期间车辆所前进的距离。

（3）在高速公路上行驶的驾驶员必须以安全的距离（在这个距离内可以完成有目的操纵）看清前方的交通控制设备（即道路划分线、道路旁的标志/反射物、符号）。

注意：一些交通控制装置可能被其他外部光源照亮，或在前照灯照明下使用更高反射材料的交通控制装置才能看到。

（4）观察者车上的前照灯不应该给其他车辆上的驾驶员（迎面驶来车辆上的驾驶员或前方车辆上的驾驶员通过内视镜向后看时）带来不舒适。

（5）驾驶员视觉信息采集特性会因诸多原因而发生变化，比如与个人差异性（比如与驾驶员的年龄、视觉探测阈值、眩光不舒适阈值、视觉搜索行为有关系）、警觉状态、工作负荷（同时执行其他任务）和注意力不集中有关。

（6）车辆的特性会因诸多原因影响驾驶员的可见度，比如驾驶员的眼高、前照灯高于路面的安装高度、前照灯光束模式、前照灯校准、车辆负荷、灯泡电压、前照灯镜头的清洁度，以及车窗玻璃材料的光传递率和它们的清洁度。

（7）几何特性、光学特性以及道路的交通特性都影响驾驶员的可视性。与这三种特性有关的变量包括：①几何特性：道路的地形地貌、车道宽度、道路弯曲度、车道间的间隔距离；②光学特性：路面与路肩的反射率、周围的光线亮度以及道路照明；③交通特性：车辆（交通）密度、车间距，以及小车与卡车之比。

（8）天气条件（潮湿或雪覆盖路面；光线在雾中、雨中与雪中的散射）也会影响可视性。

（9）目标物的特征（目标物尺寸、形状和目标物方位；光线反射和颜色；目标的移动）也会影响可视性。

（10）其他车辆（它们的相对位置、行驶方向、行驶速度、前照灯光束模式和其他信号

---

① 1 英里 = 1.609 km。
② 1 英尺 = 0.304 8 m。

与标志设备；驾驶员的眼睛位置以及前照灯的位置）也会影响驾驶员的可视性。

因而，前照灯的设计是一个涉及考虑许多变量的系统问题。

7.3 信号灯及设计

7.3.1 信号灯

设计信号灯和车辆其他标志装置目的是为驾驶员提供有关存在（可视性）、识别、位置、方向、车辆运动特性和其驾驶员相对于其他驾驶员（比如，转向、制动、倒车）的意图等信息。设计的信号灯包括：运行信号灯、警戒信号灯、故障信号灯。

信号灯的设计涉及以下基本人机工程学问题：

（1）信号灯用来提示一辆车的到来，一辆汽车能被其他车辆的驾驶员看见的距离、其他车辆驾驶员正确识别该车辆和判断该车辆状态或运动的距离。信号灯必须在最短的时间内以最少的错误（或没有错误）提供所需的清晰信息：

①出现（或探测到）的车辆。

②车辆位置和距离。

③车辆的尺寸（长、宽和高）。

④车辆的移动和运行状况（加速、减速、制动、转向等）。

信号灯必须给其他车辆的驾驶员、行人、骑自行车者等提供能够使用的信息，使他们采取保证安全的有目的的动作。

（2）信号灯的效率：

①信号的可见性和醒目。信号灯应该在任何驾驶环境下都可见（白天且阳光照射到制动和转向信号灯镜片上，黎明/黄昏，夜晚，雾天，等等）。

②信号灯应该毫不费力地被识别和解释出来。

③驾驶员对车辆信号灯表示的交通状况的探测、辨别和正确解释所用的时间必须尽可能短（大约为1 s）。

④信号灯不应降低驾驶员察看和感知其他视觉细节和信号的能力（比如，其他信号的屏蔽、由信号灯引起的眩目等）。

（3）夜晚信号灯光对驾驶员查看其他物体时不舒适度和失能的影响（比如，夜晚在十字路口等灯时，前一辆车黄色转向信号灯光或刹车灯光的影响）。

（4）白天运行期间，信号灯的可见度（比如，当阳光照射到前照灯镜头上时，刹车灯和转向灯的可见度）。

（5）可见度和强光之间的折中（比如，在存在的近光束或远光束中前方转向信号的可视性与转向信号灯带来的刺眼之间的折中）。

7.3.2 信号灯设计

1. 信号灯的亮度与视距设计

（1）信号灯必须清晰醒目并保证一定的视距。

（2）车内信号灯必须保证驾驶员看得清楚，又不能太亮而造成眩目或夜间影响对车外情况的观察。

（3）交通信号灯应保证较远的视距，而且在日光明亮和恶劣气象条件下都清晰可辨。

（4）信号灯的亮度要能吸引操作者的注意，其亮度至少是背景亮度的两倍，而背景最好灰暗无光。

2. 信号灯的颜色、形状和闪烁频率

作为警戒、禁止、停顿或指示不安全情况的信号灯，应使用红色；提请注意的信号灯，宜使用黄色；表示正常运行的信号灯，应使用绿色；其他信号灯则用白色或别的颜色。

当信号灯很多时，不仅用颜色区别，还需用形象化的形状加以区别，这样更有利于辨认。

信号灯的形象化最好能与它们所代表的意义有逻辑上的联系。例如：用➡代表方向；用×表示禁止；用！表示警告或危险；用较高的闪烁频率表示快速；用较低的闪烁须率表示慢速。

闪光信号比固定光信号更能引起注意，应在需要突出显示的场合加以恰当使用。闪光信号灯的闪烁频率一般为 0.67~1.67 Hz，亮与灭的时间比在 1:1~1:4。

3. 信号灯与操纵器和其他显示装置的协调性

当信号灯的含义与某种操作响应相联系时，必须考虑它与操纵器和操作响应的协调关系。例如：指示进行某种操作的信号灯最好设在相应的操纵器的上方或下方；信号灯的指示方向要同操作活动的方向相适应（如拖拉机、汽车上的转向指示灯，开关向左扳，左灯亮，表示向左转弯；开关向右扳，右灯亮，表示向右转弯）。

有的信号灯仅用来揭示某个部件或某个显示器发生故障，为了既能引起操作者的注意，又能方便地找到发生故障的地方，最好在视野中心处和靠近有关部件或显示器处各装设一个信号灯，使两者同时显示。

信号灯系统应同其他显示装置形成一个整体，避免相互重复和干扰。

4. 信号灯的位置设计

信号灯应安设在显眼的地方。性质重要的信号灯必须安置在视野中心 3°范围之内；一般信号灯应安排在视野中心 20°范围之内；只有相当次要的信号灯才允许安排在视野中心 60°~80°范围内。

所有信号灯都要求设在操作者不用转动头部和转身就能看见的视野范围内。重要的信号灯应当与其他信号灯有明显的区别，使之十分引人注目，必要时可采用视、听或视、触双重感觉通道的信号。

5. 信号灯的编码

表示复杂信息内容的信号灯系统，应当采用合适的编码方式，避免采用过多的单个信号灯。信号灯编码方式常以颜色编码为主，辅之以形状编码和亮度编码。

信号灯颜色编码不宜超过 22 种不同的色彩，否则容易混淆和错认。最好只用以下 10 种编码颜色：黄、紫、橙、浅蓝、红、浅黄、绿、紫红、蓝、粉黄。以上顺序是按不易混淆的程度排列的，并不表示它们单独呈现时的清晰度。例如，就单个信号的清晰度而言，蓝绿色灯光最清晰，但它与别的颜色信号并用时，不易混淆的程度却不如黄色和紫色。

除了上面介绍的信号灯编码方法以外，还可以考虑以下信号灯编码方法：

（1）颜色或信号灯颜色的变化。

注意：信号灯的颜色在汽车工程师协会［SAE］J578（SAE，2009）中进行了定义。

（2）光强和/或光强度的变化（如需要的制动灯强度和尾灯强度的比）。

（3）安装地点、位置（安装高度、离汽车外边缘的距离）和车辆两灯之间的间距（比如汽车左右车灯之间的间距）等空间信息。

汽车尾灯系统信号编码的几个实例如图 7.22 所示。

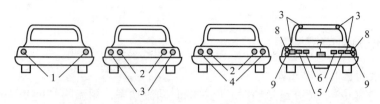

图 7.22　汽车尾灯系统信号编码的几个实例

1—红色信号灯，指示有车、制动和转向；2—红色信号灯，指示制动和转向；3—红色信号灯，指示有车；
4—绿色信号灯，指示有车；5—绿色信号灯，指示车速 88 km/h；6—绿色信号灯，指示车速小于 56 km/h；
7—红色信号灯，指示车速小于 8 km/h；8—黄色信号灯，指示转向；9—红色信号灯，指示制动和滑行

7.3.3　信号灯图形标志设计

根据人的视觉特性和视觉运动规律，信号灯图形标志的设计应当遵循以下几条原则：

（1）图形标志应明显突出于背景之中，使图形与背景形成较大的反差。

（2）图形边界应明确、稳定。

（3）应尽量采用封闭轮廓的图形。

（4）图形标志应尽可能简单，表示不同对象的标志都应蕴含有利于理解其含义的特征，如图 7.23 所示的切削加工信号灯图案，图 7.24 所示的汽车显示仪表信号灯图案，它们都较好地表示了设备相应的运动状态。

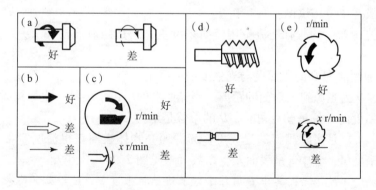

图 7.23　切削加工信号灯图案

图 7.24　汽车显示仪表信号灯图案

(5) 应使显示部分结合成为统一的整体。

7.4 照明灯设备与信号灯光输出

7.4.1 光测量单位

光测量变量和它们的单元如下：

(1) 光流量（Φ）。光流量是辐射光能量的时间流动率，用流明（lm）来度量。

(2) 光强（I）。光强用坎德拉（cd）来度量，定义为每单位立体角内的光流量（流明/球面度）。

注意：球面度是立体角的单位。

(3) 光照度（E）。光照度用勒克司（lx）或英尺 – 烛光（fc）来度量：
$$1 \text{ fc} = 1 \text{ lm/ft}^2 = 10.76 \text{ lx}, \quad \text{lx} = \text{lm/m}^2$$

(4) 亮度（L）（物理亮度）。亮度用英尺 – 朗伯（fL）或者 cd/m^2 来度量：
$$1 \text{ cd/m}^2 = 0.29 \text{ fL}$$

(5) 灯光光束模式。灯光光束模式的产生由相对于灯泡轴线一定角度范围内的光强输出（坎德尔）的分布得到。光束模式的角度位置用相对于灯泡轴线的水平角度和垂直角度来测量。

美国联邦汽车安全标准（FMVSS）108 ［国家高速公路交通安全管理局（NHTSA），2010］和 SAE 标准（SAE，2009）针对汽车照明提出了不同测试点位置、不同汽车灯（比如尾灯、制动灯、转向信号灯、前照灯、侧面标志灯、倒车灯）相对于其灯泡轴线所需的最小和最大光强（单位：坎德尔）。

(6) 一个光源产生的所有光流量用流明来度量，它是照射器在各个方向上所发射光流量的积分值。

(7) 距灯泡距离为 D 的光照度与光强度的关系是：$E = I/D^2$。其中 E 用英尺 – 坎德尔或勒克司来度量，D 为光源到入射面的距离。当光照度的单位是英尺 – 坎德拉时，D 的单位是英尺（或当光照度的单位是勒克司时，D 的单位是米）。

(8) 流明（L）是实际测得的光亮度。光源照亮物体表面获得流明定义为：$L = r \cdot E$，用英尺 – 朗伯来度量，其中 r 是表面发生系数（参见图 7.25）。

注意：$L = (r \cdot E)/\pi$，其中 L 用每平方米坎德拉来度量，E 用勒克司来度量。

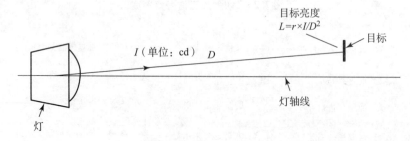

图 7.25 光强度（I）的灯光指向距离为 D、反射率为 r 的目标，产生的目标亮度为 L

7.4.2 前照灯测试点和前照灯光束模式

表 7.1 和表 7.2 分别展示了《联邦汽车安全标准 108》（NHTSA，2010）中规定的可替换灯泡的近光灯和远光灯照明灯的现代光学测量要求。这些要求用各角度位置（该角度位置被称为光测试点，即对于汽车前后灯来说，所测点的上下或左右角度是相对于与汽车纵轴平行的车灯轴线的角度）的最大和最小的光照强度（单位：坎德拉）来规定。因此，光测试点和光输出要求的不同，决定了近光灯和远光灯模式上的区别（图 7.26 和图 7.27）。

表 7.1 近光灯光度测定测试点和最小、最大光强度要求

测试点位置（方位角，仰角）/（°）	光强度/cd	
	最小	最大
10~90，向上	—	125
(-8, 4) 和 (8, 4)	64	—
(-4, 2)	135	—
(1, 1.5) ~ (3, 1.5)	200	—
(1, 1.5) ~ (90, 1.5)	—	1 400
(-1.5, 1) ~ (-90, 1)	—	700
(-1.5, 0.5) ~ (-90, 0.5)	—	1 000
(1, 0.5) ~ (3, 0.5)	500	2 700
(0, 0)	—	5 000
(-4, 0)	135	—
(-8, 0)	64	—
(1.3, -0.6)	10 000	—
(0, -0.86)	4 500	—
(-3.5, -0.86)	1 800	12 000
(2, -1.5)	15 000	—
(-9, -2) 和 (9, -2)	1 250	—
(-15, -2) 和 (15, -2)	1 000	—
(0, -4)	—	10 000
(4, -4)	—	12 500
(-20, -4) 和 (20, -4)	300	—

表 7.2　远光灯光度测定测试点和最小、最大光强度要求

测试点位置（方位角，仰角）/(°)	光强度/cd	
	最小	最大
(0, 2)	1 500	—
(-3, 1) 和 (3, 1)	5 000	—
(0, 0)	4 000	70 000
(-3, 0) 和 (3, 0)	15 000	—
(-6, 0) 和 (6, 0)	5 000	—
(-9, 0) 和 (9, 0)	3 000	—
(-12, 0) 和 (12, 0)	1 500	—
(0, -1.5)	5 000	—
(-9, -1.5) 和 (9, -1.5)	2 000	—
(0, -2.5)	2 500	—
(-12, -2.5) 和 (12, -2.5)	1 000	—
(0, -4)	—	5 000

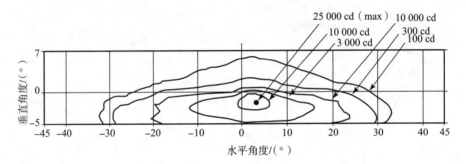

图 7.26　近光灯

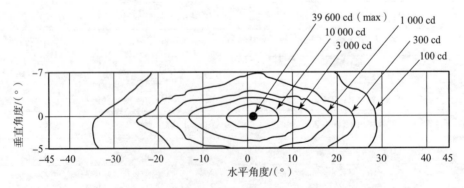

图 7.27　远光灯

7.4.3 远光灯、近光灯设计

远光灯与近光灯都是用来夜间照明的，不过远光角度高、距离远，近光角度低、距离近。一般在城市里开车最好不要开远光，因为城市里一般照明条件都比较好。远光的角度太高很容易晃到对面来车和周围行人的眼睛，影响他们的视线，很不安全，并且是一种不礼貌的驾驶行为。不过夜间交替开闭远光可以代替喇叭提醒周围行人和车辆，以免造成太大的噪声。在高速、郊外没有路灯的地方行驶可以开远光，扩大视野范围。但是遇到对面有车需要会车的时候，处于安全和礼貌的考虑，切换成近光。

图 7.26 和图 7.27 分别展示了美国前照灯的近、远光灯模式。这两个图中显示的烛光度值是根据美国密歇根交通研究所抽取在美国销售的大排量汽车的 20 个近光灯和远光灯样本的测量值。

远、近光灯光束模式的主要区别是亮点位置（或最高光强点）的不同。为了限制对迎面驶来驾驶员感受的光强度，近光灯亮点需低于 1.5°~2.5°，且要偏右侧 2°~3°（图 7.26）。远光灯模式的亮点沿着坐标（0, 0）处的灯轴线指向正前方。远光灯模式亮点的光强度一般高于近光灯模式亮点的光强度。

表 7.3 给出了通用信号照明的最小光照强度的要求。图 7.28 的曲线图是利用近光灯与远光灯光束模式得到的，并假定道路后向反射率为 0.05 和环境亮度为 0.03 cd/m² (0.001 fL)。

表 7.3 通用信号照明要求

灯类型	照亮区域	光强/cd	
		最小	最大
刹车灯（尾部、红色）	1	80	300
	2	95	360
	3	110	420
尾灯（尾部、红色）	1	2	18
	2	3.5	20
	3	5	25
尾部红色转向灯	1	80	300
	2	95	360
	3	110	420
尾部黄色转向灯	1	130	750
	2	150	900
	3	175	1 050
前部黄色转向灯	1	200	—
	2	240	—
	3	275	—

续表

灯类型	照亮区域	光强/cd 最小	光强/cd 最大
前部黄色转向灯（从前照灯照亮区域边缘算起，信号灯间隔小于100 mm）	1	500	—
	2	600	—
	3	685	—
前部驻车灯	1	4	—
中央高位刹车灯	1	25	160
前部黄色侧面标志灯	1	0.62	—
后部红色侧面标志灯	1	0.25	—

数据来源：FMVSS 108，国家公路交通安全管理局，联邦汽车安全标准，联邦公告，美国联邦法规，第49号第571部分，美国交通运输署，2010。

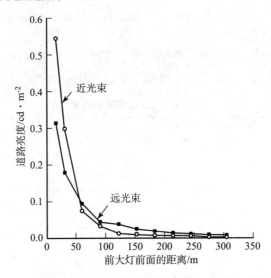

图 7.28 用近光灯和远光灯照明的行驶车道中间的道路亮度

图 7.29 展示了装有远、近光灯的乘用车在直路行驶时，行驶路线左右共 3.66 m 宽的路面亮度。这两条曲线说明了在近光灯下路线右边的路面远比左边同样距离下的亮。此图还表明：100 m 外远光灯照射的路面亮度大于近光灯的。

图 7.30 展示了来自两车道直线行驶汽车上正确瞄准的远、近光灯照射落入迎面驶来车辆驾驶员眼中的光量，它是观察者和迎面驶来汽车两者之间分离距离的函数。此图说明了与迎面驶来汽车驾驶员遭受的远光灯光相比，在近光灯照射下，迎面驶来汽车驾驶员遭受的眩光亮度较低。

至于无论有无眩光的存在或者驾驶员受到眩光的干扰（比如，来自迎面驶来车辆的眩光照射），研究的许多计算机模型已经能够预测试验中目标探测距离和驾驶员遭遇的不舒适眩光量级（Bhise 等，2007）。如图 7.31 所示，在近光灯照射下、对位于两车道右边道路位置上 1.83 m 高（6 ft 高）、反射系数为 7% 的行人目标预测可视距离。因此，可见距离的最佳情况与最差情况之比是 4（120 m/30 m）。

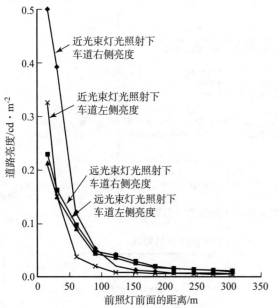

图 7.29 用近光灯和远光灯照明的行驶车道边缘的道路亮度

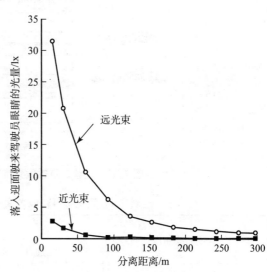

图 7.30 来自于两车道直线行驶汽车上正确瞄准的远、近光灯照射落入迎面驶来车辆驾驶员眼中的光量

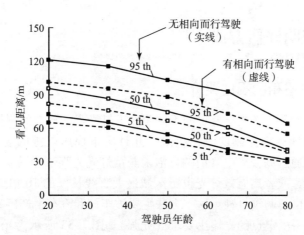

图 7.31 作为驾驶员年龄、近光灯照射下有无相向而行驾驶条件函数的驾驶员第 5、50、95 百分位视觉能力的可视距离对比

图 7.32 和表 7.4 是调整车灯轴线角度对看见行人目标的距离影响测试结果,由此图和表可见,车灯轴线向上调高 0.76°后,对行人的可视距离增加了 63 ft(无迎面驶来车辆)和 55 ft(在 400 ft 处有迎面驶来车辆)。

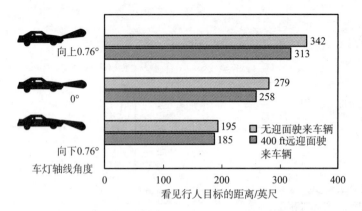

图 7.32　调整车灯轴线角度对看见行人目标的距离的影响

表 7.4　调整车灯轴线角度对看见行人目标的距离的影响

车灯轴线角度	看见行人目标的距离	
	无迎面驶来车辆/ft	400 ft 远迎面驶来车辆/ft
向上 0.76°	342	313
0°	279	258
向下 0.76°	195	185

7.5　信号照明评估方法

7.5.1　光度测量和合规性评价

信号灯评价方法涉及定义光学要求的不同角度下灯光强度输出的测量。为了实施这一测量，将一个灯安装在计算机控制的测角仪上，并且用带稳压电源的规定电压（12.0 V 或 12.8 V）供电。然后通过调校光电管前的灯泡来测量灯光光强（单位：坎德拉），这一光电管安装在离灯泡 3 m 远或者离有效灯光投影区域最大直线长度的 10 倍远的位置。每完成一个测定点的测量后，重新调校灯轴。这一方法主要被车灯和汽车生产厂家所用，用来检查某种信号灯是否满足每一测定点的光输出要求（光强）。图 7.33 所示为光度计，图 7.34 所示

图 7.33　光度计

图 7.34　光照度测量

为光照度测量，图 7.35 所示为利用普通光度计进行亮度测量，图 7.36 所示为利用光谱辐射计的亮度测量。

图 7.35 亮度测量

图 7.36 利用光谱辐射计的亮度测量（见彩插）

7.5.2 现场观察和评估

此种信号照明评估方法是在一系列试验中，要一组观察人员（个人或一个小组）来观察有着不同信号特征（如强度、照射区域、灯形状、灯源类型/技术）的测试信号灯。这些试验是在不同的环境光照条件下、选定的观察位置下进行的，并且观察人员被要求对信号的可见度、醒目性或有效性提供客观评价。在一些现场观察中，提供给被试者一对信号（参考信号和测试信号），然后要求他们对这两个信号进行比较。这种成对比较的方法很好，因为人们很擅长于辨别同时出现的两种信号。与只看见一个信号而没有参考信号相比，这种方法提供了更可靠的信号等同性或相对可见度、显著性或信号有效性的评价。

图 7.37 和图 7.38 展示了福特公司研究人员基于光强对尾灯和制动灯进行鉴别研究的结果（Troell 等，1978）。图 7.37 展示了从两种信号灯中鉴别出一种信号灯（比如尾灯或刹车

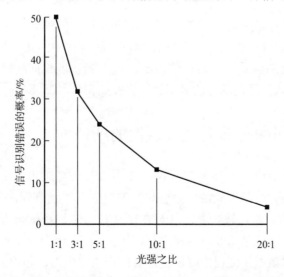

图 7.37 制动信号灯与尾灯的强度比与驾驶员信号识别误差概率之间的函数关系

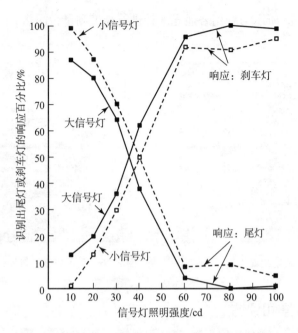

图 7.38 夜晚，信号灯光强（单位：坎德拉）和光照区域［小灯光照面积为 25.8 cm² （4 in²），大灯光照为 51.6 cm² （8 in²）］与尾灯或制动信号灯识别之间的函数关系

灯）时，识别误差百分比与亮灯、暗灯两种灯光光强度之比之间的函数关系。此曲线表明：只有当两种信号灯强度的比例至少为 10∶1 时，鉴别的错误率才能小于 10%。值得注意的是，有着尾灯和制动灯组合的尾部信号灯的现代信号照明要求是：在接近光轴的中间光学区域内，制动灯的强度至少是尾灯信号强度的 5 倍［FMVSS 108，NHTSA，2010；J586，美国汽车工程师协会（SAE），2009］。

图 7.38 展现了当机动车尾部红色灯光强度变化时，位于 100 m 以外的观察者观察得到的现场测试结果。在每一次测试中，机动车尾部信号灯的强度都要改变，观察者在每一次测试中需要回答红色信号灯是尾灯还是制动灯。此图表明，在 90% 以上的测验中，光强超过 60 cd 的灯被认为是制动灯。相反地，在 80% 及以上的测验中，光强低于 20 cd 的灯被认为是尾灯。对灯的鉴别效果也受光照面积的影响。在光照强度相同的情况下，大光照面积灯（51.6 cm² = 8 in²）被认为是制动灯的概率比小光照面积灯（25.8 cm² = 4 in²）高 10%。

7.6 改善夜间和雨雾天气视认性的新技术

据统计，夜间事故中约有 50% 发生在没有照明设施的黑暗道路上，道路照明越差，事故发生的可能性就越大。夜间事故占事故总数的 33.1%（虽然夜间出车率只占白天的 1/5）。死亡人数则为 50% 左右，对比致死率，白天事故为 12.4%，而夜间为 33.7%。夜间事故多发和高的致死率，其原因就是驾驶员的视力与白天相比约降低 1/2。此外雨和雾也会使视力下降，前窗玻璃脏和水滴不仅使视力降低，还会使距离感失真，必须引起驾驶员的注意。欧洲汽车照明研究机构曾经就此做过专项调查，结果显示，欧洲司机们最希望改善的是阴雨天气积水路面的照明，排在第二位的是乡村公路的照明，接下来依次是弯道照明、高速公路照明和市区照明。上述这些问题的存在，使得研制一种具有多种照明功能的照明系统成为必要，并且这些功能的切换，出于安全上的考虑，必须是自动实现的，由此，自适应照明系统（ALS）或"SMART"照明系统也就应运而生了。图 7.39 所示为比较传统的直弯道两用照明装置的原理；图 7.40 所示为前照灯带有的动态调平马达；图 7.41 所示为装有 SMART 动态调平马达的前照灯汽车在弯道行驶时照明改善情况，此图中（a）的道路亮度要比（b）的高，因而减少了发生交通事故的概率；图 7.42 所示为外视镜上装有可进行图像识别的摄像机；图 7.43 所示为利用该设备清晰识别到前方道路上的行人。

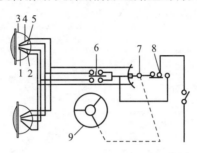

图 7.39　直弯道两用照明装置的原理

1—右偏光灯丝；2—近光灯丝；3—反光镜；4—左偏光灯丝；5—远光灯丝；
6—远、近光变光开关；7—机动开关；8—功能选择开关；9—方向盘

（a）　　　　　（b）

图 7.40　前照灯带有的动态调平马达　　**图 7.41　装有 SMART 动态调平马达的前照灯汽车在弯道行驶时照明改善情况（见彩插）**

图 7.42　外视镜上装有可进行图像识别的摄像机

图 7.43　清晰识别到前方道路上的行人

思 考 题

1. 介绍汽车上使用的主要照明设备。
2. 叙述前照灯和信号灯设计中的人机工程学问题。
3. 叙述汽车近光灯和远光灯设计原理和方法。

第 8 章
汽车上下车设计

8.1 概述

驾驶员在上下乘用车时遇到的问题取决于他们自身的性别和人体特征,原因分析如下:
(1) 腿比较短的驾驶员(主要是女性驾驶员)认为:

①座椅和踏板(门槛的顶部)太高。门槛(或称门下围板)位于车门下方、车身一侧的底部(实际上构成了车门的底部框架),它是乘员上下车时脚必须跨过的地方[门槛和它在乘坐参考点(SgRP)处的横截面分别如图 8.1 和图 8.2 所示]。

图 8.1 驾驶员进入车内并坐上座椅所需的空间大小受方向盘和座椅上部之间的腿部空间、驾驶员头部、座椅上部到上开门下边缘之间的身躯空间、B 立柱位置的影响

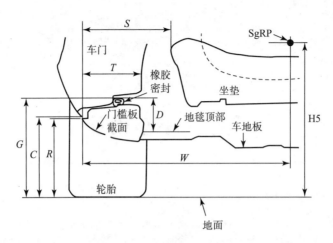

图 8.2　SgRP 座椅参考点处的横断面（在后视镜中）显示与上下汽车有关的尺寸

②门槛太宽。汽车外边缘（即门槛）到驾驶员中心位置的横向距离太大，使得驾驶员在上车时因距离太远而无法方便地挪腿上车（图 8.2 中的尺寸 W）。

③驾驶员膝盖和仪表盘和/或转向管柱（由于需要向前移动座椅才能使驾驶员的小腿踩上踏板）之间的间隙不够大。

（2）老年人、胖子以及行动不便的驾驶员认为：

①座椅要么太高、要么太矮（图 8.2 中 H5 尺寸）。这表示驾驶员在爬上座椅的过程中会遇到一些困难（比如膝部扭伤），或者在上车过程中需要较大的腿部肌肉力量才能坐到座椅上，或需要较大的背部肌肉才能把驾驶员的身躯挪到座椅上。

②车门顶端开口位置太低。在这种情况下，他们的头部进入车内时会遇到一些困难（图 8.1）。

③门槛太宽。

④大腿的空隙不足（座椅上表面与方向盘底部之间的空隙不足；SAE 尺寸 H74，SAE J1100，SAE，2009）。

⑤方向盘与驾驶员胃部之间的空隙不足（方向盘底部与驾驶员胃部之间的空隙不足）。

⑥车门打开的幅度不够大（即车门打开到极限位置时，车门内饰板与车身之间的空间不够大）。

（3）身材较高的驾驶员认为：

①上车时汽车车门顶端开口位置太低（汽车进入高度，H11）。

②当驾驶员身体向前倾时，A 立柱（前车顶立柱）与他们的头距离太近（如图 8.13 中 H 点）。

③座椅垫枕（即坐垫抬高的那一侧）太高。

④头顶可移动空隙不够。

（4）腿长的驾驶员认为：

①座椅轨道向后延伸距离太小（座椅轨道太短，且在汽车上布置太靠前）。

②汽车 B 立柱（前侧风挡玻璃与后侧风挡玻璃之间的顶柱）前边沿太靠前。在这种情况下，驾驶员椅背向 B 立柱前缘后面移动，因而驾驶员上车入座时必须与汽车 B 立柱擦身

而过（图8.1）。

③门开口前围侧下部太靠后（如图8.13中F点所示）（**注意**：前围护面是挡风玻璃底部位置与引擎罩后缘之间的车身板件），导致驾驶员腿部空间不足、驾驶员的腿从地面挪入车内困难。这个问题通常导致上车时，驾驶员的鞋踢到门开口前围侧（查看在车门开口前边与下边装饰件上留下的鞋子刮痕）。

④车门打开幅度不够大，提供的上车空间不足（即打开的门与车身之间的空间不够）。

因此，车门开口尺寸和形状［它们由以下因素形成：门槛、B立柱、车顶纵梁（车门上面的车身部件，安装在车顶两侧）、A立柱（前顶立柱）、前围侧A柱下面的门框和膝垫］的设计、车门打开的角度范围、车座椅的布置、方向盘、门把手、开门手柄都影响驾驶员上下汽车时的舒适度。

8.2 与汽车上下车有关的汽车特征与尺寸

8.2.1 门把手

（1）门外把手的高度。第5百分位矮个女性在不需要将手抬高至超过肩膀时必须能够抓住车门把手，并且第95百分位的男性不需要弯腰就能够抓到门把手（也就是门把手的位置不得低于第95百分位男性站姿手腕高），如图8.3所示。

（2）车外门把手的纵向位置。车门把手应该设置在离车门后边沿的位置越近越好（图8.4），以避免开驾驶员侧车门时车门的右下角撞伤驾驶员的胫骨。

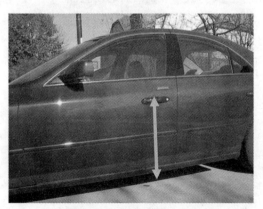
图8.3　门把手离地高度

图8.4　车外门把手纵向位置

（3）车门内把手位置。当关上车门时（在驾驶员进入车内并坐到座椅上后），不需要驾驶员将手摆成"鸡翼"的形状去抓车门内把手。这意味着车门内把手应该安置在：①最小可触及空间的前方（第3章）；②最大可触及空间的后方（第3章）；③不低于车门扶手的高度；④不高于坐姿肩膀高度。当要下车时，车内开门把手位置也应该满足上述位置要求。

（4）把手手柄。应该检查手柄表面空隙，以确保第95百分位男性手掌（考虑手掌宽度、手指宽度和手指厚度）的 4 个手指可以伸入内把手手柄（或拉环）和门外把手，如图 8.5～图 8.8 所示。此外，为了满足冬天戴手套开门的需要，还需根据所在销售市场中人群习惯及手套类型，预留额外的车门把手空间。另外，还要考虑为了防止驾驶员手上的戒指或者长指甲划伤汽车表面而需额外预留的空间。

图 8.5　车外门把手手柄

图 8.6　车外门把手手柄空隙

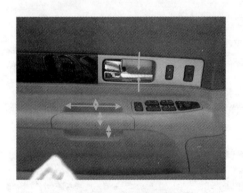

图 8.7　车内门把手及扶手手柄

图 8.8　车内门把手及扶手手柄空隙（见彩插）

8.2.2　座椅参考点位置的横截面和脚移动空间

图 8.2 所示为通过驾驶员 SgRP 点且与车辆 X 轴垂直的平面内的乘用车横截面，图中展示的下列汽车尺寸对改善进出汽车舒适度非常重要：

（1）SgRP 座椅参考点离地垂直高度 H5。
（2）SgRP 座椅参考点离门槛外边沿的横向距离 W。
（3）座椅垫至门槛外缘的横向距离 S。
（4）车门下端横向重叠部分的宽度 T。
（5）门槛顶端至地面的垂直距离 G。
（6）车地板最高处至门槛顶端的垂直距离 D。
（7）在设计重量下门避开界石的间隙 C。

为了改善驾驶员上下车的舒适度，在设计车辆的起始阶段就应该考虑上述尺寸的大小（分开考虑和一起考虑），如图 8.9～图 8.12 所示几项。

第 8 章 汽车上下车设计

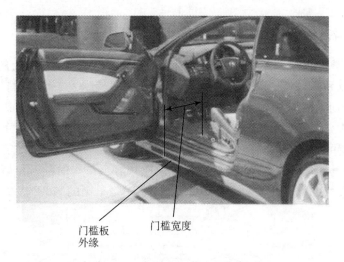

图 8.9　宽的门槛板会使进出汽车更加困难，因为驾驶员从车门槛外缘进入车内并坐上座椅的过程需要跨越很宽的台阶

图 8.10　隐藏的门槛和踏脚空间会使进出汽车的难度降低

图 8.11　脚在门槛外边缘与地图袋底部边缘之间的移动空间

图 8.12　脚从车内地板上移出，并从打开的车门缝隙处着地下车

8.2.3 车身各部位相对于座椅参考点的位置距离

图 8.13 展示了从前后乘员位置 SgRP 点测量的车门开口与仪表面板上的若干关键点。这些点离座椅参考点 SgRP 的距离越大,则上下汽车的空间就越大。当车门打开时,尺寸 T 表示针对头顶间隙的上车高度,尺寸 H 定义了当驾驶员倾斜和身躯弯曲时其头部离 A 立柱的摆动间隙,尺寸 K 定义了驾驶员膝盖与仪表板底部之间的活动间隙,尺寸 F 定义了脚与车开口前部较低位置的间隙距离,尺寸 B 定义了门槛的顶点位置,尺寸 R 定义了 B 立柱的前边缘位置;同样,尺寸 T'、F'、B' 和 R' 定义了后座乘客上下车时的各位置间隙。车身布置工程师要把设计尺寸和上述点尺寸以及设计成其他试验车辆的 SgRP 座椅参考点位置进行比较。

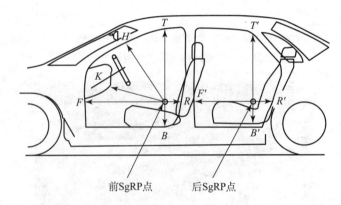

图 8.13 相对于前座椅与后座椅参考点 **SgRP** 位置的车身开口关键点侧视图

8.2.4 车门和门铰接角度

1. 车门完全打开时的角度

(1) 前门一般 65°~70°,后门 70°~80°;

(2) 过大的车门开启角度会使关门时很难够着车门把手/范围。

2. 车门铰接中心线

(1) 打开的车门与车身之间的空间大小受门铰接中心线的位置和方向的影响。铰接中心线是穿过上下铰接点的轴线。

(2) 车门铰接中心线的顶部应该稍微向里和向前倾斜,以改善驾驶员头部及肩膀与打开的车门上前角的间隙距离。这样设计还可以降低关门的难度(因为车门的自重可以辅助车门的关闭)。

8.2.5 脚踏板

脚踏板的设计要求有以下两点:

(1) 诸如 SUV 多功能车、皮卡之类高度较高车辆的上下车舒适度可以通过提供脚踏板来改善。矮个驾驶员将从脚踏板中获益较多,相比之下,身高较高的驾驶员会认为脚踏板在上下车时碍手碍脚。

(2) 图 8.14 所示为脚踏板的横断面图，并且标注了与上下汽车有关的重要尺寸。尺寸 L（最少 50~55 mm）应该足够宽以提供放脚的空间。尺寸 T 应该足够大以适应大多数鞋尖的高度（大约 50 mm 或者更大），尺寸 W 应该可以提供支撑一只鞋的宽度，即最少 125~150 mm。台阶的高度 H 取决于悬架和轮胎的状态（即加载）。然而，从上台阶舒适性的角度来看，尺寸 H 从地面算起，应该不超过 450 mm。尺寸 X（图 8.14 中未标注）代表着踏板的纵向长度。应该确保设计的踏板有足够的纵向长度来支撑驾驶员在不同乘坐参考点 SgRP 中向前放脚的位置。

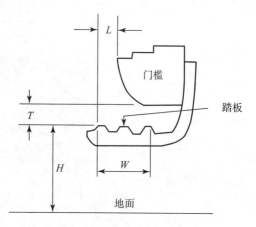

图 8.14 脚踏板的横断面图

8.2.6 两车门汽车后排和第三排座位的进出

两车门汽车后排和第三排座位的进出设计有以下两个要点：

(1) 进出小型货车（或者大型 SUV 多功能车）的第三排座位或者进出到两门跑车的后座，这对许多乘客来说都是一个挑战，这是因为：

①没有直达座椅的门。

②需要穿过或爬过小的空间才能到达后排座椅。

③需要坐在前椅上的乘客移动身体后再复位。

(2) 扶手及门把手的提供以及它们布置的位置对提高进出车时的舒适性十分重要。扶手的位置可以布置在以下几个位置上：

①位于第二排座位 B 立柱的高处和第三排 C 立柱的进出辅助设施处。

②对于出第三排座位来说，特别有帮助的一个做法就是将扶手设置在很高的地方，乘客引体向上后离开座椅。

③在复位及起坐、站立和爬动过程中重心转移时，扶手和把手也能起到帮助的作用。

图 8.15 所示为后排乘客上下车，图 8.16 所示为驾驶员上下车脚、腿和头部空间，图 8.17 所示为后排乘客上下车空间、高度和门的开度。

图 8.15 后排乘客上下车

图 8.16 驾驶员上下车脚、腿和头部空间

图 8.17　后排乘客上下车空间、高度和门的开度

8.2.7　重型卡车驾驶室的进出

重型卡车驾驶室的进出设计有以下几个要点：

（1）重型卡车驾驶室的地板离地面高度通常很高，因此进出驾驶室通常需要大约两个台阶（图 8.18）。

（2）在设计台阶和扶手时必须遵循的基本原则是：驾驶员和乘客在进出卡车的过程中必须一直保持和卡车有"三点接触状态"。这些接触的点是驾驶员或乘客的手和脚与车接触的地方。因而，当从地面进入驾驶室时，两只手握在扶手上（驾驶员的左手抓住门扶手或方向盘，右手抓住内面或外面的后侧扶手），一只脚在一个台阶上；或者两只脚在一个台阶或两个台阶上，此时在扶手上的手必须抓住把手（哪怕一点点）。

（3）驾驶室上应该在靠近门开口的后方设置两个垂直扶手（一个在车内，一个在车外，如图 8.18 所示）。

（4）此外，必须至少有两个扶手或者抓握面与车门内饰板合并在一起。应该在车门内饰板靠后的较低位置处设置一个把手，以便使用者站在地面上或者踏上第一个阶梯时也可以抓住门把手。

（5）第二个扶手应该设置在高于车门内饰板位置，以便坐在座椅上的乘员可以轻易地抓住扶手关闭车门用（必须被放置在最大手到达包络面的后面；见第3章）。较高的扶手也应该能被乘员离开座位下车的时候用（图 8.18）。脚踏板的表面应该设计得使脚的滑动和积雪、灰尘最少。

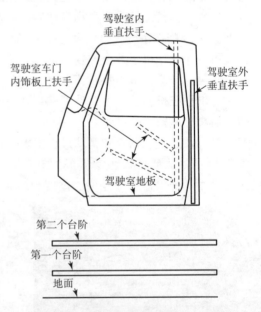

图 8.18　重型卡车驾驶室用 2 个台阶和 4 个扶手辅助上下车

8.3 上下车设计校核与上下车布置优化

8.3.1 轿车上下车校核

1. 引用标准

GB/T 19234—2003《乘用车尺寸代码》。

SAE J1100《汽车尺寸》。

2. 上下车方便性的技术条件

在校核上下车方便性问题时,应考虑车门立柱的布置、出入通道尺寸的推荐值和侧壁的倾斜度对上下车方便性的影响。

3. 车门立柱倾斜度对上下车方便性的影响

在轿车设计中,考虑上下车方便性,首先应该确定设计中车门立柱的布置是否符合要求,当车门立柱直立时,前后座入座都会感到很别扭,如果将门立柱适当倾斜,则可以大大改善入座的方便性,可以参考图8.19。

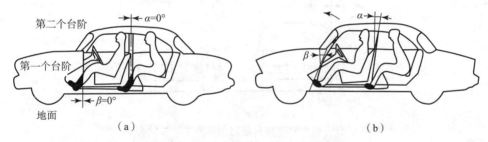

图8.19 车门立柱对入座方便性的影响

4. 通道宽度对上下车方便性的影响

图8.20 所示为上下车的通道宽度。其中:L18 是前车门最大开度时下部通道宽度,一般推荐要求 L18 >400 mm;L19 是后车门最大开度时下部通道宽度,要求 L19 >250 mm。

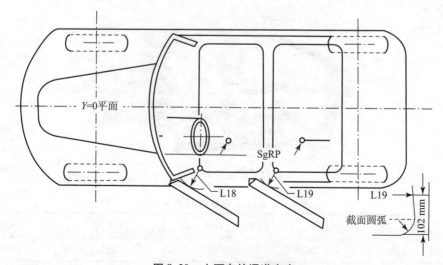

图8.20 上下车的通道宽度

表 8.1 给出了 SAE J1100 标准中所示尺寸的推荐要求。

表 8.1 乘用车上下车通道宽度要求

项目	代号	尺寸/mm
前车门最大开度时下部通道宽度	L18	>400
后车门最大开度时下部通道宽度	L19	>250

5. 侧壁倾斜度对上下车方便性的影响

侧壁的倾斜度对上下车的方便性也有很大的影响,如图 8.21 所示。当 K 值(车门上缘与门槛之间的间距)为零时,乘客的上身必须倾斜 30°以上才能进入车内,入座很费劲,轿车的 K 值一般取 100~150 mm(视车身高度有所变化),则人的上身只需稍许倾斜即可入座。必须指出,当 K 值过大时,下车时也不方便;同时将由于上下比例失调而影响汽车的外观,同时内部空间利用也不好,影响乘员的头部空间和乘坐舒适性;而且玻璃升降占用车门内腔的空间太大,也会使车门增厚。

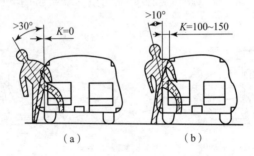

图 8.21 车身侧壁倾斜度对上下车方便性的影响

6. 某车型上下车方便性校核

1) 车门 B 立柱倾斜度校核

图 8.22 所示为某车型 B 柱倾斜角,$\alpha = 5°23'$。该车型立柱适当地向后倾斜改善了驾驶员上下车的方便性。表 8.2 给出了几种车型 B 柱倾斜角比较。

图 8.22 某车型 B 柱倾斜角

表 8.2 几种车型 B 柱倾斜角比较

车型名称	某车型	V08	Y08	S08
B 柱的倾斜角 α	5°23′	6°01′	3°45′	6°53′

2）上下车通道宽度校核

校核中采用驾驶员门的最大开度为60°，后门最大开度为63°，并在此情况下校核某车型实际上下车方便性。我们可以测得在前车门最大开度时的下部通道宽 L18；测得在后车门最大开度时的下部通道宽 L19，如图 8.23 所示。把实际测得的数据写入表 8.3 进行比较分析。

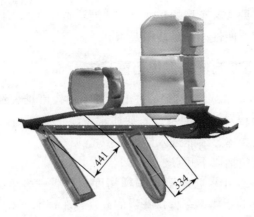

图 8.23　左前、后车门下部通道宽度校核

表 8.3　几种车型车门最大开度时下部通道宽度　　　　　　　　　　mm

项目	尺寸要求	某车型	S08	Y08	威姿	威驰
前车门最大开度时下部通道宽度 L18	>400	441	446	420	456	481
后车门最大开度时下部通道宽度 L19	>250	334	271	298	272	302

从表 8.3 的分析比较，××车型前车门最大开度时下部通道宽度和后车门最大开度时下部通道宽度均满足使用要求，为乘员的上下车提供了方便性。

3）车身侧壁倾斜度校核

如图 8.24 所示，实际测得××车型的 $K=156$ mm，尺寸稍大。由于××车型侧围车门完全按参考样车进行设计，能满足上下车方便性的要求。表 8.4 列出了几种车型车身侧壁倾斜度比较。

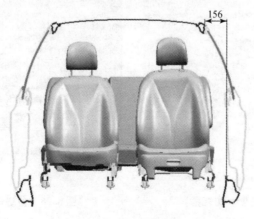

图 8.24　车身侧壁斜度

表 8.4　几种车型车身侧壁倾斜度比较

车型名称	某车型	V08	Y08	S08	K 值推荐范围
K 值/mm	156	135	79.7	180	100~150

4）结论

通过以上的分析，可见××车型的车门立柱、通道宽度和侧壁倾斜度等满足相关规定的要求，××车型的上下车方便性亦满足使用要求。

8.3.2　商用车上下车方便性优化布置方法

对于 COE（cab over engine）商用车，进出驾驶室比较困难。驾驶员通常借助扶手帮助进出。由于车轮与驾驶室相对位置关系，车梯通常不能正对车门入口，驾驶员爬上车梯之后，需要向车门方向移动身体，才能进入驾驶室。

影响进出方便性因素包括以下几点：

（1）车梯布置。第一级（靠近地面）车梯高度，最后一级车梯到门洞下边界的高度，门洞与车梯在 X 方向错开的距离，车梯每一级的高度，车梯深度和宽度。

（2）扶手布置。左侧扶手高度直接影响上车方便性，必须保证第 5 百分位男子驾驶员能够伸及。此外，在高度方向应具有一定高度的排列，保证驾驶员在车梯、驾驶室等部位都能够借助它保持身体平衡和稳定。

（3）方向盘与座椅的相对位置，也影响入座。

（4）门洞尺寸。宽度和高度会影响驾驶员进出驾驶室，以及入座的方便性。

上述各方面中，车梯和扶手（尤其是左侧扶手）的布置对于上下车方便性，乃至难易程度起主要作用。

目标驾驶员群体中，第 5 百分位男子由于身材矮小，上下车相对其他百分位驾驶员困难，应重点对其进出方便性进行分析。

通过测量得到各级车梯的高度、深度和最小宽度，参见图 8.25~图 8.28。各级车梯的深度足够容纳驾驶员多半脚掌，宽度也能够容纳驾驶员双脚分开站立。

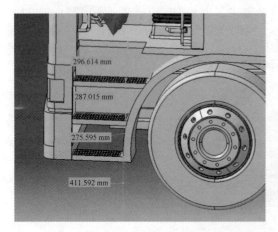

图 8.25　各级车梯高度（见彩插）

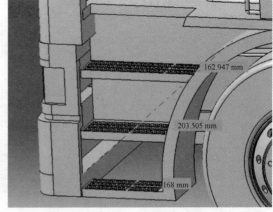

图 8.26　各级车梯深度（见彩插）

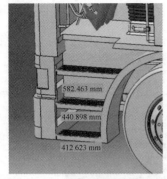

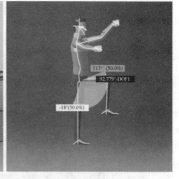

图 8.27　各级车梯宽度（见彩插）　　图 8.28　第 5 百分位男子登第一级车梯的姿势分析（见彩插）

驾驶员上第一级车梯时，通常是一只脚踏上第一级车梯，然后另一只脚向上纵跳，同时左手伸及扶手；通过将第 5 百分位男子驾驶员定位在车体前方，考察此时对于左侧扶手的伸及性，可以看到勉强能够伸及，考虑踮脚或纵跳，则能够轻松伸及扶手，如图 8.29 所示。

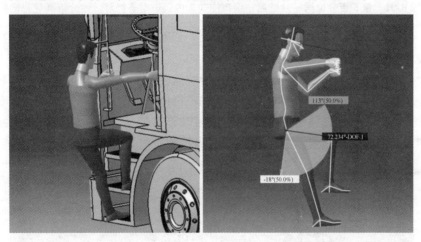

图 8.29　第 5 百分位男子从第一级车梯登上第二级车梯姿势分析（见彩插）

将第 5 百分位男子按照一只脚登上第一级车梯的姿势定位，并对此时的姿势进行分析，如图 8.30 所示，可以看到，一只脚抬高后，大腿仍然位于其舒适活动范围内。同样，分析

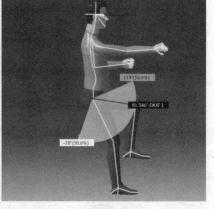

图 8.30　第 5 百分位男子从第二级车梯登上第三级车梯姿势分析（见彩插）

第 5 百分位男子在最后一级车梯向车内迈进的情况，如图 8.31 所示，此时左腿和两手臂也位于其舒适的活动范围内。

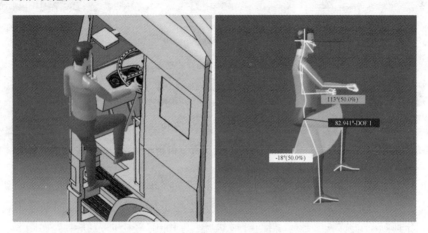

图 8.31　第 5 百分位男子从最后一级车梯向车内迈进时姿势舒适性分析（见彩插）

因此，综合考虑各级车梯的高度，以及上第一级和从最末级车梯进驾驶室的车梯高度，认为车梯设计符合驾驶员进出方便要求。

方向盘与座椅的相对位置和门洞尺寸都会影响驾驶员进出和入座，设计中驾驶员进出和入座并不是主要的考虑因素，而要考虑目标驾驶员群体驾乘舒适性，整车造型、布置和结构性能等因素。因此，它们可调整的余地和单纯因改善驾驶员进出而进行调整的可能性也很小。经过测量，门洞的尺寸可以满足驾驶员进出驾驶室时进行小幅度活动所需空间，如图 8.32 所示。

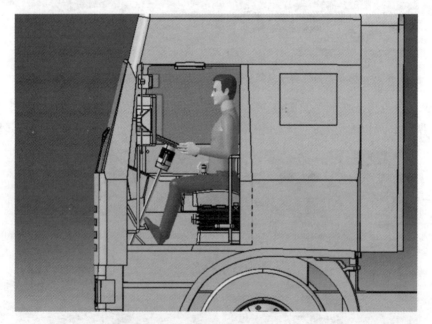

图 8.32　优化后的方向盘与座椅的相对位置和门洞尺寸（见彩插）

8.3.3 主观评价

主观评价有以下几点：

（1）驾驶员与乘客上下车的行为和偏好受许多汽车尺寸组合和主观评价人员一些特性组合的影响。

（2）人机工程学工程师应该了解本章中提到的基本问题和解决问题的方针，并且通过制作设计车辆的物理模型用作进一步的验证。验证上下车性能的唯一可靠方法就是进行一项研究：在实验研究中，让主观评价人员对进出车的舒适度/难易程度打分，并且通过测量他们进出车的时间与 EMG 肌电图，和测试过程中观测到的问题数量以及主观评价人员报告的问题来收集更多的信息。

（3）把实验中的其他车辆（设计车辆的先前模型及竞争者车辆）的数据信息考虑进来，可以提供很好的参考和比较。

思 考 题

1. 影响汽车上下车方便性的特征与尺寸有哪些？
2. 如何校核轿车的上下车方便性？
3. 如何校核商用车上下车方便性？

第 9 章

汽车维护和装卸物品的外部界面设计

9.1 概述

汽车主要外部区域维护任务如下:

1. 发动机舱维护

(1) 打开引擎盖需要以下步骤:

①找到车内的引擎盖开启按钮并按下它(在仪表盘上或附近,如图 9.1 所示)。

②找到并操作引擎盖开启杠杆(位于引擎盖开口附近;图 9.2 显示的是引擎盖开启杠杆)。

图 9.1 引擎盖开启按钮

图 9.2 引擎盖开启杠杆

③抬起引擎盖(抬起引擎盖到其定位位置)。

④找到、定位,并插入引擎盖支撑杆(如图 9.3 所示,支撑杆上套了一截贴胶的彩色护套以方便寻找、抓握和插入支撑杆)。

⑤打开引擎盖灯(供夜间路边引擎维修使用)。

(2) 检查发动机机油,包括以下步骤:

①找到发动机机油尺(图 9.4 中机油尺的手把是彩色标记的,见图 9.5 中箭头所指)。

②摸到、抓握并拉出机油尺。

③清除机油尺上的机油。

④将机油尺插入引擎中。

图9.3 引擎盖支撑杆

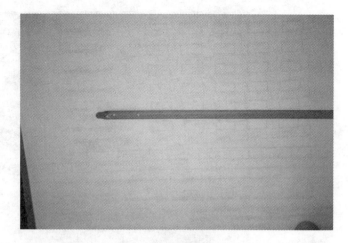
图9.4 发动机机油尺

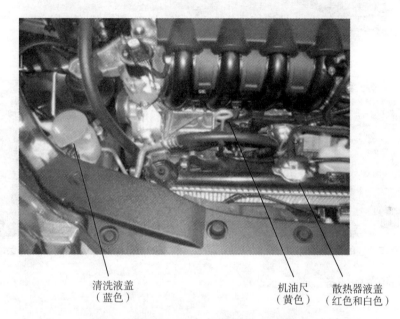

清洗液盖
（蓝色）　　　机油尺（黄色）　　　散热器液盖（红色和白色）

图9.5 机油尺手把、清洗液盖、散热器液盖

⑤将机油尺拽出。
⑥读出机油量值。
注意：机油尺上易发现的小洞或凹槽对读出机油量很有帮助。
⑦将机油尺插入发动机中。
⑧取下发动机机油注油口帽。
⑨加满机油。

其他的发动机舱任务还包括检查风挡玻璃清洗液（图9.6）、加满风挡玻璃清洗液、检查冷却液容量、加满冷却液、检查风扇皮带、检查制动液容量、检车动力转向液容量、检查空气过滤器、检查蓄电池端子、找到保险丝盒（图9.7）、打开保险丝盒（图9.8）、检查有问题保险丝位置并更换新保险丝、检查传动液容量、更换车前照灯灯泡等。

图9.6　检查风挡玻璃清洗液

图9.7　没有标签的保险丝盒

图9.8　带保险丝使用图表的保险丝盒

2. 后备厢相关的任务

（1）开启后备厢：

①使用遥控钥匙。

②使用内置的后备厢开启按钮，如图9.9所示。

图9.9　后备厢与燃油加注口开启按钮

③ 使用钥匙。
(2) 装卸物品。
(3) 找到备用轮胎。
(4) 找到千斤顶。

3. 更换轮胎

(1) 搬出备用轮胎、千斤顶和车轮螺母扳手。
(2) 安放千斤顶并顶起车辆。
(3) 找到用于拆卸与上紧车轮螺母的专用扳手。
(4) 转松车轮螺母。
(5) 卸下轮胎，如图9.10所示。

图 9.10　更换轮胎示意图

(6) 安上备用轮胎。
(7) 将千斤顶、扳手和换下的轮胎放回后备厢。

4. 加燃油

(1) 找到并按下燃油门启开杠杆/按钮（图9.9）。
(2) 打开油箱盖门。
(3) 打开燃油箱盖（如果不是无盖加油，如图9.11所示）。
(4) 插入燃油泵喷嘴（在加气时，注油口离地面的高度以及其方位角度是影响舒适度的重要变量）。

图 9.11　有盖的油箱注油口

(5) 加油。
(6) 移开喷嘴。
(7) 将口盖盖上并关上燃油门。

随着新车开始采用无口盖式加油，拧盖与关盖的动作及操作时间，以及手受伤（被金属薄片锋利的边缘割伤）的概率就大大降低了（图9.12和图9.13）。

图 9.12　无盖的油箱注油口

图 9.13　无盖的油箱加油

5. 车辆的其他作业

（1）清洗前、后风挡玻璃，车前照灯、车尾灯。
（2）校准车前照灯。
（3）检查轮胎气压并打气。
（4）清除车上的雪。
（5）安装雨刷。

将以上这些任务清单以及每个任务所包含的步骤展示给读者的目的，就是想让读者了解到这其中的许多步骤都是可以通过改进车辆外部界面设施而简化甚至省略的。

9.2　研究的方法和问题

汽车公司通常都有内部的设计标准，它包括了设计准则和要求来给设计师和工程师们提供有关如何设计不同的系统来保证顾客满意的信息。

提供这些标准中的要求通常有以下几个目的：①在设计中提供某种一致性会使得某一特定品牌的顾客在不同车型中看到设计一致性；②防止出现过去设计中已经出现过的问题（通过吸取已有教训来实现）；③节约设计过程中的时间（例如，工程师们不用再花费时间研究先前设计过程中已经解决的问题）。

例如，在设计乘用车辆的后备厢时有一些很重要的尺寸或变量，包括以下几点（图 9.14 ~ 图 9.21）：

图 9.14　旅行车装卸行李的高度

第 9 章 汽车维护和装卸物品的外部界面设计

图 9.15 后备厢盖的开启高度

图 9.16 后备厢的开度

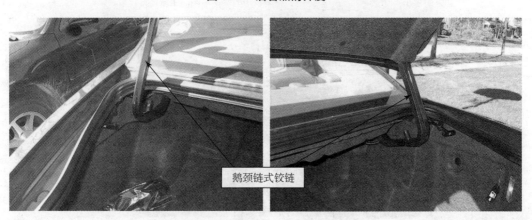

鹅颈链式铰链

图 9.17 鹅颈式铰链（深入到后备厢中）

图 9.18　提升式门装卸行李时人员头部间歇与手抓握门的高度

图 9.19　突出的后备厢盖闩锁

图 9.20　提升式门关闭时手抓握区域

(1) 离地举升（门槛）高度（图 9.14）。

(2) 后备厢开启高度和开度（图 9.15 和图 9.16）。

(3) 后备厢盖设计。重量、铰链设计（例如，与四连杆机构相比，鹅颈式铰链所占行李箱空间大，如图 9.17 所示），关闭打开的箱盖手所到达的高度（图 9.18），保护头部不受锋利的突出边缘、角以及门闩等的撞伤（图 9.19、图 9.20）。

(4) 门槛设计（例如，在移动过程中安置和复位举升货物所需的宽度（图 9.21），门槛与密封材料的耐用性，凸密封处的干扰和保护，等等）。

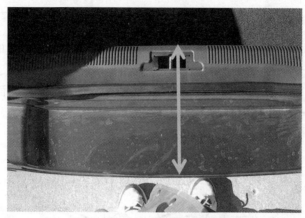

图 9.21 行李垂直举升距离受保险杠外缘到后备厢内缘的长度影响

(5) 门槛-货物地板的深度（需要较大的倾斜和身体弯曲才能够着后备厢的里面）。

(6) 后备厢深度（即纵向长度、人员能够触及后备厢所有角落并能滑动和移动货物的能力）。

(7) 备用车胎的位置与安放。

(8) 后备厢空间（安放千斤顶、扳手、工具盒、急救包、固定插销等的空间）。

(9) 用于如备用轮胎盖子、存货箱、后座椅折叠、燃油门、儿童（用品）上锁后备厢等的打开或上锁控制与机构。

(10) 够着尾灯及更换车尾部灯泡的空间。

9.3 小结

人机工程师应当把汽车设计成确保大多数驾驶员与乘客上下车、装卸行李、加注燃油、更换轮胎等所有人机界面的使用与维护便捷。比如轮胎的"可清洗性"是车轮和车轮罩设计者们应当重点考虑的一个因素。因此人机工程师们必须与用户们接触与沟通，发现他们的需求，并以这些需求为导向，通过人体力学与运动学分析和校核，想出解决问题的办法，从而使得设计制造的产品让用户们更加满意。

思 考 题

举例说明现有汽车产品在驾驶员与乘客上下车、装卸行李、加注燃油、更换轮胎等人机界面的使用与维护方面存在的问题，并提出解决思路。

第10章

汽车方向盘（设计）技巧

方向盘是汽车中与驾驶员接触时间最长，被使用频率最高，也是反映使用者需求最密集的总成。因此它的设计是否人性化直接影响使用者的情绪、操作和安全，是个不能忽略的部分。另外，方向盘及转向系统（图10.1）的结合减弱了驾驶时来自路面的振动激励，从而保证了驾驶时的安全性，也同时保证了驾驶体验。

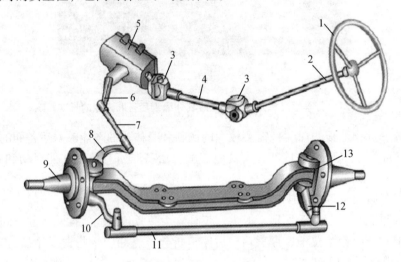

图10.1 汽车方向盘与转向系统

1—方向盘；2—转向轴；3—转向万向节；4—转向传动轴；5—转向器；6—转向摇臂；
7—转向直拉杆；8—转向节臂；9—左转向节；10，12—梯形臂；11—横拉杆；13—右转向节

汽车方向盘最早出现在1886年，那时方向盘是船舵形状。随后和汽车的发展同步，汽车制造厂商对方向盘的构造、制造工艺、材料以及安全性进行了不断改进和完善，从开始时的方向盘只能方向盘角度可调、转向柱角度并不可调，到1963年通用汽车公司生产的汽车开始装备的7个可调角度的方向盘。这样的设计使驾驶人机界面更加友好了。不过它的发展依然没有终止，如图10.2所示，谷歌日前已研发出完全自动驾驶汽车原型，在其所公布的宣传视频中，该款两辆汽车看起来像一艘架在轮子上的平底船，它没有方向盘、油门和刹车，而是依赖自己的传感器和软件完成驾驶。这款原型车时速限制每小时40 km，在安全性上非常可靠，但在舒适度设计上有所欠缺。

本章将简单介绍方向盘在人机界面方面设计技巧、方向盘功能和方向盘结构，以及基于乘员保护的转向管柱布置角度，并介绍基于人机工程学考虑的商用车方向盘的布置案例等内容。

图 10.2　新型谷歌无人驾驶汽车（没方向盘、没油门）

10.1　方向盘（设计）技巧

1. 方向盘盘缘与盘辐设计

本节通过评估 8 种方向盘盘缘与盘辐工艺特性感觉，来介绍方向盘人机界面方面的设计技巧。在评估中，驾驶员以随机顺序驾驶模拟器中 8 个不同的方向盘（图 10.3），并要求受试者在驾驶过程中对 8 个方向盘在以下细节方面打分（图 10.4）：

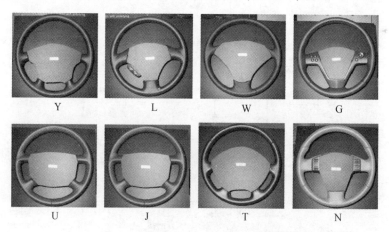

图 10.3　用于评价的 8 个方向盘的轮缘和辐条

（1）盘缘。盘缘抓握舒适度、盘缘厚度、盘缘表面柔软度/硬度，和盘缘表面滑溜/粘连。

（2）盘辐上部的上周边。表面触感——喜欢/不喜欢、柔软/坚硬和平滑/粗糙。

（3）皮革包裹方向盘的缝线。外观——喜欢/不喜欢；抓握感——舒适/不舒适；触觉——突出/凹陷。

（4）方向盘盘辐上部靠近盘缘的尺寸。尺寸——小/大；容易/困难握住。

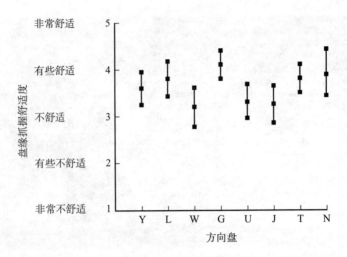

图 10.4　8 个方向盘轮缘抓握舒适度评分的均值与 95% 的置信区间

（5）上下盘辐之间的轮缘抓握区域。区域——小/大。

（6）缝合线。缝合线处抓握感——舒适/不舒适；外观——喜欢/不喜欢。

（7）特性是否满意。

　　图 10.4 表示了受试者在使用 8 个方向盘时，他们对感受到的方向盘盘缘抓握舒适度的评分平均数以及 95% 的置信区间。该图表明，G 与 N 方向盘是触感最舒适的。图 10.5 表示了受试者使用 8 个方向盘时，他们对感受到的方向盘盘缘硬度的评分平均数以及 95% 的置信区间。该图表明，G 与 N 方向盘要比其他方向盘感觉柔软。

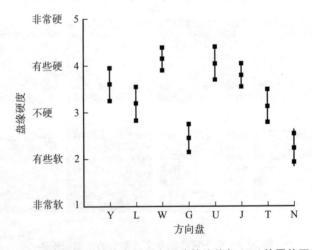

图 10.5　8 个方向盘轮缘表面硬度评分的均值与 95% 的置信区间

2. 方向盘形状设计

　　如图 10.6 所示，方向盘之所以是圆的，是因为驾驶员在转向时需要倒手，而圆形可以让你在任何转向、任何抓握情况下，手感均保持一致，所以方向盘的形状要与使用者的手和身躯匹配。

　　高端运动型车型方向盘（图 10.7）下方的圆弧改成平的原因，是因为运动车型的转向机制与善通车型不同，一般都是一圈即打死。方向盘下侧的圆弧，基本上用不到。类似这样人性化的设计，可以增加驾乘员的操作空间和强烈的驾驶手感。

图 10.6　圆形方向盘

图 10.7　奥迪 A4L 汽车方向盘

3. 方向盘的造型设计

方向盘的设计不仅要求外型尺寸大小合适、适应人体生理特点，而且造型应美观大方，便于操作。一般手掌按压的方向盘其按压面的形状呈凸形，以适合于指尖和手掌的操作。而方向盘的背面通常设计成凹凸状，有利于驾驶员的双手把握。

另外，方向盘过粗过细的线条都会影响到驾驶员手握方向盘时的舒适感。考虑到造型方面对于驾驶时的影响，采用梯度变化方式调整方向盘的截面尺寸是一种不错的尝试，如图 10.8 所示，此类方向盘加入波浪形设计或加入凹凸纹设计，从而保证抓握时的舒适性。

图 10.8　方向盘造型设计

4. 方向盘的尺寸设计

方向盘尺寸的设计标准应是驾驶员的手掌能全部握住方向盘。一方面，太大的直径会减少手的夹持力、降低灵活性，长时间如此，严重时还会造成人的指端骨弯曲增加，极易疲劳；另一方面，如果直径过细也对操作有影响。一般来说方向盘的直径在 365～385 mm 为宜，握把的直径宜取在 30～50 mm（图 10.9）。

图 10.9　方向盘直径选择

5. 方向盘颜色选择

普通方向盘一般以灰色、黑色和银白色为主，如图 10.10 所示。这是因为灰色和黑色是大众的色彩，耐看，永远不会过时，且长时间工作也不易产生疲劳感。当前汽车上，方向盘色彩的数量大大丰富，并且有多种搭配方案，如鲜艳的黄色、宁谧的咖啡色，以及起点缀作用的银白色等，如图 10.11 所示。这些搭配让人眼前一亮，视觉效果极佳，减少了视觉疲劳。

图 10.10　方向盘颜色——大众颜色（见彩插）

图 10.11　方向盘颜色——颜色组合（见彩插）

10.2　方向盘功能

汽车刚诞生时方向盘是手柄式操纵杆，仅起转向功能。由于方向盘在驾驶汽车时离驾驶员位置最近、双手操纵最方便，且视线触及最直接，所以后来越来越多的方向盘在拇指所能触及的位置增加了附加功能键。如今汽车方向盘除了转向功能外，还集合了喇叭按响、驾驶员安全气囊、无线蓝牙免提、定速巡航、振动提醒功能、电加热功能，以及拨片换挡功能等。带传感指示功能的高科技方向盘也即将走向市场。

可以这样说，方向盘的进化是由注重人性化、与汽车内部与外部环境相协调、高科技应用三大因素所推动。方向盘的功能进化则遵循发明创造 TRIZ 理论的技术系统进化模式，即"通过集成以增加系统的功能，再逐渐简化系统"的进化模式，由"手柄式操纵杆"到"多功能方向盘"再到"无方向盘系统"，演绎了一个从简单进化到复杂、再从复杂趋于简单的过程。图 10.12 所示为一种包含了 9 种功能的方向盘。

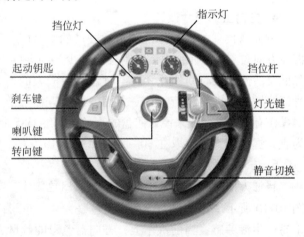

图 10.12　具有 9 种功能的方向盘

10.3 方向盘结构

方向盘本体结构通常由方向盘骨架、骨架包覆层与方向盘后盖组成。结构决定功能，功能倒推结构，结构与功能相辅相成。设计方向盘结构时，需考虑仪表板上组合仪表的良好视野性、方向盘的底盘振动特性，以及方向盘使用时的刚度、强度与耐疲劳特性等。方向盘与周边零件的3D图和爆炸图如图10.13所示。按照表10.1所示，功能需求包含转向功能、喇叭功能、驾驶员安全防护功能与多功能集成四大方面。

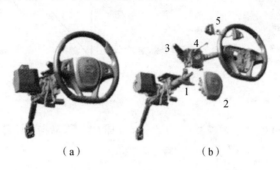

图 10.13 方向盘与周边零件的 3D 图和爆炸图

（a）3D 图；（b）爆炸图

1—转向管柱；2—驾驶员安全气囊；3—组合开关；4—时钟弹簧；5—方向盘开关

表 10.1 某方向盘功能与结构/周边零件

方向盘功能		结构/周边零件
转向功能		转向管柱
喇叭功能		按响结构
驾驶员安全防护功能		驾驶员安全气囊
多功能集成	模式切换	多功能方向盘开关
	音量增减	
	仪表信息切换	
	定速巡航控制	

10.4 基于乘员保护的转向管柱布置角度

吸能式转向管柱可使方向盘在一定范围内上下调节，以适应驾驶员的操作习惯，提高驾驶舒适性，又能在汽车发生正面碰撞时，沿车体纵向阻尼收缩，避免侵入乘员空间，吸收部分撞击能量，缩短汽车正面碰撞时方向盘后移尺寸，降低驾乘人员受伤害的程度，从而提高汽车驾驶舒适性和被动安全性。图10.14所示为在实车碰撞模拟软件 Madymo 中建立包括人体、座椅和转向管柱在内的某款车型的正面碰撞模型，在假人定位、车体波形及约束系统等性能参数保持不变的情况下，通过将转向管柱绕方向盘下固定点旋转（14°~45°），仿真分析转向管柱布置角度的变化对假人伤害的影响，并以 C – NCAP 作为评价标准，对假人的伤害值进行计算得分，结果如图 10.15 所示。由此图可以看出，在只考虑转向管柱布置角度的前提下，试验中最有利于得分的转向管柱的布置角度为 25°~30°，甚至可以缩小到 27°~28°。因此在实车转向管柱布置中，建议选取的角度在 25°~30°。

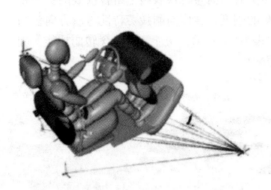

图 10.14 方向盘的 Madymo 仿真模型

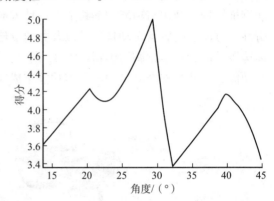

图 10.15 转向管柱得分与布置角度之间的关系

【案例分析】基于人机工程学的商用车方向盘布置

对于重型车辆驾驶室方向盘的设计，设计师可以采用人机工程学的理论来分析，从驾驶室方向盘的角度、位置和大小等几个方面来进行分析与设计。

（1）重型车辆驾驶室方向盘的设计应保证驾驶员输出的力矩能达到车辆转向要求的最大扭矩。

图 10.16 所示为重型车辆驾驶室方向盘施力与倾角的关系，由图可以看出，驾驶员方向盘的舒适性与方向盘的远近和高度有关，方向盘的高度过高，上肢的肌肉由于长时间处于紧张状态，极易产生疲劳，手的肘部也易与方向盘产生干涉；如果方向盘的高度过低，则容易与驾驶员的大腿空间发生干涉；方向盘设计得过远，导致背部与靠背脱离，由于腰部失去支撑，导致驾驶员的坐姿舒适度降低；方向盘设计得过近，容易造成上肢疲劳，也容易造成方向盘与腿部空间的干涉。所以在方向

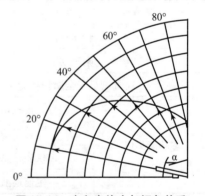

图 10.16 方向盘施力与倾角关系

盘的设计中，我们可以把方向盘设计成可调节的，对于不同的操作者，可以因人而调，达到最理想的位置。方向盘所在的水平面越接近水平面，方向盘的转动所需的力越小，方向盘越省力，但也不是越小越好，这样容易导致手与上肢的夹角变小，容易产生疲劳。综上，方向盘所在平面与水平面的角度的取值范围为 15°~70°。

（2）重型车辆驾驶室方向盘应该集成多种功能，这样可减少驾驶员在驾乘过程中的分心。重型车辆驾驶室方向盘上，还应增设电话功能，在实际开车过程中，免不了有电话打入，在开车过程中从打出电话到接电话，必定干扰驾驶员开车的注意力，是比较危险的事情，存在着安全隐患。基于这点考虑，可以在方向盘上设一个电话键，通过蓝牙和手机连接

在一起，有电话呼入时，手指按这个电话键接入电话，再次按电话键挂断电话。

（3）雨刮器按钮也可以设在重型车辆方向盘上，方便操作；另外，可在方向盘上安装音响系统的便捷操控按钮，通过音量（VOL）按钮来调节音量的强或弱，向上箭头表示增大音量，向下箭头表示减小音量。

（4）还应装模式（MODE）按钮用来改变模式，这样就可以选择 USB、FM、AM 或 CD 等模式。也可以装定速巡航控制系统的操控按钮，当按下方向盘上定速巡航控制按钮时，仪表盘上定速巡航主指示灯便会亮起。将车速提高到所希望的巡航速度时，就可以按方向盘上的减速/设定（DECEL/SET）按钮，重型车辆就可以按照设定速度行驶。

图 10.17～图 10.20 所示为国内外著名重卡厂家设计制造的方向盘产品。目前，国内外重卡汽车正在研究开发新一代的智能化和无人驾驶技术，届时方向盘的结构、功能、颜色及布置必将发生重大改变。

图 10.17　中国重汽方向盘设计产品

图 10.18　东风汽车重卡方向盘设计产品

图 10.19　德国 MAN 重卡方向盘设计产品

图 10.20　德国奔驰重卡方向盘设计产品

10.5　小结

汽车方向盘设计是否人性化直接影响驾乘者的情绪、操作和安全，是个不能忽略的部分。本章从人机工程学的角度出发，介绍了方向盘的结构、颜色、功能、尺寸、手握触感质量评估，以及转向管柱的布置问题。由于人们对驾乘舒适性的追求是与时俱进的，所以需要有更多的学术研究来搞明白人－方向盘－座椅系统的人机工程学与力学特性。同时，也同样需要研究如何将美学融入汽车方向盘设计中。

思 考 题

叙述如何从人机工程学的角度出发，选择方向盘的结构、颜色、功能与尺寸，以及转向管柱的布置。

第 11 章
乘坐舒适性与 NVH 设计

11.1 乘坐舒适性

车辆乘坐舒适性主要包括以下四个方面的内容：

（1）静态舒适性。静态舒适性是指座椅与人体的匹配关系能否为乘员创造舒适坐姿的条件，以及所能提供的舒适程度。

（2）振动舒适性。振动舒适性是指座椅及车辆悬架等部件隔离、吸收、缓和、衰减行驶中所产生的各种冲击和振动激励的能力，最终能否使传给乘员身体的振动强度处于人体承受振动舒适性界限之内，以及人体感受舒适的程度。

（3）活动舒适性。活动舒适性是指乘员在车内进行正常活动（如操纵驾驶、乘客伸展四肢或转动躯体，公共汽车乘务人员、乘客起身或走动等）时的舒适程度。

（4）声环境的舒适性。

11.2 人与振动环境

11.2.1 人体的振动特性

外部刺激使人体产生内部响应。人体振动时，作用着三种力：惯性力（与质量有关），黏性阻尼力（与振动速度和阻尼系数有关），弹性力（与刚度有关）。

人是一个多自由度的振动系统，其中：

（1）第一共振峰：4~8 Hz，对胸腔影响最大。

（2）第二共振峰：10~12 Hz，对腹腔影响最大。

（3）第三共振峰：20~25 Hz，频率再增高，在人体内传递逐步衰减，对生理效应的影响相应减少。

图 11.1 所示为人体振动特性分布图。显然，对人体影响最大的是低频区。

11.2.2 振动对人体的影响

振动对人体的影响因素如图 11.2 所示。

（1）振动频率。

①倍频程。设 f_1 为倍频程下限，f_2 为倍频程上限，f_0 为倍频程中心频率，b 为带宽，它

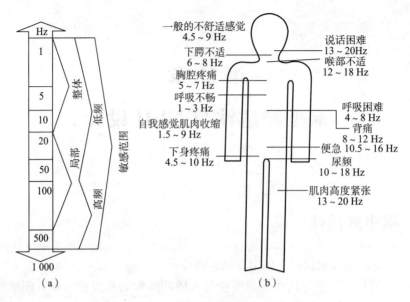

图 11.1 人体振动特性分布图

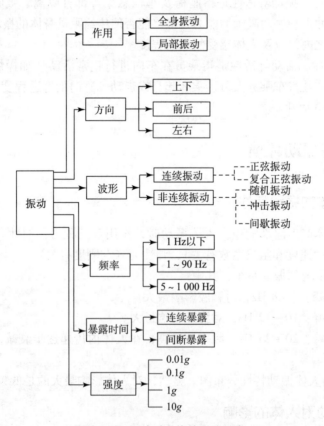

图 11.2 振动对人体的影响因素

们之间存在以下关系：

$$f_2 = 2f_1,\ f_0^2 = f_1 f_2,\ b = f_2 - f_1 = f_1,\ f_0^2 = 2f_1^2 = f_2^2/2$$

$f_0 = 31.5$ Hz, 63 Hz, 125 Hz, 250 Hz, 500 Hz, 1 kHz, 2 kHz, 4 kHz, 8 kHz, 16 kHz。

② 1/3 倍频程。

$$f_2 = 2^{1/3} f_1, \quad f_0^2 = f_1 f_2 = 2^{1/3}, \quad f_1^2 = f_2^2 / 2^{1/3}, \quad b = f_2 - f_1 = (2^{1/6} - 2^{-1/6}) f_0$$

$f_0 = 25$ Hz, 31.5 Hz, 39.7 Hz, 50 Hz, 63 Hz, 80 Hz, 100 Hz, 125 Hz, 160 Hz, …

（2）作用方向：分为垂直（上下）、横向（左右）和纵向（前后）。

（3）振动强度：以加速度度量振动强度最为广泛。

（4）作用方式。

（5）振动波形。

（6）暴露时间。

振动对人体的影响，分以下四种情况：

（1）感觉阈。感觉阈是人体刚能感受到振动的信息，如图 11.3 所示。

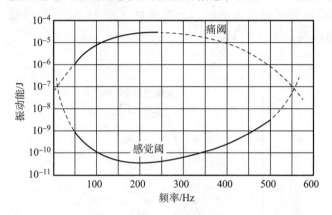

图 11.3 振动的阈值

（2）不舒服阈。振动的幅值加大到一定程度，人就感到不舒服，或者做出"讨厌"的反应。不舒适是一种生理反应，是大脑对振动信息的一种判断。

（3）疲劳阈。振动的感受器官和神经系统的功能在振动的刺激下受到影响，并通过神经系统对人体的其他功能产生影响，如注意力的转移、工作效率的降低等。但振动停止后，这些生理影响可以恢复。

（4）痛阈。振动强度继续加大后，振动对人不仅有心理、生理的影响，还产生病理性的损伤和病变，且在振动停止后也不能复原。振动的阈值如图 11.3 所示。

11.2.3 振动对人工作能力的影响

如图 11.4 所示，振动对人工作能力的影响是多方面的：

（1）人体与目标的振动，使视觉模糊，仪表判读以及精细的视分辨发生困难。

（2）由于手脚和人机界面振动，使动作不协调，操纵误差增加。

（3）由于全身受损颠簸，使语言明显失真或间断。

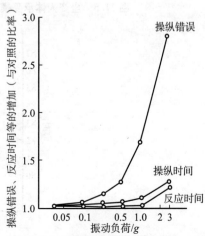

图 11.4 振动对操作能力的影响

（4）由于强烈振动使脑中枢机能水平降低，注意力分散，容易疲劳，从而加剧振动的心理损害。

11.2.4 乘坐振动对驾驶员操作能力的影响

乘坐振动对驾驶员操作能力的影响有以下几点：

（1）旋转木马每分钟大约转两圈，如果每分钟超过两圈，耳朵内部控制平衡的半圆形耳道会发生病变，导致脸色苍白、出汗、困倦、冷淡和行走困难等。如果每分钟旋转从两圈到五圈，常人就会出现一种到多种症状。若超过五圈，所有症状都可能会足够严重到影响他的安全的程度。

（2）过载（根据重力加速度）和身体运动结合在一起将使人更加不适，无法判断方向。

（3）驾驶员在驾乘过程中，整车的振动、车身的振动、方向盘的振动等都将影响到驾驶员眼睛跟踪道路目标和观察仪表的能力与准确性（图11.5）、操纵设备的选择反应时间（图11.6）、手眼协调能力等（图11.7）。

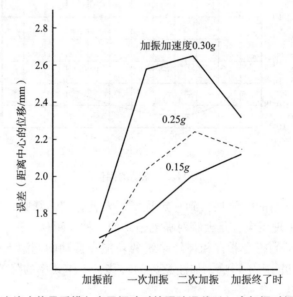

图11.5 坐姿人体承受横向水平振动时的跟踪误差（一次加振时间为15min）

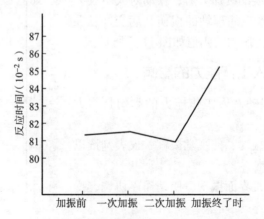

图11.6 坐姿人体承受横向水平振动时的选择反应时间

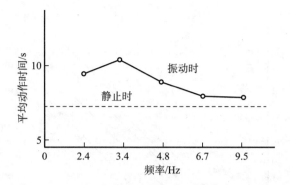

图 11.7　坐姿人体承受垂直振动时的手眼协调平均动作时间

11.2.5　振动的评价

振动的评价标准是对所接触的振动环境进行人机工程学评价的重要依据。

（1）全身承受振动的评价标准，如图 11.8 所示。

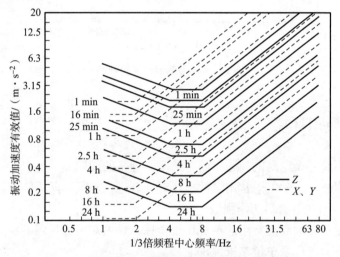

图 11.8　全身振动允许界限

①健康与安全的界限（EL）。人体承受的振动强度在这个界限内，人体将保持健康和安全。

②疲劳降低工作效率界限（FDP）。人体承受的振动强度在这个界限内，人体将能保持正常的工作效率。

③舒适降低界限（RCB）。当振动强度超过这个界限，人体将产生不舒适反应。

（2）局部振动评价标准，如图 11.9 和图 11.10 所示。

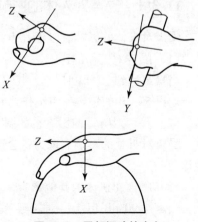

图 11.9　局部振动的方向

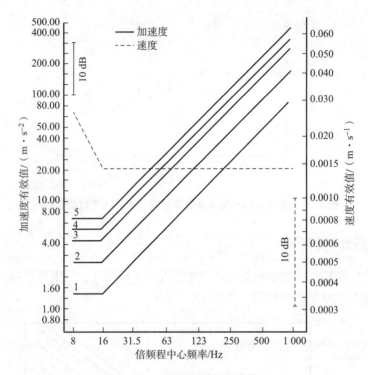

图 11.10　局部振动评价曲线

11.3　人与声环境

噪声的问题不是一个绝对的问题，而是一个心理学的问题。

噪声的物理度量：声学上通常用对数标尺对噪声进行测量，即用物理量的相对比值的对数——"级"来度量声音，称为声强级。

噪声的心理度量：响度是常用的主观评价指标，是人对声音强弱的反应，其大小取决于声音的强度和频率，其度量单位是宋（Sone）。

11.3.1　噪声对人体的影响

噪声对人体的影响有以下几点：

（1）噪声对工作的影响，如图 11.11 所示。

当噪声达到 70 dB 时，会对工作产生各方面的影响，所以对于需要高度集中精力的工作场所均以 50 dB 的稳定噪声级作为其上限。

（2）噪声对听觉的影响，如图 11.12 所示。

噪声对听觉的影响表现为：会产生暂时性听力下降，听力疲劳，持久性听力损失，爆震性耳聋。

（3）噪声对机体的其他影响，如图 11.13 所示。

噪声达 90 dB 以上，对神经系统、心血管系统等有明显的影响。噪声品级分类及其影响：

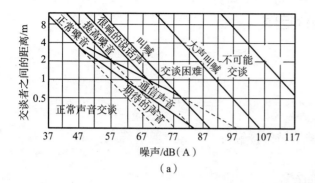
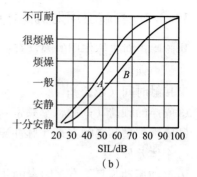

图 11.11 噪声对语言信息传递的影响

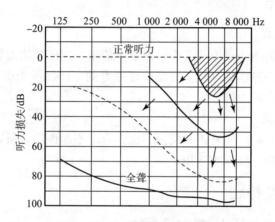

图 11.12 噪声性耳聋的进展形式

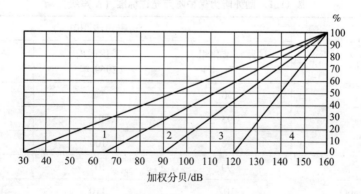

图 11.13 噪声对人机体的四级影响

第一级：$L = 30 \sim 65$ dB(A)，心理影响。

第二级：$L = 65 \sim 90$ dB(A)，较前者加重植物神经方面的影响。

第三级：$L = 90 \sim 120$ dB(A)，较前者造成听觉机构不可恢复性的损失。

第四级：$L > 120$ dB(A)，造成内耳永久性的损伤；若 $L > 140$ dB(A)，可能形成严重的脑损伤。

11.3.2 影响噪声对机体作用的因素

影响噪声对机体作用的因素有：
①噪声强度；
②接触时间（越长）；
③噪声的频谱（高频，窄频带）；
④噪声类型和接触方式（脉冲噪声和持续接触）；
⑤个体差异；
⑥诸如振动等其他有害因素的共同存在。

11.3.3 音乐调节

1. 生产性音乐的要求

纯体力劳动及无须集中注意力的工作，以节奏清晰、速度较快而轻松的音乐为好；单调发闷的工作，以娱乐味的音乐为好；需要集中注意力的工作（脑力劳动），以速度稍慢、节奏不明显、旋律舒缓的音乐为好。

2. 生产性音乐的效果

音乐对工作效率的影响作用有正、反两方面，有时不起作用。所以音乐调节是因时、因地、因工种、因人而异的，要慎重选用。

11.3.4 噪声评价标准

相关噪声评价标准如表 11.1 ~ 表 11.3 所示。

表 11.1 国外听力保护噪声允许标准（A 声级）

每个工作日允许工作时间/h	允许噪声级/dB(A)		
	国际标准化组织（1971 年）	美国政府（1969 年）	美国工业卫生医师协会
8	90	90	85
4	93	95	90
2	96	100	95
1	99	105	100
1/2 (30 min)	102	110	105
1/4 (15 min)	115（最高限）	115	110

表 11.2 我国工业企业的噪声允许标准

每个工作日接触噪声的时间 /h	新建、改建企业的噪声允许标准 /dB(A)	现有企业暂时达不到标准时，允许放宽的噪声标准/dB(A)
8	85	90
4	88	93

续表

每个工作日接触噪声的时间/h	新建、改建企业的噪声允许标准/dB(A)	现有企业暂时达不到标准时,允许放宽的噪声标准/dB(A)
2	91	96
1	94	99
最高不得超过	115	115

表 11.3 ISO 公布的各类环境噪声标准

Ⅰ. 不同时间的修正值/dB(A)		Ⅲ. 室内修正值/dB(A)	
时间	修正值	条件	修正值
白天	0	开窗	-10
晚上	-5	单层窗	-15
夜间	-10 ~ -15	双层窗	-20
Ⅱ. 不同地区的修正值/dB(A)		Ⅳ. 室内噪声标准/dB(A)	
地区分类	修正值	室的类型	允许值
医院和要求特别安静的地区	0	寝室	20 ~ 50
郊区住宅,小型公路	+5	生活室	30 ~ 60
工厂与交通干线附近的住宅	+15	办公室	25 ~ 60
城市住宅	+10	单间	70 ~ 75
城市中心	+20		
工业地区	+25		

11.4 车内噪声分析与控制

11.4.1 车内噪声的主要来源

车内噪声主要来源于发动机噪声,进、排气噪声,底盘噪声,等等。这些声源的噪声经由空气和结构两个途径传入车内(图 11.14)。其中经由空气传播的噪声主要是发动机表面

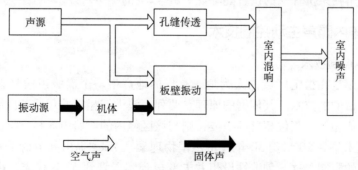

图 11.14 驾驶室内噪声的发生机理

辐射噪声和气流流动噪声，而结构传播的噪声主要是发动机、轮胎、路面及气流等引起车身振动而向车内辐射的噪声。空气传播和结构传播噪声的能量因车型、结构以及噪声的频率成分的变化而有所差别。800 Hz 以上的中高频噪声主要通过空气传入车内，而 400 Hz 以下的低频噪声主要通过结构传入车内。

试验研究表明，封闭的车辆舱室对外部声源起到较大的隔声作用，发动机的空气传播噪声对封闭驾驶室特别是轿车的内部噪声影响不大；封闭驾驶室内部噪声主要是发动机振动和路面随机激励引起车辆舱室各板壁振动而辐射出来的固体声，其中由发动机引起的噪声占主要地位。因此低频噪声是轿车车内噪声的主要成分。但大客车、重卡、工程车辆等由于车身密闭性能不好、隔声与隔振性能差，车内噪声不仅有低频噪声，而且还有中高频噪声。

11.4.2 传统的车内噪声控制技术

控制车内噪声的途径主要有消除或减弱噪声源的噪声辐射、隔绝传播途径和用吸声处理降低车室混响声三个方面。

1. 消除或减弱噪声源的噪声辐射

降低汽车上任何声源的噪声能量都有利于控制车内噪声，尤其是降低发动机噪声和传动系统噪声更具重要意义。例如，对发动机进行屏蔽处理可使舱室内噪声降低 10 dB 左右。如果对屏蔽罩的壁板涂敷阻尼层，则可进一步降低噪声 2 dB 左右。

2. 隔绝传播途径

为减少汽车行驶过程中传入车内的噪声，可以利用具有弹性和阻尼的材料来阻断结构声，也可以利用涂布、阻尼黏胶等材料来提高车身壁板的隔声性能并减小车身壁板的孔缝数目和尺寸，从而增强车身结构的隔声量，削弱或阻断气体传声。也就是主要采取隔振、隔声与提高车室密封性等措施来降低车内噪声。

例如，对大型客车，合理选择和在适当位置布置隔振器来支撑发动机，可使车内噪声降低 3~8 dB。提高车身密封性是阻止噪声传入车内的有效方法之一。车身隔声结构的构成是在不同部位适当组合吸声防振材料，有时为了减轻汽车重量，也采用在车身涂敷防振涂料等方法。试验研究表明，对各操纵机构和仪表线路通过车身的孔、缝进行密封处理后的车内噪声可降低 10 dB。

3. 用吸声处理降低车室混响声

在车身壁板上使用能减少反射声的吸声材料可有效降低车室混响声。例如，在汽车顶棚采用吸声处理，可在乘员耳朵的位置处降低 2 dB 以上的噪声。

11.4.3 车内噪声主动控制技术

1. 有源噪声控制技术

有源噪声控制是在指定区域内人为地、有目的地产生一个次级声信号去控制初级声信号，以达到降噪目的的技术。其依据的原理是两列声波干涉相消原理。若次级声源产生与初级声源的声波幅值相等、相位相反的声波，则与该区域内的原始声场相互抵消就达到了降噪的目的。该项技术早在20世纪30年代由德国物理学家 Lueg 提出并申请了专利。但由于当时电子技术水平的限制，这一创造性设想并未变成现实。直到60年代末，由于电子技术和信号处理技术的飞速发展，对有源降噪技术的研究才又重新兴起。80年代末期发展起来的采用自适应滤波方法的自适应有源降噪技术可实现选择性降噪,并能自动跟踪声场参数和噪声源的变化,有效解决车辆上传统降噪措施对同一型号车辆治理中存在的离散度问题。国外一些汽车公司及研究机构于80年代后期开始尝试将有源降噪技术应用到车内噪声控制上,并相继推出了一些试验性系统。日本尼桑公司1991年在其新型Blue Bird轿车上开始装备有源降噪系统,可降低车内噪声5.6 dB。

1984年,美国通用汽车公司的Joswald采用自适应有源降噪方法研究了柴油车驾驶室的有源降噪问题。系统由分立元件构成,采用发动机转速信号分频方法产生多阶正弦波参考信号,经过控制器进行调幅、倒相处理,反馈给次级电声系统,产生抵消处噪声的反噪声。声学部分采用单次级源、单监测传声器。试验结果表明,对由发动机几个低频谐量引起的室内低频噪声降噪效果明显。但由于系统跟随时间比较长(约为2 s),尚不能反映车速变化的降噪要求。

国产汽车长期以来一直存在噪声过高问题,因此研究有源降噪技术在降低车内噪声中的应用,改善国产汽车的乘坐舒适性,具有较大的潜力。但目前国内尚没有成形的车内有源噪声控制系统。其主要原因是对空间有源降噪的机理研究不够深入(例如,消声过程的能量转化机理等,空间消声的基本单位及其消声的空间特性),缺乏满足实际应用要求的简单、有效的消声结构,复杂的外界条件(声学环境、物理条件、声学器件特性等)对消声效果的影响。

2. 结构声的有源振动控制

结构振动常产生噪声,用次级声源进行有源控制往往需要许多次级声源。结构声主动控制(active structural acoustic control,ASAC)用控制结构振动的方法控制低中频的结构声辐射,不用次级声源,直接将控制力施加于结构,使辐射声能量最小。这种控制方法的特点是用较少的控制激励器就能实现有效控制,因此由有源噪声控制和主动振动控制形成的结构声主动振动控制技术是控制结构振动所辐射噪声的一种更为有效的方法。对于车内噪声,采用结构声主动振动控制方法控制弹性壁板的振动可以减少噪声的传入,达到降噪目的。

11.4.4 商用车辆驾驶室的声学设计

(1) 隔振设计。通过优化动力总成和驾驶室悬置参数(图11.15和图11.16),就可以达到隔振目的。

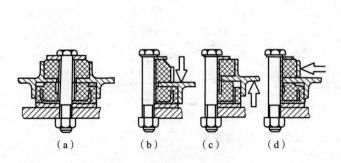

图11.15 驾驶室的悬置元件

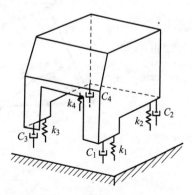

图11.16 驾驶室隔振力学模型

（2）减振设计。

（3）隔声设计。驾驶室的隔声性能主要指隔离空气声通过板壁向室内传透的能力。隔声量的大小主要取决于选用的材料和结构；驾驶室的板壁材料多选用隔声效果好的钢板、硬质塑料和玻璃，其结构形式主要有单层和双层两种。

（4）吸声设计。吸声是为了消除或降低室内混响。常用的多孔性吸声材料有玻璃纤维、矿渣棉、泡沫塑料等。

【案例分析】SUV 汽车高速行驶振摆现象分析及治理

行驶振摆就是指汽车在高速行驶或在某一较高车速行驶时出现行驶不稳、摆头，甚至方向盘抖动现象。

1. 汽车产生高速振摆原因分析

（1）转向系统刚体模态发生共振。

（2）前轮定位角失准，前束过大。

（3）前轮胎气压过低或轮胎由于修补等原因引起动不平衡。

（4）前轮辐变形式轮胎螺栓数量不等。

（5）传动系统零部件安装松动。

（6）传动轴弯曲，动不平衡，前轴变形。

（7）减振器失效，前钢板弹簧刚度不一致；刀车架变形、铆钉松动或前轴变形。

2. 摆振治理

（1）转向系统模态试验（图 11.17～图 11.19）及结构灵敏度分析。

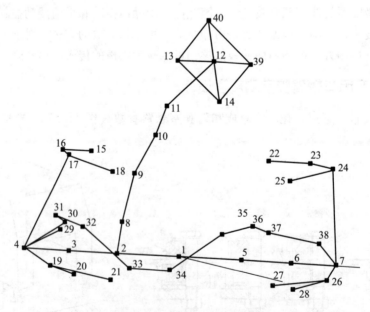

图 11.17　模态试验测点布置图

（2）结构动力学修改。

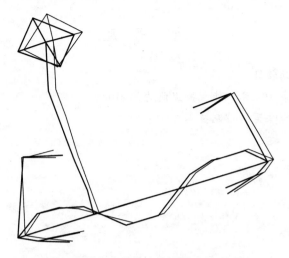

图 11.18　模态结构修改前振型（13.517 Hz）

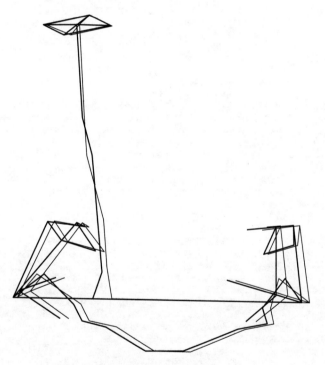

图 11.19　模态结构修改后振型（11.817 Hz）

11.5　小结

改善汽车 NVH、提高驾乘舒适性是汽车设计和开发过程中一个需要考虑的人机工程问题。本章介绍了人体的振动特性、振动和噪声对人体机能和操纵的影响，并介绍了振动与噪声的控制技术。

思 考 题

1. 叙述人体的振动特性。
2. 介绍振动和噪声对人体机能、操纵能力的影响。
3. 叙述汽车振动与噪声的控制技术。

第 12 章
汽车驾驶室和车厢内小环境气候调节

12.1 概述

1. 气候环境

气候环境是空气的温度、湿度和空气流动等因素的综合,它对于人的健康、舒适和作业效能产生一定程度的影响。在人机工程和工程心理学中,这方面的研究更多的是指特定空间中的气候环境,也称室内(或车内)气候或微气候环境。

2. 人的体温调节

体温调节的控制中心是位于丘脑下部和脊髓的体温调节中枢。它接收遍及全身的温度感受器的体温信息,发出神经冲动,对体温进行调节。体温调节的效应器则包括人体的心血管系统、汗腺和肌肉系统,如图 12.1 所示。

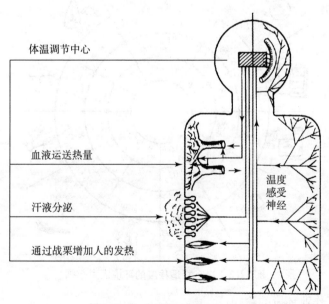

图 12.1 人体温度调节机制

3. 气候环境对作业的影响

气候环境是作业的干扰因素,可以分为两类:冷环境和热环境。人体对环境的适应可以提高人体对不同气候的耐受力和操作工作的效能,但是人体对环境的适应有一个限度,见表 12.1,在极端气候条件下,若人体的体温过高或过低都会导致人体的病理性反应,甚至死亡。

表 12.1 气候环境对人体的影响

体温/℃	症状
41~44	死亡
41~42	热射病,由于温度迅速升高而虚脱
39~40	大量出汗,血量减少,血液循环障碍
37	正常
35	大脑活动过程受阻、发抖
34	遗忘
32	稍有反应,但全部过程极为缓慢
30	意识丧失
25~27	肌肉反射与瞳孔光反射消失、心脏停止跳动、死亡

12.2 人体对环境的适应程度

人体对环境的适应程度有以下两点:

(1) 分区。分为最舒适区、舒适区、不舒适区、不能忍受区,如图 12.2 所示。

图 12.2 决定舒适程度的环境因素范围

(2) 创造良好作业环境的途径:

①对现有的作业环境进行评价,针对存在问题采取改善措施。

②在设计阶段充分运用一切技术资料,对作业环境予以充分论证和考虑,提出妥善解决不良环境因素的方法。

---

① 1 cal = 4.18 J。

12.3 人与热环境

12.3.1 影响热环境的要素

影响热环境的要素有以下几点:
(1) 气温。传导、对流、辐射(第二热源)。
(2) 气湿。相对湿度在80%以上称为高气湿,在30%以下为低气湿。
(3) 气流。温差越大,产生的气流越大。
(4) 热辐射。正辐射(使人体受热),负辐射(使人体散热)。

12.3.2 人体的热平衡

人体所受热源有以下两个:
(1) 机体代谢产热。
(2) 外界作用的环境热量,如图12.3和图12.4所示。

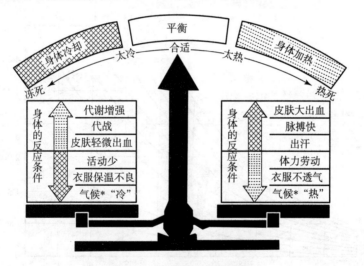

图 12.3 人体热平衡状态图

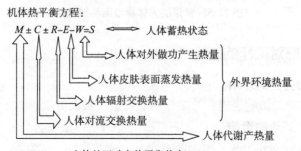

机体热平衡方程:
$M \pm C \pm R - E - W = S$ ⇔ 人体蓄热状态

$S=0$ 人体处于动态热平衡状态
$S>0$ 产热多于散热,人体体温升高
$S<0$ 散热多于产热,人体体温下降

图 12.4 用公式表示的人体热平衡状态图

12.3.3 热环境对人体的影响

1. 热舒适环境

热舒适环境是人在心理状态上感到满意的环境。

影响热舒适环境的主要因素如下:

(1) 环境因素:气温、气湿、气流速度、辐射热。

最适合的湿度 Ø% 与气温 t ℃ 之间的关系:

$$Ø\% = 188 - 7.2 t \text{（℃）} \quad t < 26 \text{ ℃}$$

(2) 人的因素:新陈代谢、服装,如图 12.4 所示。

2. 过冷、过热环境对人体的影响

(1) 低温冻伤。

(2) 低温的全身性影响。

(3) 高温烫伤。

(4) 全身性高温反应。

图 12.5 所示为常用的人体稳湿图和舒适区。

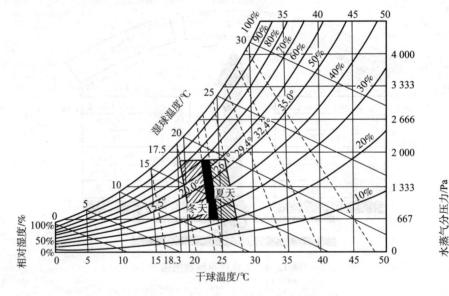

图 12.5 常用的人体稳湿图和舒适区

12.3.4 热环境对工作的影响

1. 热环境对脑力劳动的影响

热环境对脑力劳动的影响表现在效率和相对差错次数两方面。

2. 热环境对体力劳动的影响

(1) 表现在操作效率和事故发生率两方面。

(2) 工作时的温度最好在 15.5 ℃ ~ 27 ℃,如图 12.6 所示。

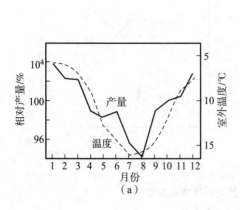
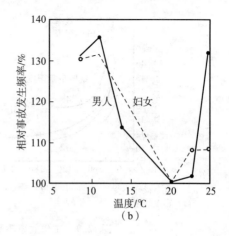

图 12.6 温度对生产率和事故发生率的影响

12.3.5 热环境的主观评价标准

热环境的主观评价标准有以下几点：

（1）主观评价依据。热环境对人体影响的主观感觉包括 6 个方面的因素：空气温度、热辐射温度、空气相对湿度、气流速度、人体温度、皮肤温度，具体数值参阅有关标准。

（2）耐受标准，如图 12.7 所示。

（3）安全标准，如图 12.8 所示。

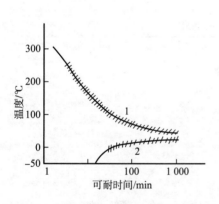

图 12.7 人对高温和低温的主诉可耐时间　　图 12.8 温度的安全限度

（4）工作效率不受影响的温度范围，如图 12.9 所示。

（5）工业生产热环境标准，参阅有关标准。

12.3.6 气候环境设计

气候环境设计的具体手段是多种多样的，比如可以通过供暖或制冷改善室内（车内）气候，也可以通过衣着和局部防护控制人体热平衡，所以这些手段均是为了减少人的不舒服。另外，舒服和不舒服的概念在很大程度上取决于人的主观感受。

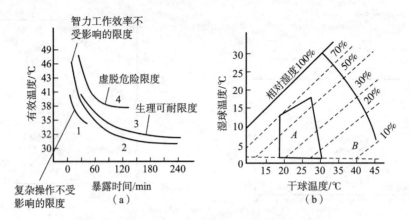

图 12.9　工作效率不受影响的允许温度和温度范围
(a) 允许范围；(b) 温度范围

在某个温度区域下人的感觉是舒服的，则该区域称作"舒服域"（图 12.10）。舒服域是一个十分模糊的概念，在很大程度上人的主观因素起决定作用。

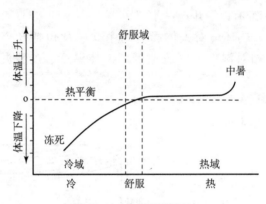

图 12.10　气候环境设计

12.4　人与光环境

12.4.1　良好光环境的作用

光环境分为以下两种：
（1）天然采光。利用自然界的天然光源形成作业场所的光环境。
（2）人工照明。利用人工制造的光源构成作业场所的光环境。

1. 光源对生产率的影响

通过改善人的视觉条件（照明生理因素）和改善人的视觉环境（照明心理因素）来提高劳动生产率。

2. 光环境对安全的影响

良好的光环境使事故次数、出错次数和缺勤人数都明显减少，如图 12.11 和图 12.12 所示。

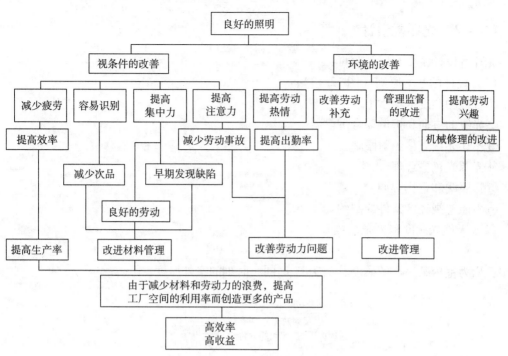

图 12.11　良好光环境的作用

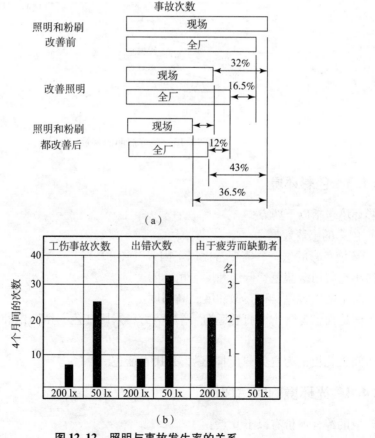

图 12.12　照明与事故发生率的关系

12.4.2 光环境设计

光环境设计主要有以下两点：
(1) 设计的基本原则（图 12.13）：
①合理的照度平均水平。
②光线的方向和扩散要合理。
③不让光线直接照射眼睛。
④光源光色要合理。
⑤让照明和色相协调。
⑥不能忽视经济条件的制约。
(2) 天然光照度和采光系数 C：

$$C = E_n / E_w \times 100\%$$

式中：E_n 为室内某一点的照度；E_w 为与 E_n 同一时刻的室外照度。

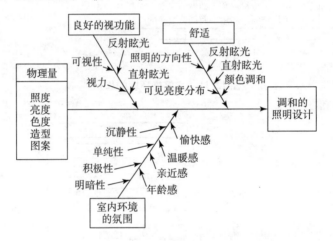

图 12.13 良好照明的特性

12.4.3 色彩环境

色彩环境包括以下两点：
(1) 色彩的感情效果。
(2) 环境色彩的选择，需要考虑以下因素（图 12.14）：
①狭小空间用绿蓝色、低饱和度、稍低明度。
②空旷空间用黄色、稍高饱和度、高明度。
③车间地面，为防止"打瞌睡"、增加活力，采用红色、稍高饱和度、低明度（安定情绪）。
④车间天花板，为避免"压抑感"，采用青蓝色。

12.4.4 光环境的综合评价

光环境的综合评价有以下几点：

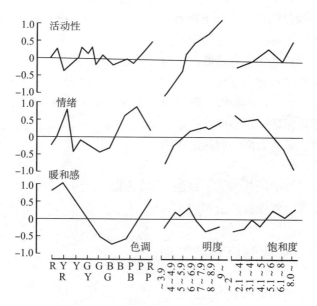

图 12.14　环境色彩对气氛的影响程度

（1）评价方法。考虑光环境中多项影响人的工作效率与心理舒适的因素，通过问卷法获得主观判断所确定的各评价项目所处的条件状态，再利用评价系统计算各项评分及总的光环境指数，以确定光环境所属的质量等级。

（2）评分系统及评分。

（3）项目评分及光环境指数。

（4）评价结果及分析。

12.5　汽车驾驶室和车内小环境气候参数

汽车驾驶室和车内小环境气候参数主要有以下几个：

（1）为了能对乘员提供舒适的乘坐条件，必须在车内进行空气调节，使车厢里的空气温度、湿度和流速等项指标保持在一定的范围内，并参考 GB/T 18883—2002《室内空气质量标准》进行测定。

（2）车内应有足够的新鲜空气，以防止乘员疲劳、头痛和恶心。车厢内的 CO 含量 <0.01 mg/L，CO_2 含量 <1.5 mg/L，甲醛含量 <0.12 mg/m³。

（3）车内空气流动应均匀，但也不宜过大，$V_{空气}$ <0.20 m/s（冬天）；$V_{空气}$ <0.30 m/s（夏天）。

（4）轿车：$T_{车内}$ =20℃~25℃；客车：$T_{车内}$ =16℃~24℃（冬天），$T_{车内}$ =22℃~28℃（夏天）；车厢内各处温差≤3℃。

（5）车厢内空气相对湿度：30%~70%。

（6）驾驶室和车厢的通风、采暖、制冷、隔热和密封。

（7）采暖。采暖装置主要用于冬季给驾驶室或车厢供暖、风窗玻璃除霜以及改善发动机的低温起动性能，以及改善驾驶员的劳动条件和提高热舒适性。

(8) 采暖装置根据热源可分为以下两种：
①非独立式：利用发动机工作时的剩余热量。
②独立式：利用燃料燃烧或电热器产生的热量。
(9) 驾驶室和车厢的隔热与密封：
①隔热采用隔热层，由玻璃纤维、胶合板、毛毯、泡沫塑料等材料组成。
②顶盖隔热层必须保证一定厚度。
③外表采用浅色，减少太阳辐射热的作用。
④内饰材料不应粗糙。
⑤发动机罩要有较好的隔热措施，并加一层铝铂。
⑥采用弹性橡胶或海绵橡胶来密封。

12.6 汽车空调风道设计

汽车空调风道设计有以下两点：
(1) 汽车空调的风道是空调系统中较为重要的部件，其目的在于创造车内舒适的气候环境，保护驾驶员和乘客的身体健康，改善驾驶员的工作条件，提高汽车的安全性能。风道送风性能的好坏直接影响车内的温度场和速度场的均匀性，从而影响该车的舒适性能。
(2) 空调的风道已经成为汽车设计中不可缺少的重要组成部分，风道设计的合理性，也直接影响到汽车内部的舒适度。

12.6.1 风道系统设计需考虑的因素

风道系统设计需考虑的因素有以下两点：
(1) 在汽车风道系统设计时，要保证风道将制冷或采暖设备的出风尽量多地送入车厢内，达到在车厢内舒适的目的，同时尽可能地做到结构简单、制造方便，并与车内周边件相协调。
(2) 风道系统设计时，需考虑四点因素：
①与周边件的匹配（如内饰和车身等相关件），做到协调一致。
②在风道的布置及结构设计方面，要尽量减少风道中的各压力损失。
③风道各支管路之间的风量要平衡。
④必须将风道的气流噪声控制在允许的范围内，因此要对风道的风速进行控制。通常出风口风速控制在 6.5～11 m/s，新风入口处风速 5～6 m/s，主风道风速 5.5～8 m/s，支风道风速 4～5.5 m/s，过滤器风速 1～1.5 m/s。

12.6.2 风道的压力损失

1. 风道沿程压力损失

沿程压力损失是空气沿管壁流动时，由空气与管壁之间的摩擦以及空气分子内部之间的摩擦而产生的。

$$\Delta p = \lambda (v^2 \rho L)/(8R_s)$$

式中：λ 为摩擦阻力系数；v 为风道内空气的平均流速，m/s；ρ 为空气的体积质量，kg/m³；

L 为风道长度，m；R_s 为风道的水力半径，m。

2. 风道的局部压力损失

（1）由于气流在风道中的突变，如流量、流动方向或速度等突然改变，从而使得气流在风道内发生涡流或速度的重新分布，大大增加了流动阻力，由此造成的能量损失。

$$\Delta p_j = \xi \frac{\rho v^2}{2}$$

式中：ξ 为局部阻力系数，其取值根据相应的风道截面气流速度，查阅相关手册得到。

（2）减少风道的局部压力损失，主要从四个方面考虑：

①风道截面不要产生突变。风道截面发生突变时，容易再次产生涡流，形成局部阻力损失。

②尽量减少弯道。由于空气流过弯道时，气流主流会因流向突变而脱离管壁表面，使局部区域出现真空，气流在局部区域回旋，造成能量损失，而且产生噪声。

③减小出风口的局部阻力。为了减小出风口的局部阻力系数，应尽量降低出风口的出口流速。一般将出口做成扩散作用较小的渐扩管，来减小局部阻力系数。

④减小进风口的局部阻力。气流进入风道时，由于产生气流与风道内壁分离和涡流而造成局部阻力。不同的进口形式，其局部阻力系数相差很大（图 12.15），因此选择风道进口形式非常重要。

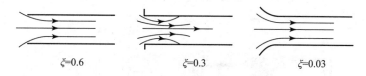

图 12.15　风道进风口的阻力系数

12.6.3　出风口风道的 CFD 仿真分析及优化

几何模型及网格划分：

（1）图 12.16 和图 12.17 分别示出某汽车空调风道和空调出风口风道的几何模型。

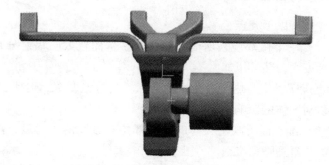

图 12.16　带有离心通风机的空调风道

（2）该车型出风口风道由 1 个入口和 4 个出口组成。

（3）抽取风道内表面，进行几何清理和网格划分；风道模型生成的网格数目为 3 093 426 个。

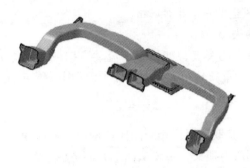

图 12.17　空调风道几何模型

图 12.18 所示为空调风道局部网格模型，图 12.19 所示为导流片模型及设计参数示意图。

图 12.18　空调风道局部网格模型（见彩插）

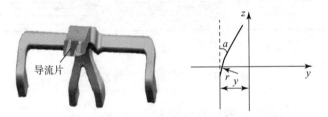

图 12.19　导流片模型及设计参数示意图

12.6.4　乘员热舒适性分析

乘员热舒适性分析有以下几点：

（1）汽车乘员舱是一个微环境，所受的热源众多，而且太阳辐射分布不均，乘员舱内的温度与速度变化梯度大，热环境非常不均匀。

（2）选择当量温度 $T_{eq,i}$ 作为热舒适性评价指标。当量温度 $T_{eq,i}$ 包括了传热、对流换热、热辐射以及太阳辐射对人体的影响。

（3）同时该评价标准也能反映出人体的不同部位对温度的敏感度，因此该评价标准非常适合汽车乘员舱的热舒适性研究。

（4）将驾驶员人体分为 16 个节段，分别对人体不同节段进行热舒适性评价。

图 12.20 所示为带有人体模型的整车模型，图 12.21 所示为优化前后人体表面温度分布云图。

图 12.20　带有人体模型的整车模型

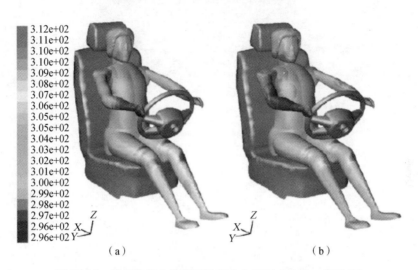

图 12.21　优化前后人体表面温度分布云图（单位：华氏度）
（a）优化前温度；（b）优化后温度

12.6.5　汽车风道计算分析总结

汽车风道计算分析总结为以下几点：

（1）风道系统设计时，需考虑车身总布置设计、压力损失及风速等因素。

（2）风道应尽量减少转弯，这样会减小风阻；正确选择进出风口方式，减少局部阻力；避免风道截面突变。

（3）将改进后的空调风道系统应用于驾驶员热舒适性分析，优化后驾驶员躯干部位温度有所降低，热舒适性得到了明显改善。

总之，优化后得到的风道具有风阻小、出风均匀、没有噪声的特点。

12.7　小结

车内环境是空气的温度、湿度、空气流动、光环境等因素的综合，它们对于驾乘人员的健康、舒适和作业效能产生一定程度的影响。在车内环境及工业作业环境中，通过热舒适性分析、车厢隔热设计、光学分析和光环境调节与空气调节，可以为驾乘人员和工业作业人员营造舒适室内（或车内）气候或微气候环境。

思 考 题

1. 什么是车内环境？如何调节车内热环境？
2. 在进行车内光环境设计时，需要遵守哪些原则？
3. 如何进行车内空调风道设计？

第 13 章
人机工程发展新趋势

本章主要介绍人体工程学发展中的热点问题,内容包括:虚拟人的特点和应用领域、人机工程学常用的设计软件,以及未来人性化的汽车方向盘发展趋势。图 13.1 所示为虚拟人群,图 13.2 所示为模拟人体运动。

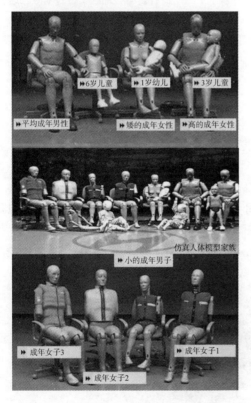

图 13.1 虚拟人群

图 13.2 模拟人体运动

13.1 虚拟人与虚拟设计

13.1.1 虚拟人概述

虚拟人包括医用虚拟人和工程上的物理虚拟人。医用虚拟人是利用人体断层面的 CT 或者 MRl 成像技术，将人体的每一组织构建成一个三维数据库，然后利用计算机作图的方法做出人体的三维解剖图形模型。工程上的物理虚拟人是人在计算机生成空间（虚拟环境）中的几何持性与运动特性的表示，是多功能感知与情感计算的研究内容。虚拟人研究状况如表 13.1 所示。

表 13.1 虚拟人研究状况

项目	艺术与设计领域	医学领域
应用	体育、舞蹈、非物质文化遗产保护、产品设计、服装、影视	医学、航天、航空、国防
仿真	运动编辑与规划→动作创新→运动仿真	物理仿真、生理仿真、生物仿真、医疗仿真
建模	人体外部构造建模（表面模型）骨架模型→肌肉模型→皮肤模型→运动模型	人体内部构造建模（解剖模型）人体模型→器官模型→细胞模型→基因表达
技术基础	计算机技术、物理学、生理学、生物学、运动学、医学、心理学等	

13.1.2 虚拟人的特点

虚拟人的特点有以下几个：

（1）三维虚拟人是指其自身模型及其所在的空间均为三维的。

（2）虚拟人可以与周围的环境交互作用，感知并影响周围环境。

（3）虚拟人的行为可以由计算机程序控制，这种虚拟人被称为智能体（agent）。虚拟人的行为也可以由真实人控制，此时虚拟人被称为真实人的化身（avatar）。

（4）虚拟人之间或虚拟人与真实人之间可以通过自然的方式交流。例如，可以用自然语言或人体语言（手势）进行交互作用，如图 13.3 所示。

图 13.3 可以和周围环境进行交互的虚拟人

13.1.3 虚拟人的研究现状

国际上最早开始虚拟人工作的是蒙特利尔大学 Magnenat – Thalmann 和 Thalmann 教授带领的研究团队，他们主要是研究人脸的表情动画、人体建模及变形，以及运动控制系统、运动捕获等。还有美国宾夕法尼亚大学 Badler 教授领导的人体建模与仿真中心，他们的研究包括虚拟人运动的研究、人体的平衡研究，以及智能运动规划问题的研究。国内从 20 世纪末开始虚拟人研究，其中以清华大学、吉林大学和中国农业大学的研究工作较为有成效，2001 年 11 月在北京举行了以"中国数字化虚拟人体的科技问题"为主题的会议。脸部带有表情的虚拟人如图 13.4 所示。

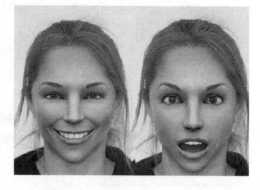

图 13.4　脸部带有表情的虚拟人

13.1.4　虚拟人的应用领域

虚拟人的应用领域主要有：
（1）产品设计。
（2）汽车设计和军事领域。
（3）航空航天。
（4）服装设计与展示。
（5）舞蹈编排。
（6）体育系统仿真。
（7）数字娱乐与传媒。

1. 产品设计

在产品设计和制造业，人体工程技术已得到了广泛应用，尤其在产品设计领域中，人机标准数据库、三维人体模型及一些简单的人机软件系统，已被广泛应用于设计过程，并作为检验和分析产品设计方案人机关系的工具。虚拟人在开发声学产品中的应用如图 13.5 所示。

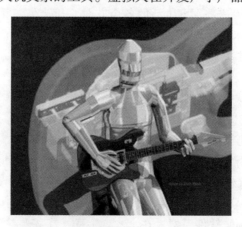

图 13.5　虚拟人在开发声学产品中的应用

2. 汽车设计和军事领域

在汽车设计中，虚拟人作为人体碰撞检测模型，可以模拟各种交通事故对人体的意外创伤的实验研究，以及防护措施的改进，而汽车制造商也可以利用虚拟人来测试气囊的安全程度、座椅的舒适程度、驾驶过程模拟等，如图 13.6 和图 13.7 所示。

图 13.6　虚拟人在汽车产品布置及设计中的应用

图 13.7　虚拟人在汽车产品人机工程评价中的应用

20 世纪 90 年代初，美国率先将虚拟现实技术用于军事领域。近几年，随着科学技术的发展，虚拟现实技术已经渗透进军事生活的各个方面，开始在军事领域中发挥着越来越大的作用。目前，虚拟现实技术在军事领域的应用主要集中在虚拟战场环境、军事训练和武器装备的研制与开发等方面。

3. 航空航天

美国国家航空航天局（NASA）和宾夕法尼亚大学计算机与信息科学系联合开发的 Jack 软件系统，经历了 10 多年的时间，收集了上万人的人体测量数据。波音公司也曾利用虚拟现实技术进行虚拟座舱的布局，实现了高水平的实际座舱布局设计。图 13.8 所示为采用 Jack 软件模拟人在空间站工作。

4. 服装设计与展示

虚拟服装设计广泛用于立体时装设计

图 13.8　虚拟人模拟在空间站工作

及服装工业（图 13.9）、三维电影、电视和计算机广告特级制作等领域。

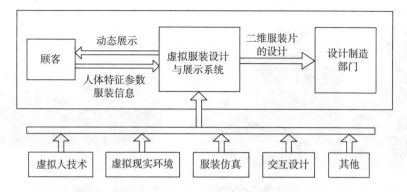

图 13.9　虚拟人与虚拟技术用于服装与展示设计

5. 舞蹈编排

舞蹈编排是指以舞蹈、动作及空间调度传达编舞家的概念，表达的可以是一个故事、一种情感或一种意象，再配以音乐、布景、灯光、服饰等做综合创作，以达到理想的效果。目前国内的舞蹈编排一般依赖编排者个人的判定，凭借个人的审美能力和舞蹈知识，因而编排一场舞蹈大都费事、费钱。虚拟人在舞蹈编排中的应用如图 13.10 所示。

6. 体育系统仿真

体育系统仿真是综合计算机科学、图形学、运动训练学、决策学、管理学、心理学等众多学科的交叉学科。体育系统仿真以计算机仿真为手段，以

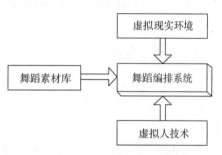

图 13.10　虚拟人在舞蹈编排中的应用

真实的运动数据和科学的体育理论将体育运动用计算机以生动、直观的形式表现出来，如图 13.11 所示。

图 13.11　虚拟人在体育跳水比赛模拟中的应用

7. 数字娱乐与传媒

数字娱乐与传媒的本质是虚拟现实，是科技发展到相当高度后诞生的新娱乐形式。数字娱乐的核心在于通过一定的软硬件实现人和计算机程序的互动（interaction），在这个虚拟的过程中体会到精神上的快感。虚拟人在数字娱乐与传媒中的研究主要集中在人体建模和计算

机特技制作，如图 13.12 和图 13.13 所示。

图 13.12　虚拟技术在电影人物面部造型中的应用　　　图 13.13　虚拟人及虚拟技术用于电影

13.2　计算机辅助人机工程设计系统

13.2.1　概述

计算机辅助人机工程设计（computer – aided ergonomics design，CAED）是一个多学科知识结合的领域，包括计算机科学与技术、人体工程学、生理学、运动学与动力学、工程技术等。

CAED 在设计前期对设计方案和设计布局进行仿真评价，减少了设计返工和实物原型的制作，能够缩短从设计到制造（design – to – build）的周期和成本，并通过前期的人机工程评价，优化设计方案和设计布局，减少对工作者的身体伤害。表 13.2 是目前国际上常用的人机工程分析软件，其中比较著名的有 Ramsis 软件、CAVA 软件和 Jack 软件。

表 13.2　计算机辅助人机工程设计软件

时间	名称及简要描述
1984	Combiman（computerized biomechanical man – model）软件：用于工作场所设计和评价，它采用全新的人体肉身（enfleshment）技术，可以用不规则的表面来描述衣服和个人保护装置
1985	Safework 软件：由加拿大蒙特利尔的 Ecole Politechnique 开发的，广泛应用于人机工程分析，将逆运动学方法和完整的人体肉身图形合并，并与 CATIA 三维 CAD 软件一体化
1980s	Jack 软件由 Badler 等开发，它具有弹性的脊骨和四肢，并且通过逆运动学进行铰接。Jack 可以设定可及性分析、视觉干涉分析、力、姿势以及运动分析等
1987	Crew Chief 软件：此模型用来描述模拟的维护以及操作者与系统的更互。它可以描述正确的人体尺寸、比例、衣服、保护装置、姿势、时域以及施力等
1988	Jack 软件（主要针对航天航空领域）：Jack 软件是一个人体建模与仿真软件解决方案，帮助各行业的组织提高产品设计的工效学因素和改进车间的任务。使用 Jack 可以：建立一个虚拟的环境；创建一个虚拟人；定义人体大小和形状；把人放在环境中；给人指派任务；分析人体如何执行任务

续表

时间	名称及简要描述
1992	（1）PeopleShop 软件是一个创建情节的工具，用以仿真训练、任务规划和实时视觉化，尤其是围绕建筑物。 （2）DI-Guy 软件是一个用以创建逼真的人物角色的软件，它最初用来创建士兵角色，以进行军事训练仿真。 （3）Digital Biomechanics Lab 软件是模拟具有物理模式的人来检测和设计新的设备，它也可以用来进行可用性研究
1998	TechMath Ramsis 和 Anthropos 软件是人体建模系统软件，用以人机分析、设计和视觉化。其中 Ramsis 被广泛用来设计汽车内室和驾驶室座舱。Anthropos 是 3D Studio 的一个插件，具有优秀的视觉化和人机分析以及仿真能力
2002	Delmia 软件：由 Dassault Systemes 将 Deneb、Delta 以及 Safework 在 2002 年 6 月统一为 Delmia 品牌，主要为用户提供数字化三维制造解决方案
2007	CAVA 软件是德国 Transcat 公司开发的汽车总布置法规校核软件，它保证总布置设计从概念设计开始就符合总布置法规。CAVA 包含欧洲、北美、亚洲、澳大利亚的汽车法规，并支持企业自定义标准。CAVA 包括五个模块：CAVA OVA 整车结构；CAVA Vision 视野；CAVA Safety 安全；CAVA Manikin 人体模板；CAVA Wiper 雨刮器设计校核。 CAVA 软件与 CATIA V5 无缝集成，使得设计人员在总布置设计时可以进行各种法规的验证，从而缩短设计周期，节约成本

Ramsis 软件是 20 世纪 80 年代由德国凯泽斯劳腾 Tecmath 股份有限公司（Human Solutions 股份有限公司）联合慕尼黑工业大学人机工程学系开发的。初期 Ramsis 开发由整个德国汽车工业发起并资助。其目标是克服现存大多数二维人机工程工具，如 SAE J826 模板等不足，在法规规定范围的基础上进一步提高车辆的人机工程品质，进行车辆设计人机工程总布置、舒适性分析。

Ramsis 是一种数字人体模型，是一种用于乘员仿真和车辆内装人机工程设计的高效 CAD 工具。该软件为工程师提供一个详细的 CAD 人体模型，模拟仿真驾驶员行为。它使设计者在产品开发过程的初期，在只有 CAD 数据的情况下就可以进行大量的人机工程分析，从而避免在以后阶段进行昂贵的修改。

Ramsis 已成为汽车工业用于人机工程设计的实际标准。目前已经被全球 70% 以上轿车制造商使用，包括 Audi、Volkswagen、BMW、Porsche、Daimler Chrysler、Ford、General Motors、Honda、Mazda、Opel、Renault、Peugeot、Citroën、Rover、Saab、Volvo、Daewoo、Seat、Skoda 和 Fiat 等。

Ramsis Basic Software Modules 基础标准模块，其主要功能包括以下几点：

（1）人体模型。包含不同的人体样式、一个人体测量学数据库（可以选择中国、美国、日本、韩国等 8 个国家中的一个）。所有数据库的数据都是真实人体数据。

（2）H 点仿真，交互式数字模拟动画；三个姿态模型库。其包括驾驶员（轿车和卡车可二选一）姿态库、乘客坐姿库及站立姿态库，姿态库里的数据都是根据大量的真实的数据统计分析得出的。预测人体姿态模型、基于任务的姿态仿真、运动记录器、视野分析、内外后视镜分析、安全带分析、舒适性评价、可及表面计算分析、操作力分析等各种分析，多种文件分类存储管理功能,分析结果汇报功能。

(3) 各种法规校核,内容包括以下几点:
①空间校核:包括驾驶员姿态和乘客坐姿布置,以及驾驶员和乘员的头部空间、肩部空间、腿部空间等的校核。
②视野校核:包括驾驶员的各种视野、内外后视镜仪表盘、方向盘等的可视性校核。
③舒适度校核:不同驾驶状态操作性、可及性、操作力、操作空间等。
④安全带固定点校核:外部维修方便性以及乘员进出车方便性等。

(4) Body Builder Basic 基础人体数据编辑器,功能包括:基于人体测量学的人体分类(选择为 8 个国家人体数据库中的任一个),预测人体尺寸的长期增长。基于身高、腰围和坐高这 3 个基本尺寸的人体测量编辑器,完全考虑到约束条件下的人体尺寸和其百分比。

13.2.2 CAED 研究现状

CAED 研究现状主要有:

(1) 人机工程咨询系统。它提供各种人机适配咨询,采用规则库处理人机工程设计标准和提供解决问题的策略,为工程师提供人机工程建议,如 ErgoCop;另一种是人体数据咨询,包括各种国别、年龄、性别的人体测量学数据,如 PeopleSize 和 Delmia 等。

(2) 人机工程仿真系统。它通过构造虚拟环境和任务,置入虚拟人模型,进行动态人机工程动作、任务仿真等,满足不同人机工程应用分析的要求,实现与 CAD、CAE 等软件的有效集成。

(3) 人机工程评价系统。它通过嵌入人机工程评价标准,基于运动学、生理学等模拟人的使用方式,实现工作任务仿真中的实时人机性能与人机适配分析,如图 13.14 所示。

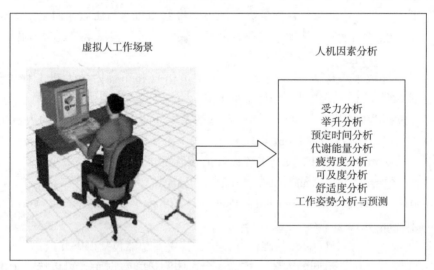

图 13.14 人机工程仿真分析

13.2.3 计算机辅助人机工程设计系统的关键技术

1. 人机工程设计的关键技术

人机工程设计与评价流程如图 13.15 所示。

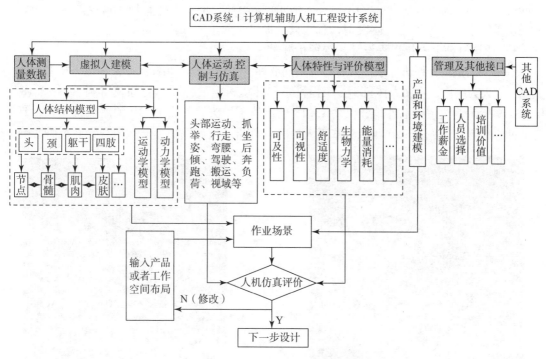

图 13.15 人机工程设计与评价流程

1）虚拟人建模

虚拟人模型集人体建模、人体运动、人机特性以及人机评价标准于一身，是 CAED 的关键。根据复杂程度和应用目的的不同，人体模型一般可以分为棒（stick）模型、二维轮廓（contour）模型、表面模型、三维体（volume）模型和层次模型等。图 13.16 所示为三种不同特征的虚拟人，图 13.17 所示为虚拟人——孕妇。

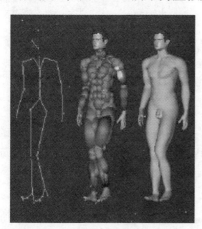

图 13.16 三种不同特征的虚拟人

图 13.17 虚拟人——孕妇

2）运动控制与仿真

在虚拟工作空间中，必须对虚拟人进行调节和控制，如工作姿势与运动，以执行一定的任务。人机工程三维 CAD 软件，如 Anybody、Sammie、Apolin、Boeman、Cyberman、Caaa、

Combiman 和 CrewChief、Deneb/ERGO、Ergoman、ErgoSpace、Jack、Tadaps 以及 Safewor 等，都提供了非常真实的三维人体模型，有些只是提供了简单的人体轮廓。

3) 计算机辅助人机工程设计系统评价标准

每一个人机工程评价体系都有着自身不同的评价指标，这些指标的制定是以人机系统为出发点，以人为中心，再由人体科学、工程科学和环境科学的标准综合加权得到。图 13.18 和图 13.19 所示为改进前后座椅，其中 13.18 的座椅不带头枕，图 13.19 的座椅带头枕，且有合适的靠腰设计。图 13.20 所示为基于人机因素分析校核后风挡玻璃对内视镜后视野影响。

图 13.18　改进前的汽车驾驶员座椅

图 13.19　改进后的汽车驾驶员座椅

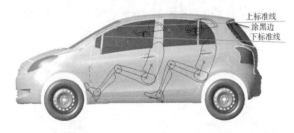

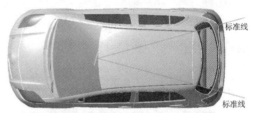

图 13.20　校核后风挡玻璃对内视镜后视野影响

4) 人机接口

人机工程软件，如 Sammie、Jack 和 Delmia 都具有三维 CAD 系统，可以创建简单的实物模型。同时，也可以通过 iges、wrl、stl 等初始化图形交换规范文件，从 Pro/Engineer、Unigraphics 等软件中输入模型，从而加快了人机工程模型的建立。

2. CAED 局限性

(1) 各人机工程仿真软件建立的刚体人体模型在柔性产品设计中很难达到设计所需的评价效果。

(2) 各人机工程仿真软件不能仿真人机活动的整个动态过程，故难以支持工业设计过程、难以实时评价设计活动，比如驾驶操纵过程。

(3) 目前人机工程仿真分析软件只能用于特殊行业，故使用成本偏高，难以支持小型化产品设计。

（4）在大多数场合还需要依赖设计人员的主观判断，故很难确保评价的准确性。

（5）世界上各个国家的人体尺寸和人的生物力学特性不一样，如要推广使用，软件中必然要嵌入大量的人体模型和人机评价标准。

3. CAED 的发展趋势

（1）强大的软件功能提供逼真的人体模型和环境、丰富的人体动作、人体感知和决策模型，且人机交互更加人性化。图 13.21 所示为借助 CAED 软件进行的汽车装配过程中的人机工程学分析。

（2）人体尺寸数据库与模型库更加完善，从而使产品人机工程设计更加便利。图 13.22 所示为基于 CATIA – Ramsis 软件的汽车设计人机工程学分析。

图 13.21　汽车制造中的人机工程学分析

图 13.22　基于 CATIA 的汽车设计人机工程学分析

（3）软件包使辅助设计过程智能化、人机交互智能化、物理仿真具有可感知、数据采集与分类智能化等。图 13.23 所示为借助 CAED 软件对设计的汽车仪表盘进行视觉评估。图 13.24 所示为借助 CAED 软件的智能化，进行的 VOLVE 卡车驾驶室三维虚拟展示设计。

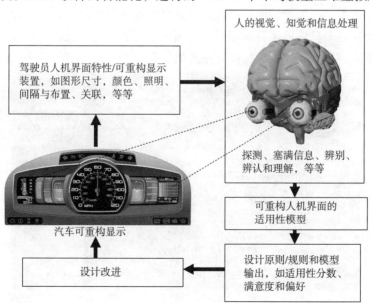

图 13.23　借助 CAED 软件对设计的汽车仪表盘进行视觉评估

图 13.24　VOLVE 卡车驾驶室三维虚拟展示设计

（4）互联网融入产品生命周期管理（PLM）中，使 CAED 在数字化工厂、产品协同设计以及网络经济中发挥重大作用。

13.3　基于人性化的方向盘设计发展趋势

图 13.25 所示为一幅反映车载设备过多，导致驾驶员不堪重负与驾驶分心，从而影响驾驶安全的画面。为了解决此类问题，人机工程师提出了把仪表功能集成到方向盘上的各种人性化方向盘。其中多功能集控和中央固定式方向盘是解决车载设备过多与过于分散问题的较好方案，也是世界方向盘发展的两大潮流。这两大潮流所体现的目标是一致的：让方向盘更加功能化，更具有可操作性，更能保护驾乘者的安全。

图 13.25　驾驶员面对过多的车载设备——不堪重负

13.3.1 多功能集控方向盘

多功能集控方向盘系统就是将乘用车各种操控动作集中在方向盘上，以及在方向盘内轮盘大拇指所能触及的周围，使驾驶员能够更专注于车辆行驶的控制。比如车内音响控制系统、车载电话、车内灯光、空气循环开关等，有的高档车型还把巡航控制开关也设计到了方向盘上。有些国外车型甚至还可以使驾驶员了解汽车当前的行驶状况、有关技术数据以及距下次保养的千米数等。

集控多功能方向盘的优点是驾驶员不需要有太大的动作，就可以控制很多的功能，使驾驶员真正体会到了"手不离盘"的便利，同时，提高了行车的安全系数。

如图 13.26 所示，雪铁龙 C4 毕加索汽车的方向盘上集成了包括定速巡航、限速器、车内音响控制系统、车载电话、车内灯光、空气循环开关等在内的各种控制按钮，同时按钮模拟了太空飞行器的排列方式。从而使所有的控制键都集中到一个相对固定、便于操作的地方，驾驶员不需要大幅的活动，双手可以不必离开方向盘就能完成操作，有效地提升了驾驶车辆的便捷性和安全性；同时，所有方向盘上的控制键都采用了发光图标显示设计，驾乘者即使在漆黑的晚上也可以轻松完成操作，从细节上体现了方向盘的人性化设计。

图 13.26 雪铁龙 C4 毕加索汽车多功能集控方向盘
（a）方向盘；（b）方向盘及仪表盘（右侧）

13.3.2 中央固定集控式方向盘

与多功能集控方向盘略有不同，中央固定集控式方向盘的特点是方向盘中央布置有各种控制按键的轮毂部分固定，不随方向盘外圈转动。相对传统方向盘的整体转圈，中央固定集控式方向盘的整个中央区域静止不动，不论方向盘转至何种角度，音响、定速巡航、限速、车载电话、车内灯光、空气循环开关以及行车计算机等的控制键都能够在方向盘上轻松找到。这种技术由于固定了的方向盘中央部分，撞击时可以确保气囊释放时的角度，因此可以实现安装非对称式的安全气囊来保护驾驶员。图 13.27 所示为雪铁龙 C5 汽车上配置的中央固定集控式方向盘。

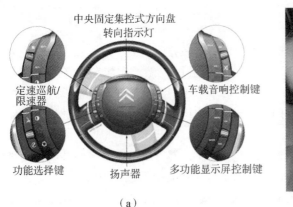 

（a）　　　　　　　　　　　　　　　　（b）

图 13.27　雪铁龙 C5 汽车上配置的中央固定集控式方向盘
（a）方向盘；（b）方向盘及仪表盘

13.3.3　乘用车方向盘未来发展趋势

乘用车方向盘的造型形式，近年来已从多种形式逐渐趋于 π 型和 T 型两种，其中 π 型方向盘显得更为普遍些。它的优点是在行驶中驾驶员的手握部分方便而得力，转弯时支撑点较多。无方向盘汽车作为 21 世纪的新型概念车已开始受到一些国家车商的重视。

戴姆勒 - 克莱斯勒公司推出世界上第一辆没有方向盘、刹车踏板和加速踏板的乘用车。这辆车的加速、转向和刹车全部由一个类似计算机游戏操纵杆的装置来操作，如图 13.28 所示。

（a）　　　　　　　　　　　　　　　　（b）

图 13.28　奔驰 F200 照片（见彩插）
（a）操作杆；（b）仪表盘

奔驰 F200 轿车的无方向盘控制系统中，驾驶员利用侧面变速杆操纵汽车的一切运动，转向时驾驶员将变速杆向左侧或右侧移动；制动和加速时，将变速杆向后或向前扳动；在这辆车中，没有通常的控制装置或连接部件，如方向盘、转向管柱和踏板，驾驶员全部指令都由电子传送。

这种归属于线束控制的驾驶系统具有以下优点：

（1）反应灵敏。在紧急情况下，减少人体反应的时间。戴姆勒 - 克莱斯勒的研究表明，人体对操纵杆刹车反应时间比传统刹车系统快0.2 s，这相当于缩短了10 m的刹车距离。

（2）操作简单。简化了传统驾驶方法，按一下操纵杆的按钮就能足够做复杂的驾驶运作。

（3）改变格局。使设计师得以从根本上更改汽车内饰的布局，使前排的视野更加广阔，空间布局更加自由、舒适。

通常在高速和大角度转弯或者在湿路面上开车，有经验的高手都感到难以对付。而对于操纵杆驾驶的车，两个手指就足够了。F200奔驰跑车装有两个操纵杆：一个装在左车内门上，另一个装在前排座位的当中。这两个操纵杆由电缆相连，它们中的任何一个都能操纵汽车。把操纵杆往前推，车就加速，往后退，车就减速。当车速提到一定速度，车速控制系统就会自动维持行驶速度。奔驰概念车虽然没有方向盘，但它的变速杆其实就是取代了原来的方向盘盘形造型，以一种新的操纵方式实现同样的转向功能，实现对车的控制。这很可能是未来方向盘的一种发展趋势。

虽然方向"盘"没有了，但转向的基本功能不会改变，人身安全的首要目标不会改变，以"人－机器－环境"的关系为本的人机工程学越来越完善地应用的理念不会改变。

13.4 小结

目前人机工程设计与校核都要借助各种人机工程仿真软件，但这些软件大都不能仿真人机活动的整个动态过程，而且只能用于诸如汽车、航天航空等特殊行业，故使用成本偏高，难以支持小型化产品设计。另外在大多数场合还需要依赖设计人员的主观判断，故很难确保评价的准确性。因此加快这些问题的解决已经迫在眉睫。

此外，针对汽车车载设备过多，导致驾驶员不堪重负与驾驶分心，从而影响驾驶安全的问题。人机工程师提出了把仪表功能集成到方向盘上的各种人性化方向盘：多功能集控和中央固定式方向盘。它们可以使方向盘更加功能化，更具有可操作性，更能保护驾乘者的安全，是未来人性化汽车方向盘的发展趋势。

思 考 题

1. 目前国内外汽车厂家使用的人机工程学设计分析软件有哪些？
2. 介绍人机工程设计与评价流程。
3. 未来人性化的汽车方向盘发展趋势是什么？

第 14 章

人机工程学的工程应用

14.1 汽车生产线中的人机工程学研究

1. 概述

本案例介绍的是 Roland Kadefors 等解决 Volvo 汽车生产线人体工程问题的系统研究成果。该成果发表在 1996 年的 *Applied Ergonomics* 杂志上。该研究从 1989 年开始持续了 5 年，研究从人机系统的观点出发，对瑞典的汽车生产企业 Volvo 的一条汽车生产线进行研究，研究涉及生产流程、工作设计、生产过程研究、作业姿势、肌肉负担以及生产效率等方面，把微观人机工程和宏观人机工程的相关理论整合到人机系统设计中，提高了生产线的生产率和员工的健康与满意水平。

2. 问题提出

Volvo 在 20 世纪 80 年代中期在全球主要有三个汽车生产厂，两个位于瑞典，一个位于比利时。为了提高企业的生产量，Volvo 决定在瑞典的 Uddevalla 建立一个新的汽车生产厂，可以年产 4 万辆汽车，并在新厂采用并行生产线。本研究从系统的高度，对整个生产线进行研究和评估，以提高新的生产线的生产效率和员工的生理心理健康水平。

3. 研究方法

研究方法采用从系统的角度出发，运用各种研究手段寻求系统的生产效率和人的问题，而不是只侧重一个方面。具体工作分为两个方面：一个是研究如何改善和评估生产率的方法，另一个是研究如何提高和评估健康水平的方法等。

采用观察法和对比法研究作业工人工作姿势等，肌肉负担主要通过对身体 4 个部位完成 10 个关键任务（表 14.1）的肌电图测定来进行研究。

表 14.1 关键任务及时间

装配任务	所需工时/s
调压包	140
踏板包	200
发动机装配	50
发动机线路	90
仪表板	70

续表

装配任务	所需工时/s
内顶	50
安全带与前座	90
顶板	100
控制台	60
前风挡玻璃	20
总时间	870

舒适度研究主要要求被试作业工人回答哪些部位感觉不舒适。舒适度采用13点评分的方法，见表14.2，数字越高表示越不舒适。

表14.2 舒适性等级划分

主观感觉	等级
没有不舒适	1
	2
略有不舒适	3
	4
有一些不舒适	5
	6
比较不舒适	7
	8
很不舒适	9
	10
非常不舒适	11
	12
不能忍受	13

4. 研究过程

（1）由 Volvo 提供相关的背景资料。

（2）收集从 1989—1991 年三年间的基本数据，这个阶段也是生产线试运行的阶段。

（3）生产线开始全面进入建立和运行阶段：这个阶段主要是对传统生产方式和现代生产方式进行分析，从人机工程学角度出发，设计出一条优良的生产线。

（4）1993年开始对生产率和人的因素等问题展开全面评估，以便从系统高度获得生产线的评价性指标。

5. 研究结果与分析

前期的调研和生产线设计阶段，研究人员对生产线的各个要素进行了精心测定和设计。

比如在生产时间上，Uddevalla 生产线的时间就比其他两个厂分别减少 2~20 min。同时，在生产组织方面，把车身的装配分为 4 个主要的装配阶段；同时让工人不只是参与划分给自己的阶段工作，而是让工人尽量参与全部生产过程，这样可以提高生产质量。

生产率的研究结果证明了 Uddevalla 生产线的成功，见表 14.3，在同另外一个生产线的比较中，Uddevalla 生产线具有显著优势。比如对于同一型号的汽车生产时间来说，Uddevalla 生产线比另外一条生产线节约 30~45 min。

表 14.3　汽车并行装配与流水线装配比较

比较事项	并行装配	流水线装配
生产力方面的问题		
装配产量	168 辆车	240 辆车
装配时间	至多 15 h	15 h 以上
平衡丧失	5%	30%
系统丧失	20%	80%
分配劳力丧失	15%	25%
质量	高	较高
工具的平均组装时间	0.6 h	1.6 h
人的因素方面		
能力的积累	一辆车的 2/4	一辆车的 22/196
在加入工作前的相关培训学习时间	5 天	14 天
在工作中担负的职责	整辆车	一辆车的 22/196
平均岁数	28.9 岁	31.2 岁
女性比例	38%	27.7%
人机工程学和工作环境		
工作时的姿势	80% 站立	50% 站立
周期时间	1.5~6 h	2 min
噪声	60 dB(A)	68 dB(A)

在身体姿势上，研究者对某 4 个生产步骤工人姿势进行了分析，Uddevalla 生产线中直立姿势时间明显较多，弯曲姿势时间明显较少。另外，研究者还在研究中发现了改变车身的位置就能够对人的作业姿势产生积极的影响，如图 14.1 所示。

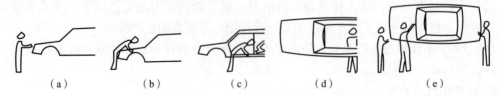

图 14.1　车身角度改变对工人作业姿势的影响分析

（1）如图 14.1（a）所示，如果车身抬起到合适的位置和高度，那么在车身之外执行工作将会是比较舒适的站立姿势。

（2）如图 14.1（b）所示，如果车身被抬高或降低将会导致操作者的后背倾斜。这是因为工人将随着车身的斜度来装配部件。

（3）如图 14.1（c）所示，如果在车身的分隔区间工作，即使车身抬高或降低，也会导致后背倾斜或者蹲着的姿势。这是因为操作者不得不随着车身倾斜或者进入到车身内部进行装配。

（4）如图 14.1（d）所示，如果把车身倾斜 90°，并且抬高到合适的位置，那么即使在车身的分隔区间工作，工人也可以位于车门打开的位置操作，这样就会获得一个比较舒适的站立姿势。

（5）如图 14.1（e）所示，如果把车身倾斜 90°，并且抬高或降低到合适的位置，那么在车身的引擎区域或者行李舱进行工作就可以获得一个舒适的姿势。

如图 14.2 所示，除了左手和左臂外，作业工人的其他部位在 Uddevalla 生产线的不舒适感都要小。

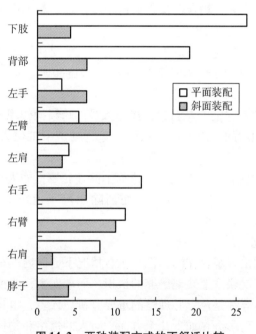

图 14.2　两种装配方式的不舒适比较

6. 结论

Roland Kadefors 等在系统分析的基础上，研究比较了 Uddevalla 生产线和其他生产线的情况。他们的研究成果表明：Uddevalla 生产线取得了巨大的成功，不论在生产率还是工人的健康、舒适性方面都得到了提高。

14.2　汽车装配车间的环境优化

本节研究通过运用人机工程学的相关理论对汽车装配车间中有待优化的环境因素进行系

统分析，提出对作业效率及车间色彩、车间采光、工人作业姿势进行优化的解决方案，从而提升该装配车间的生产效率。

下面以某汽车装配车间环境现状及其优化为例进行介绍。

1. 作业效率及其优化

经过调研发现，该车间总装二部内饰装配工段的驾驶室转线工段存在远距离取件、远距离操作、跨线操作等无效动作以及驾驶室悬停半空等安全隐患，严重制约车间作业效率的提升，并且是造成该车间作业效率较低下的重要原因。

造成作业效率低的原因主要在如下几个方面：

（1）左右轮罩工位架与操作台之间的布局不够合理，距离较远。

（2）转运小车未按工位需求进行设置，经现场查看，左右轮罩工位同时使用一个转运小车，直接导致右侧轮罩操作人员须折返取件，单次距离达 5 m 左右。

（3）驾驶室下落后距离地面高度较小，直接导致该工位操作人员数次仰头、弯腰操作，存在严重作业浪费现象。

（4）行车控制器与工位之间距离较远。经现场观察，左轮罩工位、前翻支架工位操作人员分别控制一个控制按钮，且均存在操作折返距离，远距离操作现象明显。

（5）该车间行车程序设置不合理。

为优化上述生产环境，提高内饰班工位工作效率，主要从如下几个方面入手：

（1）通过将工位架向内调整来调整左右轮罩工位距离，以减少操作过程中的折返现象。

（2）增加转运小车数量，消除左右轮罩操作人员的跨线操作现象。

（3）增加驾驶室落地后的离地距离，从而消除驾驶室下工位人员的弯腰、仰头等浪费动作。

（4）用线控式控制器代替原有控制器，进而消除左轮罩操作人员的远距离操作。

（5）重新设计行车路线使其合理化，从而消除原行车运行中的浪费动作，提高作业效率。

2. 车间色彩及其优化

尽管色彩对人的影响是客观存在的，但在多数情况下，国内汽车生产企业在对车间色彩与企业生产效率之间的客观联系上缺乏足够的认识。而事实上，明视性、视认性、色彩的象征和情感、色彩的辨别力等都是色彩心理学的重要分析切入点，也是影响车间生产效率的重要因素之一。具体来说，色彩会在如下几个方面，对人的情绪和物理感官造成影响：

（1）轻重感：实际上，色彩给个人的轻重感是物体色彩与人的视觉经验共同构成的重量感通过作用于人的心理产生的结果。

（2）胀缩感：色彩带给人的胀缩感是人在对色彩进行对比的过程中，色彩的轮廓、范围、面积带给人的物体收缩或膨胀的感觉。

（3）远近感：色彩给人带来的远近感是指在相同的距离和相同背景下进行色彩配置时，某些色彩带给人的感觉比其实际所处的距离显得更近。相反，而另一些色彩给人带来的感觉比其实际所处的距离又显得更远，也就是说，不同的色彩可以让人感觉到物体前进或后退的距离感。

（4）硬度感：色彩的硬度感一般是指色彩给人带来的柔软和坚硬的感觉，它也是通过人的视觉和人的触觉经验综合后带来的影响,其对人产生的影响与色彩的轻重感很相似,往往与色彩的明度和纯度有关。

综上所述,色彩不仅能使人在轻重感、胀缩感、温度感、远近感等物理感觉上产生相应的影响,而且能引起人情绪上的变化,因而在目前较为流行的色彩视觉传达设计研究中,可以通过色彩影响人情绪,创造适应人的情绪要求的色彩环境。

通过对所研究的汽车装备车间内的色彩进行观察,可以发现,该车间内的色彩过于驳杂,工人在工作时可能会由于颜色的混乱和发散产生眩目反应,甚至产生烦躁心理,这将在很大程度上降低工人生产效率,因而,应当予以优化。

对此,应通过物品的不同功能和色彩的自身特征,设计安放相关物品。例如,安全提示板的设计安装,就应该充分考虑色彩的功能和物品的用途,在人视觉较为舒适的位置安装安全提示板,提示板的颜色应以醒目、严肃的色彩为主和搭配,在充分起到警示作用的同时,也不会使人产生眩目的感觉。

3. 车间采光及其优化

光照对车间生产的工作效率也具有十分重要的影响。例如,在阴雨连绵、阳光暗淡或乌云密布的天气,人的工作效率和生产效率都会受到消极情绪的影响,在人的情绪、机器操作、效果观察等环节都会受到光照因素的影响。影响生产的光相关指标有以下几个:

(1) 光通量。
(2) 亮度。
(3) 光强。

为优化该光照不足的车间环境,应通过加装适宜的灯具,对光照强度和时长进行人工干预,营造一个相对舒适的光环境,从而降低人的疲劳程度,进而提高车间的工作效率。

4. 工人作业姿势及其优化

(1) 作业姿势不良会影响作业效率,人机工程学的核心理念中的重要一点就是"以人为本",因而,应当对工人的作业姿势进行合理调整。不同的作业姿势会对人产生不同的影响,由于站姿和坐姿由不同肌肉群承担,所以姿势的替换会使得这些肌肉群有充分的休息时间,同时站姿和坐姿的替换动作也有助于椎间盘营养的供应。

(2) 某些特殊情况也要进行充分的考量,如长时间站姿作业会使工人产生较强的疲劳感,但一些高频率移动的工作内容又要求工人进行站立作业,因而,可以改为采用站坐双用椅,这样工人便可以根据自身情况选择作业姿势,以降低疲劳度,提高效率。

(3) 作业姿势的选择和调整要根据不同工位的工作特点和工作内容进行设计安排,对站姿、坐姿和工作目的进行有机结合,设计出符合人体工程学和人体力学的合理作业姿势。

14.3 汽车装配生产线与职业病的关系研究

14.3.1 汽车装配线操作人员职业性疾病调查

图 14.3 和表 14.4～表 14.7 是对汽车装配线操作人员常见职业病的调查统计结果。

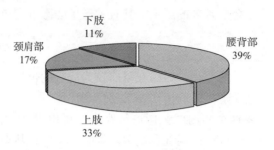

图 14.3　企业职业性疾病统计图

表 14.4　手臂抬重物职业性疾病调查

身体部位	上背	肘	下背	手腕	手掌
员工自觉诱因	用手抬工件和要弯背工作>60° 计算机、驾驶、检查汽车底盘 经常弯腰拿重物 弯腰搬重物 作业时要用很大的扭力	作业时扭力连接油管、水管	弯腰低头检查发动机舱，抬头检查内装 要弯背，工作>60°，腰部经常酸痛 经常弯腰拿重物 每台车都要弯腰、抬起重物、扭力量 经常弯曲身体腰部用力过度	每天手拿焊枪，活动时间长 经常单手拿重物 单手重复搬重物 扭力、连接油管 进行喷漆作业引起	扭力 长期反复使用气枪所致

表 14.5　颈肩部运动（仰视或俯视）调查

身体部位	脖子	肩部
员工自觉诱因	弯腰低头检查发动机舱，抬头检查内装 需常低头检查，非常不舒服 颈弯曲工作 低头拿重物 检查时要长时间摆动脖子 机械性频繁转动和长时间低头工作 放工件时头部低下 计算机、驾驶、检查汽车底盘	用手抬工件过肩 计算机、驾驶、检查汽车底盘 经常弯腰拿重物 弯腰搬重物 作业时肩膀一般都要提高用力，很累 感觉有时似骨质疏松一样 长时间进行喷漆作业引起的 经常搬动工件

表14.6 弯腰抬重物调查

身体部位	臀部	大腿	膝盖	小腿	脚踝
员工自觉诱因	弯腰	上落车频繁	弯腰时也要曲漆（抬油箱）	经常行车	走路太多，站得太久
	坐在车厢里安装内饰	走路太多，站得太久	站得太久	经常推零件车	搬动工件走动
	倚靠在车厢里安装内饰	肌肉酸痛，要拿起工件走动、搬运	常蹲坐，对膝盖影响严重	走路太多，站得太久	站得太久

表14.7 工作压力与工作节奏高负荷成因分析

现象	经济感觉无法继续工作	感觉工作非常紧张
员工自诉原因	要在很短的时间检查好多项目	要检查工作是否合格正常和工作太重
	到中年腰部和颈部会受不了	在生产链中的作用很重要，人员少
	对视力要求高	有时会觉得工时不足
	设备的平衡力不好，所以产生困难	以最短时间进行设备抢修
	打刻度线时所发出的噪声高	做CVT时很紧张
	劳动强度大，路程远，台车损坏	岗位时间紧、工序停链、没及时送零件
	零件太过沉重，经常弯腰，扭力大	岗位工时紧
	经常腰肌劳损	工作节拍紧凑，时刻保持精神集中状态
	经常弯腰单手拿重物，推很重的零件车	没时间休息
	白汽油很难闻，有时会弄到眼睛或脸上	零件太多，害怕漏装错装
	常要弯腰，腰、脖、肩部较累	零件整理多，出问题经常要追岗
	背、腰、颈部疼痛	需注意安全
	长期工作致手指痛、眼睛不适	赶节拍，工件很重
	背部、腰部肌肉疼痛	受一些客观因素影响，难做到不漏检
	常有不良台车推不动，很消耗体力	

14.3.2 汽车装配线操作人员职业性疾病预防方案与效果

1. 肢体使用原则

（1）双手同时开始并同时结束动作。工作的原则是双手同时使用，单手作业会造成另一只手的空闲及不平衡，重点是要双手同时开始并同时结束。

（2）双手反向对称进行动作时，双手不但要同时进行，而且要左右反向、对称反向进行。

（3）如果双手在某一方向单项动作的话，会造成人体重心的转移，而维持这种平稳的作业将带来操作者精神以及肌肉的疲劳。双手反向对称动作时相当于游泳中的蛙泳，是最省力的一种作业方式。

（4）身体的动作应以最低等级的动作来进行。身体的动作幅度越小越好，动作时间越短越好，人体动作等级是按以下次序递减的：腿的动作→腰的动作→肩的动作→肘的动作→手腕的动作→手指的动作。

（5）动作姿势稳定，身体尽可能减少较长时间的中心偏移及起坐动作。通过改善机器及部件的布局，使作业者能够在身体整体相对稳定的情况下更轻松地工作，这样才能够提高工作效率。

（6）连续圆滑的曲线动作。动作的速度和方向突然改变的话，会打乱工作节奏，消耗大量体力，尽可能避免上述情况，使工作连续圆滑地进行。

（7）利用物体惯性。像使用手锤时我们所感觉的那样，当尽可能利用锤的惯性和动量、重量时就会感觉较省力，任何工作都一样，利用物体惯性节省体力，提高作业效率。

（8）降低动作注意力。当我们观察一组作业时，会发现动作有停顿迟疑，这主要是因为过程中产生迷惑或需要判断造成的。此时的大脑活动造成外在动作的迟疑与拖延，结果不止造成作业节奏的变化与混乱，同时造成精神上的疲劳。

（9）动作应尽可能有节奏。习惯性的节奏有助于提高熟练度，作业是否有节奏或有韵律是减轻疲劳及提高效率的关键。一些改善节奏的提示与方法：作业速度应适当以一定的节拍规律进行，在作业循环分隔区间以重点动作进行标识，以缩小手的动作范围，保持手部适当高度，物品的摆放按工艺顺序放置，放大对准精度或以声光等进行识别。

（10）减少注意力则易于产生节奏韵律，结束与开始动作在同一位置，作业过程首尾相接，如舞蹈一般的曲线动作流程自然会有节奏产生。

2. 作业配置原则

（1）零件材料的定置摆放。

（2）零件材料根据最省力的原则放置在小臂的工作范围内。

（3）零件材料的移动以水平移动最佳。

（4）作业高度适度，以便于操作。汽车制造企业目前采取的一般的操作基本姿势是站立式作业。因为一旦操作者坐下，总要将部件拿得很近才可以，这只适合于单一工序大量生产的流水化生产，但不利于生产线的平衡，更不利于多工序小批量装配的要求，比如车门胶条安装、内饰螺钉的安装等。

（5）站立式作业的情况下，就需要调整各工序高度使之保持相同水平，一般的作业情况下作业高度在肘以下 50 mm 处较适合。

（6）当进行比较细致的作业时，作业高度应距眼近些，比一般作业高度高些，比较适合不同作业高度，不同操作的实际高度应以操作者在作业过程中实际情况为主进行验证确定。

（7）提供满足作业要求的照明、温度和湿度等。

3. 夹具设计原则

（1）用夹具固定零件及工具，以方便操作者进行双手作业。

（2）使用专用工具生产线。

（3）提高工具设计便利性，减少疲劳。当以手腕为主进行操作时，应将工具重心设计在前端并稍重些，手柄方便抓握，这样会减少手腕的疲劳及反作用力。

（4）机械操作动作相对稳定及操作流程化。

（5）零件自动脱落。

4. 作业流程经济原则

（1）人的作业流程的经济原则：

①路线最短原则。

②一致原则。

③禁止流程路线逆行的原则。

（2）生产线生产的经济原则。在生产线流水化生产的情况下，主要对物料的流动进行平面及正面的流程线路分析，以减少物流移动中的搬运及无谓移动损失。

14.3.3 手臂抬重物工作条件下职业性疾病的改善方案与效果

1. 上肢类疾病预防改善

（1）对此岗位建立半天轮岗制。

（2）将人工作业线改成自动运行机构。

（3）改变焊接工作台的高度。此工序工作台岗位的操作者主诉由于腰部弯曲过大造成腰疼，经实际测量工作台的高度为 75 cm，而适宜的立姿工作面高度范围应为 90~95 cm，两者有一定的差距。将工作台的工作面高度变更至适宜的高度，说明这点必须进行改进。经过现场多方验证，通过操作者的实际感受，最终工作高度调整高度为 91.4 cm，从而改善焊接时工人的身体姿势。

2. 疾病预防改善方法

某企业职工职业性疾病统计见表14.8。

表 14.8　某企业职工职业性疾病统计

岗位名称	疾病诊断	状况	累计人数	发病原因（●主因　○次因）				改善方法
				个人体质	作业姿势	工具重物	作业频率	
左后轮罩工位	腰肌劳损	好转	1	●	○			①加强员工预防疾病知识的教育，提高预防疾病意识；②劳保用品的佩戴及体力的增强（护腰带、腰部体操的锻炼）
排气管运搬	腰肌劳损	治愈	2		○		●	①加大组内轮岗作业的频率，轮岗时间从 4 h→2 h；②改善台车定位作业方法，弯腰次数由 288 次/4 h→72 次/4 h
右车门撞锁安装	右肩胛肌劳损	治愈	1	○		●	○	①实施多岗技能培训，加快轮岗频率（4 h 轮/天→2 h 轮/天）；②调整作业内容 [7.5 kg/（人·节拍）→7.5 kg/（2 人·节拍）]

续表

岗位名称	疾病诊断	状况	累计人数	发病原因（●主因 ○次因）				改善方法
				个人体质	作业姿势	工具重物	作业频率	
安全气囊ECU安装	腰椎间盘突出 强直性脊椎炎	治愈	1	○	●			调整作业内容（将部分弯腰作业分配到其他工程）
SPS回收	颈肌劳损	治愈	2	●	○			①加强员工预防疾病知识的教育，提高预防疾病意识；②腰部体力的增强（腰部体操的锻炼）
左前门焊工位	手指腱鞘炎	治愈	1	○	●		○	①调整作业岗位（调该员工从事QA巡检岗位）；②手部体力的增强（手部操的实施）
ECU安装工程	腰椎间盘突出	好转	1	●	○			①建议该员工外院治疗；②调整作业岗位（暂安排在线外作业）
前地板焊右侧工位	腰椎间盘膨出	治愈	1	○	●			①加强员工预防疾病知识的教育，提高预防疾病意识；②对每个岗位重新进行作业负荷评价（评价结果为绿牌工程）
左天窗玻璃调整	腰肌劳损	治愈	1	●				①加强员工预防疾病知识教育，提高预防疾病意识；②腰部体力的增强（腰部体操的锻炼）
左车门撞锁安装	双掌软组织损伤	好转	1		●		○	①实施作业方法的改善（用于按压胶条→使用胶条安装治具）；②增加辅助工具（打振机）
前地板左侧	腰椎间盘突出	好转	2	○	●	○		增加辅助吊具，改善作业姿势，避免弯腰作业
SPS拣货工程	腰椎侧弯	好转	1	●	○			①加强对该员工的疾病预防知识教育，增强体质；②将预防知识横展，提高全员疾病预防意识
LH R/D面检岗位	腰肌劳损	基本治愈	1	○	●	○		①加大轮岗力度（2人轮岗→3人轮岗）；②加强护腰带佩戴的管理

14.3.4 弯腰抬重物工作条件改善方案与效果

某企业总装科底盘装配线轮胎安装岗位，所装配的轮胎加轮毂质量为 42 kg，改善前作业流程为，两个人从轮胎放置台车内抬出轮胎，搬运至安装工位，由两人合作抬高至底盘位置进行安装。此过程中，搬运轮胎弯腰负重为 2 级体力劳动，作业过程中由于重复性的工作过程，造成此岗位 4 名操作者的腰肌劳损、腰疼等症状。由表 14.9 人机功效评价结果表明，该轮胎安装岗位存在动劳动疲劳风险。

表 14.9 轮胎安装岗位人机功效评价

汽车装配中举重人机功效分析（单位：公制）			描述
任务名称	轮胎安装岗位评价		
模型输入		乘子	模型输出
水平位置（H） （最小 25 cm，最大 64 cm）	64 cm （最佳值 25 cm）	HM = 0.39	推荐的负荷极限（RML）： 30.0 kg
垂直位置（V） （最小为 0，最大 178 cm）	90 cm （最佳值 75 cm）	VM = 0.96	
举升距离（D） （最小 25 cm，最大 178 cm）	165 cm （最佳值 25 cm）	DM = 0.85	举升因子（L1 = 负荷/RWL）： 0.90
不对称角度（A） （最小 0°，最大 135°）	30° （最佳值 0°）	AM = 0.90	
耦合度 （1 = 好，2 = 合理，3 = 差）	3 （最佳值为 1）	CM = 0.90	与举升频率无关的 RWL： 30.0 kg
持续时间 （输入 1，2，…）	4 h （最佳值为 1）	Dur = 8 h	与举升频率无关的 L1： 0.90
频率 （最小值 0.2 次/分钟）	0.4 次/分钟 （最佳值为 0.2）	FM = 1.00	评价结论： 存在风险
负荷	27 kg		

经过与该科的工程技术人员、现场操作人员及设备厂家的调查、论证，在此岗位上增加悬臂式机械手，并在机械手端部安装轮胎夹具。通过此项工程改造，操作者仅通过机械手就能进行安装前准备的全部工作，极大降低了弯腰的动作和人工搬运的流程。

(1) 为了更好地降低人弯腰的幅度，减少搬运工作环节，对机械手的夹具方式进行了验证讨论，最终选定托杆托持式，具体如图 14.4 所示。托杆托持式也就是托杆伸入工件上下部两侧，待定位块托住工件时，即可提升，托起工件。

(2) 通过这样的工作方式，操作人员只需把机械手放置到轮胎放置位置（图 14.5），用夹具托持住轮胎放置到安装位置（图 14.6），极大地降低了操作者的劳动强度。经现场验证及操作者反馈，取得了良好的效果。当然，如果条件允许，可以安装图 14.7 所示的机械手轮胎自动安装设备。

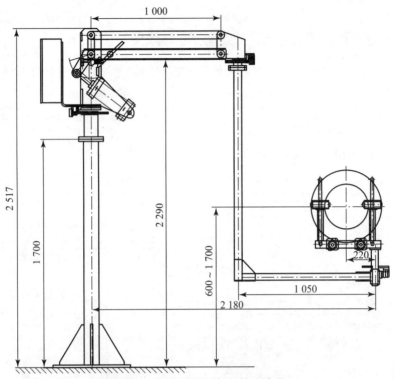

图 14.4 汽车轮胎托杆托持式夹具

图 14.5 托住轮胎

图 14.6 轮胎放置到安装位置

图 14.7 机械手轮胎安装设备

(3) 通过对底盘轮胎安装岗位人机工程的改善，此作业岗位消减了两名操作人员，节约了人力资源成本，提高了工作效率，从根本上预防了操作者职业性疾病发生的可能。另外，此方案对装配线的其他工序也有借鉴价值，具有一定的通用性。

14.3.5　岗位作业负荷评价

岗位作业负荷评价主要依据操作者的操作姿势、动作频率、作业工具、使用产品的重量，评价方法主要分为工程观察评价法和简易评价法。

14.4　小结

本章介绍了国内外学者及汽车企业基于人机工程学原理和系统工程学知识，开展的提高企业装配线生产效率与工作舒适度研究，以及作业坐姿和作业环境的改善对减少工人职业性疾病的积极作用。

思 考 题

1. 通过人机工程学分析，提出改善汽车装配线作业工人工作舒适度的方法。
2. 分析汽车装配线作业工人职业性疾病发生的原因，并提出预防方法。

第 15 章
军用车辆设计中的人机工程学问题

15.1 一般用途装甲车辆座椅设计

座椅是装甲车辆内饰部件重要的组成部分，也是与驾乘者联系最为密切的部件，近年来越来越多地受到了车辆设计人员和装甲车辆使用单位的重视。乘员选择座椅的要求依次为安全性、舒适性与轻便性。下面从座椅结构、国军标的强制性法规以及座椅设计要点来介绍座椅设计。

1. 座椅结构

车辆座椅结构直接关系到乘员乘坐舒适性和减隔振性能。其中履带车辆座椅设计的发展经历了从刚性结构到弹性悬置结构，其中弹性悬置结构又经历了从线性到非线性的过程。现在半主动和主动隔振系统的建立又为非线性弹性悬置座椅注入了新的内涵。我国初期履带车辆采用图 15.1 所示的座椅结构，它是一种下托式或剪式结构座椅。

图 15.1 托剪式座椅示意图

图 15.2 所示的叉式结构座椅是近期坦克上采用的一种结构形式座椅，它具有便于弹簧和阻尼元件的布置、便于调整座椅的高度和便于改善座椅的舒适性的优点。该座椅采用左右各一对铰接的刚性杆作为支撑体，每对杆下末端的一头与车底板铰接，一头可沿车底板上的槽形孔前后滑动，并经弹簧与车底板上另一端处的调整支座连接来减缓车体振动。每对杆上末端与座椅相接，其连接方式与下端相同，可以用减振器来取代弹簧。该座椅可根据不同人体重量调整座椅高度来提高座椅的舒适性。其中弹簧及减振器可根据车辆舒适性的要求选取不同刚度特性的弹簧和不同阻尼特性的减振器。坐垫靠背垫及靠背形式可根据具体车辆及其工作环境选调。

图 15.2 叉式结构座椅原理图

坦克座椅根据其乘员的职责分工可分为驾驶员座椅（图 15.3 和图 15.4）、车长座椅（图 15.5）和炮长座椅（图 15.6）。

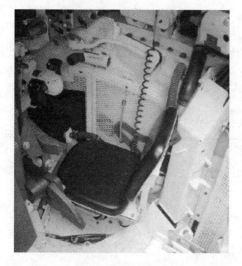

图 15.3　美国 M1A1 驾驶员舱座椅（侧视图）

图 15.4　美国 M1A1 驾驶员舱座椅（前视图）

图 15.5　德国豹 2A6 坦克车长折叠式座椅

图 15.6　旧式坦克折叠悬挂式炮手座椅

2. 与装甲车辆座椅相关的国军标和国家标准法规

（1）GJB 1835—1993《装甲车辆人-机-环境系统》。

（2）GJB 2873—1997《军事装备和设施的人机工程设计准则》。

（3）GJB/Z 131—2002《军事装备和设施的人机工程设计手册》。

（4）GB 10000—1988《中国成年人人体尺寸》。

15.2　装甲车辆座椅的防爆炸冲击设计

在目前的反恐战争和未来的武装冲突中，提高装甲车辆对地雷、路边炸弹和简易爆炸装置等爆炸物的防护能力，特别是保障车内人员的安全的课题，已经成为国内外研究机构日益关注的问题。

1. 爆炸冲击载荷对车辆和车内乘员的损伤

如图 15.7 所示，在常规弹药发生爆炸时，在强烈的冲击波或者土壤抛射物作用下，底板会产生一个明显的向内的弹塑性变形，严重时会破裂，导致车体剧烈变形和损坏。与此同时，被击中的车体会产生很大的车体加速度和底板剧烈振动，引发一系列后果，其中焊接或栓接在底板上的座椅及其他安装件从座椅基座上扯落，车内乘员因而会猛烈地从座椅上朝着侧面或顶部方向弹出，从而造成乘员的严重伤害，甚至危及乘员生命。

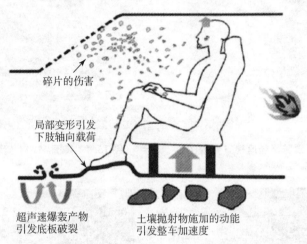

图 15.7 装甲车辆车内乘员损伤机制

2. 防爆座椅设计

就车内结构设计而言，座椅设计是减少人员伤亡的关键，具体措施包括以下几点：

（1）座椅采用与车顶相连接的安装方式，以使座椅的振动负荷最小，或将座椅面定在车辆侧壁，并采用减震式悬挂措施，以尽可能降低座椅传递给乘员的加速度。

（2）将吸能部件应用于座椅设计，如采用具有较高的减震和加速度衰减性能的座椅支撑部件，以及采用更为舒适的座椅衬垫，如图 15.8 所示。

（3）对于装甲输送车，应该改用单人座椅，而非长条式座椅。

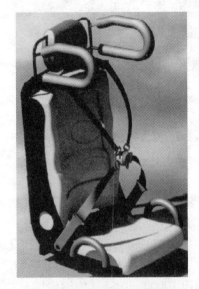

图 15.8 带有弹簧和减震器的防爆座椅（见彩插）

（4）在乘员舱下方增加脚撑，并将其连接到悬挂式座椅上，而不是固定在车辆底甲板上。

（5）为乘员配备可快速解脱的 4 点或 5 点式安全带，以免乘员从座椅中抛出，如图 15.9 所示。

图 15.9　4 点安全带防爆座椅（见彩插）

（6）在座椅与车辆底甲板之间保留足够的自由空间，尽量不放置和安装任何设备等。

15.3　装甲车辆车内作业空间设计

1. 基本要求

按照 GJB 1835—1993、GJB 2873—1997 和 GJB/Z 131—2002 规定，装甲车辆车内空间设计应优先考虑驾驶员、车长、炮长和填装手（如果有的话）能在所设计的空间内顺利地实施规定的作业。设计应根据人体测量数据进行，并综合协调空间限制、人机界面状况、工作环境以及设计费用与效果等。

2. 操作空间

1）工作姿势

不同工作姿势对操作空间的要求差别很大，设计应根据规定工作姿势下的人体测量数据进行。

（1）站姿操作与坐姿操作。站姿可用于常规的、频繁活动的和短时间的工作；坐姿则用于长时间的、高控制精度的和需要四肢共同操作的工作。通常，在站姿操作者不能改变体位时，也应设置座椅。驾驶员、车长和炮长都属于坐姿工作，在车内相应工作位置处都有各自的座椅。

（2）座椅。座椅应与坐姿操作空间相协调，并提供稳定、舒适的身体支撑，以便操作者能进行有效操作。

①座椅应能够高低、前后调整，使第 5 至第 95 百分位数操作者正常使用。

②在需要连续坐姿操作时，座椅的座位和靠背需有软垫。无软垫的座椅只适于间歇使用。

③当座高高于允许值时可设置垫脚板。

④在无足够的空间设置永久性座椅时，应为需要坐姿操作或休息的人员设置临时座椅。

临时座椅的结构和尺寸应满足乘坐要求。

⑤驾驶员、车长和炮长的工作座椅应配有安全带装置。

(3) 其他姿势操作。当空间条件受限时，允许采用半仰姿（如有的坦克驾驶室在闭窗驾驶时，就采用半仰姿）、半立姿（有座椅支撑）操作。设计应适合操作要求，并提供符合规定要求的人机界面设计。

2）设备布局

设备布局应综合考虑空间条件和人机界面状况，根据人体测量的有关数据进行设计。

(1) 工作面。设备的工作面应在操作者的正前方。当设备多于一个时应选用以主要设备为中心的环绕布局方式。布局的具体尺寸应适合第 5 和第 95 百分位数操作者，在需要的情况下，还应为操作者提供适当的自由活动空间。

①显示区的布局应考虑人对视觉信息的接收能力。重要的显示器或观察设备应放在操作者的最佳视野区。

②控制区的布局应考虑人体动作范围、操纵能力和人的操纵效率等。频繁操作的或需要精细调节的控制器应放在优先的位置上。需要用较大力量或有较大位移的操纵，应提供足够的躯干或全身活动的空间。

(2) 容纳空间。应提供操作者靠近设备时所需要的容膝和容脚空间及放置工具或其他必需品的空间。

(3) 共用空间。共用操作空间的设计应考虑着装、个人装备等带来的尺寸增量以及人员之间操纵动作的干涉程度，使操作者能够顺利有效地操作。

3. 通行空间

1）设计影响因素

(1) 通过的人数、方向和频度。

(2) 通行姿势以及这种姿势下工作的性质。

(3) 由着装、搬运及其他原因而造成的尺寸增量。

(4) 能造成人员伤害的锐角、毛刺、电缆及其他物品。

(5) 底甲板的绝缘性和防滑性。

2）出入口

(1) 常规出入口应保证人员在规定着装的情况下，携带必要装备顺利通过。常规出入口的位置和尺寸应符合第 95 百分位数使用者顺利出入的要求。

(2) 应急出入口的尺寸应保证所有使用者都能出入，并使人员（包括携带的装备）同舱室内有关部件的干涉程度降至最低水平。

3）通道

通道应保证第 95 百分位数使用者在规定的着装条件下携带必要的装备顺利通过。

4）梯与坡道

在需要改变高度的地方应为使用者设置梯和坡道。

(1) 梯应根据通过人员数目及其所携带的物品的总重量进行设计，还应从防滑、固定、安全、重量、体积等方面进行综合考虑。

(2) 坡道用于将器材从一个高度搬运到另一个高度。在要求人员将器材从低位搬运到高位时，应考虑人的体力限度和安全性要求；用于通行的坡道应安装扶手和防滑底板。

15.4　装甲车辆总布置流程

装甲车辆总布置设计主要内容包括以下几点：
(1) 武器系统总成布置。
(2) 动力传动装置布置。
(3) 行动系统布置。
(4) 整车牵引特性、操纵稳定性、制动性能、射击稳定性、行驶平顺性、水上性能等计算。
(5) 人机工程设计和校核。
(6) 三维装配。
(7) 确定设计硬点和设计控制规则。

其中车内总布置是在整车总布置的基础上进行的，整车的总布置提供了车辆的长宽高、整体式或模块化防护系统结构尺寸、武器系统的控制尺寸、战斗全重、负重轮或轮胎轴荷，以及动力传动装置、行走系统等的轮廓尺寸和位置。据此再参考国内外同类车型有关数据作为借鉴，即可初步确定驾驶舱、战斗舱、动力传动舱、底甲板平面高度、前围板位置、乘员座椅布置、内部空间控制尺寸、驾驶舱方向盘位置角度与操纵机构、踏板的相互位置等。最后，在此基础上，按满载情况绘制 1∶5 车身总布置图。在性能、运动学、动力学和人机工程学校核环节，需要采用国军标对装甲车辆产品的相关强制性标准，对整车、零部件布置的符合性进行校核。另外，对国军标尚未要求但国际上通用的标准应考虑符合性，并按设计经验及相关参考资料，对车内外零部件尺寸、布置位置的合理性进行人体、人机工程学校核。

图 15.10 所示为坦克车内纵向总布置图。图 15.11 所示为综合考虑装甲车辆各个总成布

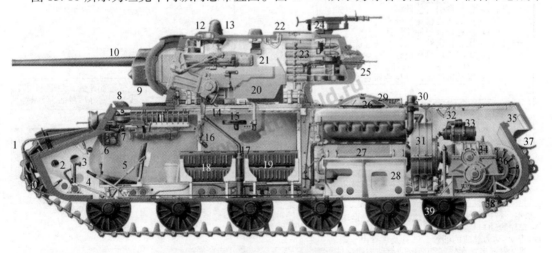

图 15.10　坦克车内纵向总布置图（见彩插）

1—牵引挂钩；2—油门踏板；3—离合器踏板；4—换挡杆；5—驾驶员座椅；6—显示仪表；7—机关炮；
8—驾驶员侧舱门；9—炮塔；10—坦克火炮；11—过滤通风装置；12—炮塔前舱门；13—观瞄装置；
14—摇架；15—炮长座椅；16—抛壳机；17—装弹机；18, 19—弹药；20—平衡配重铁及反后坐装置；21—潜望镜；
22—炮塔后舱门；23—穿甲弹；24—高射机枪；25—并列机枪；26—发动机舱检查窗及盖；27—发动机；
28—油箱；29—空气滤清器；30—排气管；31—主离合器；32—动力舱盖；33—发电机；34—变速箱；
35—后装甲；36—主动轮；37—烟雾桶架；38—履带；39—负重轮；40—诱导轮

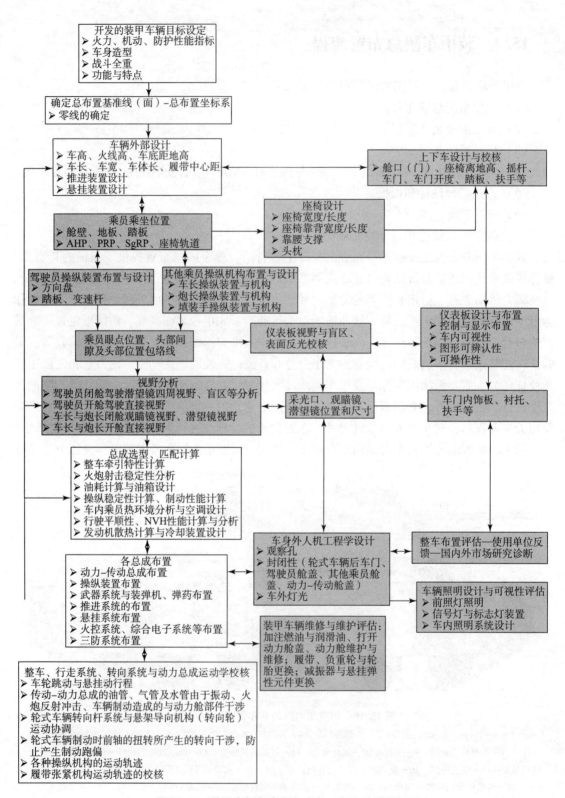

图 15.11 装甲车辆总布置与人机工程设计流程图

置的总布置图,其中带有背底色的文本框是与人机工程学设计、布置、分析、评估与校核有关的工作内容,这些内容将在后面几节中进行详细介绍。

15.5 装甲车辆控制器设计

1. 脚踏板

1) 选择依据

适用于动作简单、快速、需要的操纵力较大的调节。能较长时间保持在调节位置上,可用于两个或几个工位的调节和无级调节。脚控操纵器一般适用于需要连续进行操作,而且用手又不方便的场合,或手的任务量太大,且需要的操纵力较大的场合。在坐姿、有座椅靠背的条件下宜选用脚控操纵器。

2) 选择要求

每只脚最多只能操作两个简单的控制器;踏板活动方向应与操作者下肢关节的自然活动方向相协调。

踏板应安装在操作者不用过分伸腿或扭转身体而便于操纵的位置,即使踏板运动到最远端时,也不应超出操作者有关肢体尺寸和力量的限度;踏板位置应使操作者足部处于"休息"或"稳定"状态。

当操作者需用很大力才能蹬满全程时,应提供适当的助力措施;踏板在承受操作者脚的重量时,不应起动控制动作,图 15.12 所示为坦克操纵用脚踏板。

图 15.12 坦克操纵用脚踏板

2. 操纵杆

在操纵力和操纵位移较大情况下,当控制器和被控对象之间采用直接机械耦合方式时,或当需要采用多维的、机械的或机电的多级控制时,可用操纵杆控制器代替电子开关。例如,坦克转向用控制器和变速箱变速杆,都可以采用操纵杆,如图 15.13 所示。但在需要高精度的电控输出时,不应采用操纵杆控制器。

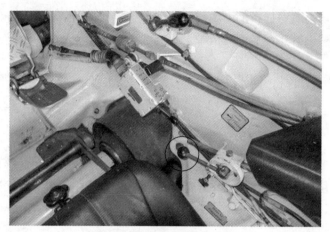

图 15.13　坦克变速箱操纵杆

履带式车辆的控制通常由操纵杆来完成，布置的两个操纵杆处在驾驶员最前位置时，车辆做直线运动；当左边的操纵杆向后拉到第一位置时，车辆以规定的半径向左转弯；向后拉到第二位置时，车辆原地向左转向；反之亦然。

3. 组合控制手柄

如图 15.14 所示，当把辅助的控制器安装在主操纵杆的手柄上可以使系统的操作简单、高效和安全时，可用组合控制手柄。如无特殊许可，组合控制手柄上辅助控制开关的数目不应超过三个。

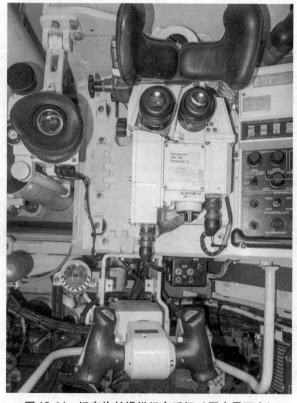

图 15.14　坦克炮长操纵组合手柄（图中最下方）

(1) 拇指开关类型有按钮、滑动或旋转开关等。拇指开关的位置和操作形式应舒适，并符合拇指关节自然活动的范围，同时要考虑操作者手的尺寸范围和戴手套所受的限制。

(2) 板机开关用于典型的扳动"板机"操作（如火炮射击），应由食指操纵完成。安装位置与操纵应符合使用主控制手柄原有范围（手不偏离手柄的正常抓握位置），并考虑操纵安全保险开关的需要和戴手套所受到的限制。

(3) 扳动开关安装位置要与手的自然抓握位置相一致，外形应与手掌的形状相符合。

15.6　装甲车辆视觉信息显示装置设计

装甲车辆上最普遍的视觉信息显示装置，目前主要还是各种仪表和信号灯。仪表是一种广泛应用的视觉显示装置。任何显示仪表、装置，其功能都是将系统的有关信息输送给操作者，因而其人机工程学性能的优劣直接影响系统的工作效率。

车载视觉显示装置设计的人机工程学问题，概括为以下三个：①确定操作者与显示装置间的观察距离；②根据操作者所处的位置，确定显示装置相对于操作者的最优布置区域；③选择有利于传递和显示信息、易于准确快速认读的显示器型式及其相关的匹配条件（如颜色、照明条件等）。典型的例子如图 15.15 和图 15.16 所示。

图 15.15　传动油温指示表（左下）、机油压力指示器（右上）和电流电压指示器（左上）

图 15.16　坦克上实际使用的仪表

在设计装甲车辆显示仪表时,如果变化特性曲线对正常知觉是重要的适宜知觉时,不应将数字显示仪表用作唯一的信息显示装置。当快速或缓慢的数字显示速率阻碍了正常知觉时,也不应该使用数字计数式显示仪表。

装甲车辆指针式仪表的颜色匹配,重点要考虑仪表盘面部分。为了使盘面部分清晰显眼,应当利用色觉原理进行颜色的搭配。最清晰的配色是黑底黄字,最模糊的配色是黑底蓝字。在实际使用中,由于黑白两种颜色比较容易掌握以及习惯的原因,经常采用黑底白字或白底黑字。在匹配颜色时,配置与周围的色调特别不同的颜色时特别醒目,谓之醒目色。醒目色的应用与颜色的搭配有着既相似而又不同的特点。图 15.17 所示为一种比较常见的坦克仪表颜色组合。

图 15.17　坦克驾驶员用仪表最常用的颜色组合——黑底白字白色指针

此外，如果装甲车辆指针式仪表采用指针固定、刻度盘移动或转动结构，则刻度盘上数字围绕圆形刻度盘按顺时针方向递增（刻度盘逆时针方向转动，数字增大）。对于垂直或水平直线运动的刻度盘上的数字从下至上或从左至右应递增。

15.7 装甲车辆仪表照明设计

1. 正常照明

当不需要完全暗适应时，应该使用低亮度白光，在可行时，最好采用整体照明，并且亮度可调。但当要求完全暗适应时，应提供低亮度的 $0.07\sim0.35$ cd/m^2 红光（主波长为 620 nm）照明。

2. 夜视装置相容

在需要与夜视装置相容的场合，仪表照明不应使用红光。照明应能连续变化至完全关闭状态。在关闭状态下应没有电流通过灯泡。

3. 灯光分布

在多个显示器组合在一起的场合，整个仪表板的照明应该均匀，在全开至全关的范围内，任意两个仪表指示器平均亮度的差别不应大于 33%。整体照明的仪表内的灯光分布应该足够均匀。灯光分布用不少于 8 个点等距测试法测量时，指示器局部亮度的标准差与指示器亮度的均值之比，应不大于 0.25。

4. 对比度

为确保操作者能在所有的设计照明状态下感知必要信息，所有被显示信息与显示背景应提供足够的对比度。

15.8 小结

本章介绍了军用车辆设计中的一些人机工程问题及其人机工程设计方法，它们包括：通用军用车辆座椅设计、防爆座椅设计、军用车辆作业空间设计、军用车辆总布置流程以及军用车辆控制器设计、视觉信息显示装置设计和照明设计等。

思 考 题

1. 通过军用车辆人机工程学分析，提出改善军用车辆驾驶员操纵舒适性的方法。
2. 介绍装甲车辆总布置与人机工程设计流程。
3. 简述装甲车辆照明设计要点。

参 考 文 献

[1] Vivek D. Bhise. Ergonomics in the Automotive Design Process, CRC Press, 2011.

[2] [美] Vivek D. Bhise. 汽车设计中的人机工程学 [M]. 李惠彬, 等, 译. 北京: 机械工业出版社, 2014.

[3] 李惠彬.（装甲车辆）人机环境系统原理与设计 [M]. 北京: 兵器工业出版社, 2015.

[4] Kopinski Thomas, Geisler Stefan, Handmann Uwe. Contactless Interaction for Automotive Applications [C]. Mensch & Computer 2013 – Workshopband: Interaktive Vielfalt. Interactive Diversity, 2013: 87 – 94.

[5] Philippart, N. L., Roe R. W., A. J. Arnold, et al. Driver Selected Seat Position Model. SAE Technical Paper 840508. Warrendale, PA: Society of Automotive Engineers Inc.

[6] Society of Automotive Engineers Inc. SAE Handbook. Warrendale, PA: Society of Automotive Engineers Inc., 2009.

[7] Kolich, M. Applying Axiomatic Design Principles to Automobiles Seat Comfort Evaluation. Ergonomia, IJE &HF, 2006, 28（2）: 125 – 136.

[8] Konz, S., Johnson S. Work Design: Industrial Ergonomics. 6th ed., Scottsdale, AZ: Holcomb Hathaway, 2004.

[9] Kroemer, K. H. E., Kroemer H. B., Kroemer – Elbert K. E. Ergonomics: How to Design for Ease and Efficiency. Enalewood Cliffs, NJ: Prentice Hall, 1994.

[10] Pheasant, S., C. M. Haslegrave. Bodyspace: Anthropometry, Ergonomics and the Design of Work. 3rd ed. London: CRC Press, Taylor & Francis Group, 2006.

[11] 毛恩荣, 张红, 宋正河. 车辆人机工程学 [M]. 北京: 北京理工大学出版社, 2007.

[12] 周一鸣, 毛恩荣. 车辆人机工程学 [M]. 北京: 北京理工大学出版社, 1999.

[13] 任金东. 汽车人机工程学 [M]. 北京: 北京大学出版社, 2010.

[14] 杜子学. 汽车人机工程学 [M]. 北京: 机械工业出版社, 2011.

[15] 丁玉兰. 人机工程学 [M]. 4版. 北京: 北京理工大学出版社, 2011.

[16] 阮宝湘. 工业设计人机工程 [M]. 2版. 北京: 机械工业出版社, 2010.

[17] 李惠彬, 张晨霞. 系统工程学及应用 [M]. 北京: 机械工业出版社, 2013.

[18] 傅立敏. 汽车设计与空气动力学 [M]. 北京: 机械工业出版社, 2011.

[19] 赵江洪. 人机工程学 [M]. 北京: 高等教育出版社, 2009.

[20] 胡海权，杜海滨．工业设计应用人机工程学［M］．沈阳：辽宁科学技术出版社，2013.

[21] 王继成．产品设计中的人机工程学［M］．2版．北京：化学工业出版社，2011.

[22] 翟锡杰，等．基于乘员保护的方向盘转向管柱布置角度的优化方法［J］．汽车工程师，2015（2）：26-31.

[23] 常振臣．车内噪声控制技术研究现状及展望［J］．吉林大学学报（工学版），2002，32（4）：86-93.

[24] 钟柳华，练朝春．汽车座椅设计与制造［M］．北京：国防工业出版社，2015.

彩 图

图1.3 汽车车外加速通过噪声测试

图1.6 车载微型垃圾桶

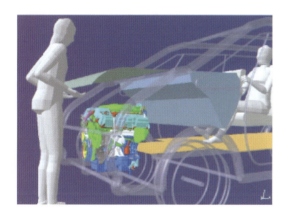

图1.11 三维数字人在汽车造型与人机工程学设计中的应用

图2.1 新一代奔驰SUV汽车人机界面

(a) (b)

图2.11 根据人体身高尺寸设计的有关产品尺寸
(a) 住宅大门高度设计；(b) 公交车车厢高度设计

图 2.39 人体模板用于校核车内布置

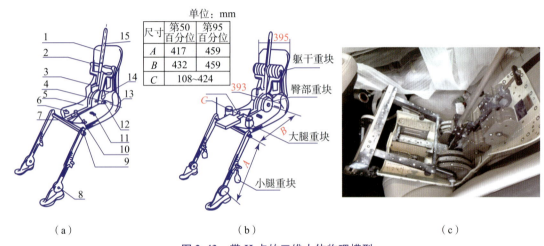

（a） （b） （c）

图 2.43 带 H 点的三维人体物理模型

（a）构件名称；（b）构件尺寸和载荷分配；（c）实体模型

1—背板；2—躯干重块；3—靠背角水平仪；4—臀部角度量角器；5—座板；6—大腿重块；
7—连接膝关节的 T 形杆；8—小腿夹角量角器；9—膝部角量角器；10—大腿杆；11—横向水平仪；
12—H 点支轴；13—H 点标记钮；14—靠背角量角器；15—头部空间探测杆

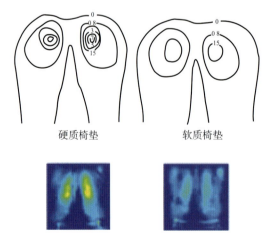

图 2.59 坐在硬质椅垫和软质椅垫上人体臀部体压分布对比

图 2.60 车辆正常行驶状况下驾驶员背部肌肉体压分布

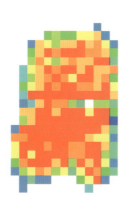

图 2.61 车辆刹车状况下驾驶员背部肌肉体压分布

图 2.71 靠背设计

图 2.74 座椅骨架 FE 模型

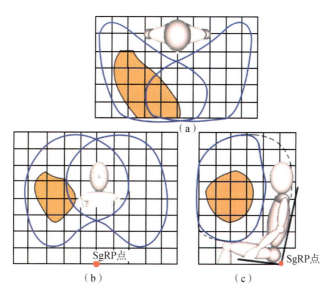

图 3.26 手的空间作业范围（每格代表 152 mm）

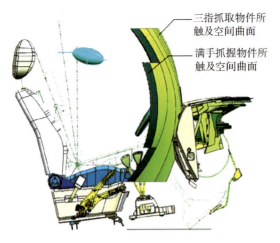

图 3.29　第 95 百分位汽车驾驶员手伸及界面的空间曲面

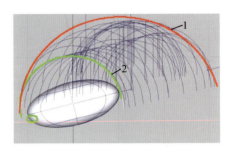

图 3.51　驾驶员头廓包络线（红线）和乘员头廓包络线（绿线）

图 3.72　法拉利汽车优美腰线

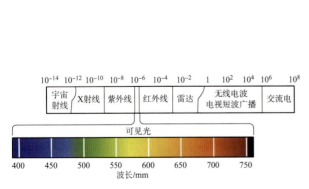

图 4.3　光谱

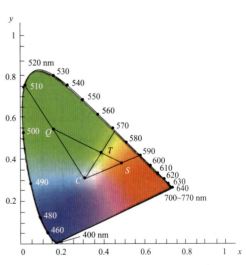

图 4.15　色度图

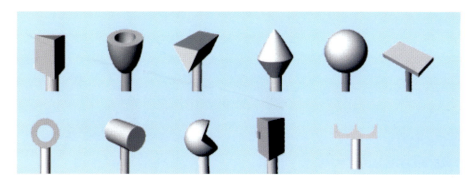

图 4.21 触觉容易辨认的手柄形状

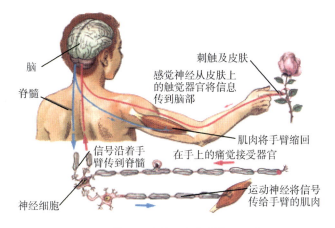

图 4.25 神经系统的信息传递情况示意图

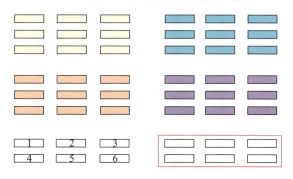

图 4.32 采用了五种颜色、按功能分组技术的编码的控制人机界面

图 5.18 透射光照明仪表

图 5.19 白色光照明仪表

5

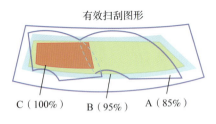

图5.26 风窗玻璃各区域的刮净率要求

图5.48 自动挡挡位

图6.5 近光灯照射下的前方视野

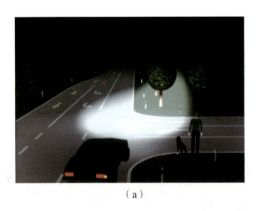 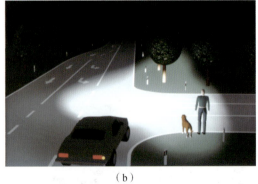

(a) (b)

图6.6 近光灯和远光灯照射下的前方可见视野
(a) 远光灯；(b) 近光灯

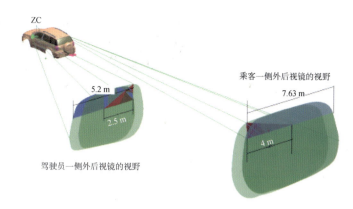

图 6.13　某车驾驶员、乘客两侧外后视镜后视野的后视示意图

图 6.21　投影法视野测量

图 7.20　踏步灯

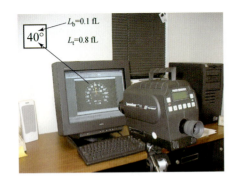

图 7.36 利用光谱辐射计的亮度测量

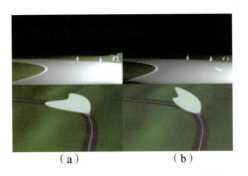

图 7.41 装有 SMART 动态调平马达的前照灯汽车在弯道行驶时照明改善情况

图 8.8 车内门把手及扶手手柄空隙

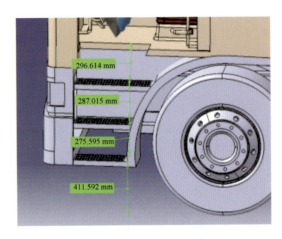

图 8.25 各级车梯高度

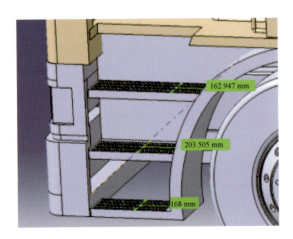

图 8.26 各级车梯深度

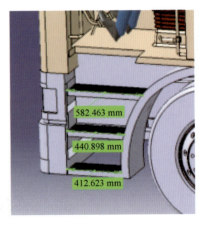

图 8.27 各级车梯宽度

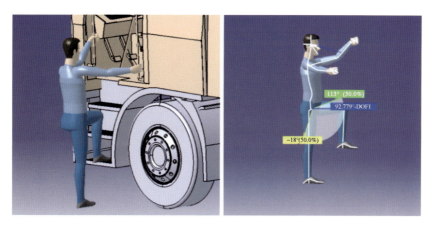

图 8.28　第 5 百分位男子登第一级车梯的姿势分析

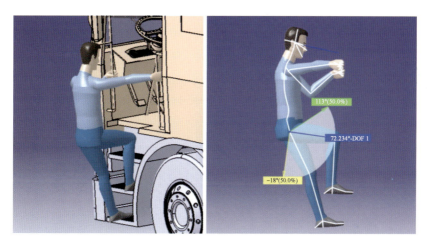

图 8.29　第 5 百分位男子从第一级车梯登上第二级车梯姿势分析

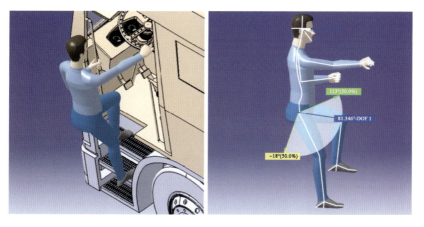

图 8.30　第 5 百分位男子从第二级车梯登上第三级车梯姿势分析

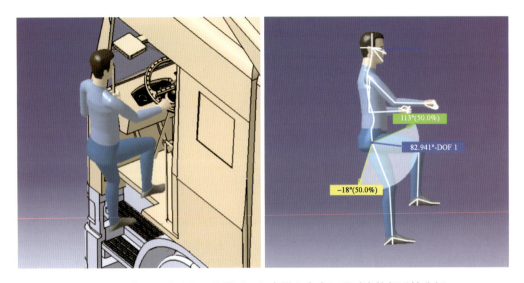

图 8.31　第 5 百分位男子从最后一级车梯向车内迈进时姿势舒适性分析

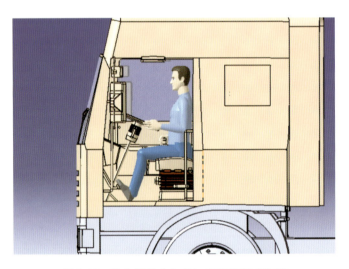

图 8.32　优化后的方向盘与座椅的相对位置
和门洞尺寸

图 10.10　方向盘颜色——大众颜色

图 10.11 方向盘颜色——颜色组合

图 12.18 空调风道局部网格模型

 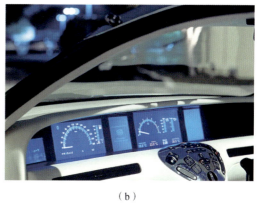

(a) (b)

图 13.28 奔驰 F200 照片
(a) 操作杆;(b) 仪表盘

图 15.8　带有弹簧和减震器的防爆座椅

图 15.9　4 点安全带防爆座椅

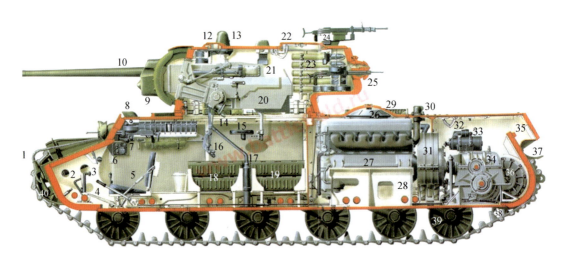

图 15.10　坦克车内纵向总布置图

1—牵引挂钩；2—油门踏板；3—离合器踏板；4—换挡杆；5—驾驶员座椅；6—显示仪表；7—机关炮；
8—驾驶员侧舱门；9—炮塔；10—坦克火炮；11—过滤通风装置；12—炮塔前舱门；13—观瞄装置；
14—摇架；15—炮长座椅；16—抛壳机；17—装弹机；18，19—弹药；20—平衡配重铁及反后坐装置；
21—潜望镜；22—炮塔后舱门；23—穿甲弹；24—高射机枪；25—并列机枪；26—发动机舱检查窗及盖；
27—发动机；28—油箱；29—空气滤清器；30—排气管；31—主离合器；32—动力舱盖；33—发电机；
34—变速箱；35—后装甲；36—主动轮；37—烟雾桶架；38—履带；39—负重轮；40—诱导轮

12